Es ist mir eine Ehre,
den koreanischen Lesern
das großartige Erbe der Menschheit,
das römische Recht
vorstellen zu dürfen.

인류의 위대한 유산인 로마법을
한국의 독자에게 소개하게 되어 영광입니다.

Okko Behrends

로마법

시초부터 현재까지

로마법
시초부터 현재까지

초판 1쇄 펴낸날 | 2025년 2월 9일

저　　자 | 오코 베렌츠
역　　자 | 정병호
펴낸이 | 고성환
펴낸곳 | (사)한국방송통신대학교출판문화원
　　　　(03088)서울특별시 종로구 이화장길 54
　　　　전화 1644-1232 | 팩스 (02) 741-4570
　　　　홈페이지 https://press.knou.ac.kr
　　　　출판등록 1982년 6월 7일 제1-491호

출판위원장 | 박지호
책 임 편 집 | 장빛나
편집디자인 | 오하라
표지디자인 | 유행관 · 김민정

ⓒ Okko Behrends, 2022
ISBN 978-89-20-05233-0 (03360)

값 25,000원

- 잘못 만들어진 책은 바꾸어 드립니다.
- 이 책의 한국어판 저작권은 저자와 독점계약한 (사)한국방송통신대학교출판문화원에 있습니다. 저작권법에 의하여 한국 내에서 보호를 받는 저작물이므로 무단 전재와 복제를 금합니다.

Römisches Recht Von den Anfängen bis heute

로마법
시초부터 현재까지

오코 베렌츠 저 | 정병호 역

에피스테메
EPISTEME

일러두기

1. 이 책은 Okko Behrends, Römisches Recht: Von den Anfängen bis heute, Atticus Verlag, 2022를 번역한 것이나, 저자가 제2판에서 일부 수정할 내용을 역자에게 미리 알려와 이를 반영하였다. 또한 독일어나 라틴어 책 제목은 따로 이탤릭체로 표기하지 않았음을 밝힌다.
2. 외국 인명·지명·독음 등은 원칙적으로 외래어표기법을 따르되 일부 관용적인 표기를 따른 것도 있다. 라틴어 인명·지명·독음 등은 고전 라틴어 표기법을 따르되(예: 이중모음 ae와 oe는 각각 '아이', '오이'로 음차) 자음 V의 경우에만 관용적인 표기에 따라 '브' 발음으로 음차하였다(본래 고전 라틴어 발음에 따르면 자음 V는 '우'로 음차해야 함. 예: 고전 라틴어 발음을 살린 Venus의 음차는 '웨누스'이나, 이 책에서는 '베누스'로 표기). 자음 J는 고전 라틴어에서 쓰이지 않은 철자이므로, 원서와 다르게 자음 I로 환원하였다.
3. 본문의 로마법 시대구분은 저자의 의견에 따라 아래와 같이 정하였다.

구분		시기
고시대		~ 기원전 3세기 초
고전전 시대	전기	기원전 3세기 초 ~ 기원전 2세기 초
	후기	기원전 2세기 초 ~ 기원전 82년
고전 시대	고전 법학 창설기	기원전 82년 ~ 기원전 27년
	전기	기원전 27년 ~ 기원후 1세기 중엽
	성기	1세기 중엽 ~ 2세기 중엽
	후기	2세기 중엽 ~ 3세기 중엽
고전후 시대		3세기 중엽(디오클레티아누스 집권기) ~ 6세기 중엽(유스티니아누스1세 집권기)

※ 정치사적으로는 공화정기(기원전 509 ~ 기원전 27년), 원수정기(기원전 27 ~ 기원후 284년/ 아우구스투스 ~ 카리누스), 전주정기(284 ~ 565년 또는 641년/ 디오클레티아누스 ~ 유스티니아누스 1세 또는 이라클리오스)로 구분한다.

4. 인용된 사료 약어
   - 『학설휘찬』(Digesta)=D. 그 뒤에 이어지는 숫자는 순서대로 권, 장, 절, 항을 뜻한다.
   - 유스티니아누스『법학제요』(Institutiones) = Inst. 그 뒤에 이어지는 숫자는 순서대로 권, 장, 절을 뜻한다.
   - 가이우스『법학제요』(Gai Institutiones)= Gaius
   - 12표법(lex duodecim tabularum)=XII tab. 조문 순서는 Fontes Iuris Romani Antiqui, edidit Carolus Georigus Bruns, cura Theodori Mommsen et Ottonis Gradenwitz, 1893. pp.17~40에 따랐다.

5. 로마법 전문용어의 번역과 관련해서는 최근 학계에서 사용되고 있는 번역어가 있으나, 이 책의 독자층이 법학도에 제한되지 않음을 고려하여 종래의 번역어를 그대로 쓴 경우가 있다. 예컨대 iniuria를 '침욕(侵辱)' 대신 '인격권 침해,' precarium/precario possidere를 '간득(懇得)이용(관계)' 대신 '허용점유(관계),' usucapio를 '점용시효취득' 대신 '사용취득' 또는 '점용취득'으로 번역하였다.

6. 본문 중 상첨자 WP는 위키피디아의 정보들을 가리킨다.

7. 2부와 3부의 각주 중 '주해 1~82번'은 338쪽의 목록 및 QR코드를 통해 자세한 설명을 확인할 수 있다.

모든 법은 사람을 위해 만들어졌다.

Hominum causa omne ius constitutum.

—

헤르모게니아누스, 『법적요』 제1권, 『학설휘찬』 제1권 제5장 제2절

Hermogenianus 1 iuris epitomarum D.1,5,2.

■ ■ ■ **한국어판 저자 서문**

  나의 제자이자 오랜 친구인 정병호 교수가 열과 성을 다해 번역한 이 책은, 내가 괴팅엔 대학에서 오랜 세월 강의한 내용을 정리·보완한 교과서이다. 책은 처음부터 끝까지 다음의 두 가지 질문을 제기한다. 첫째, 무엇이 로마법을 인류를 위한 유산, 즉 'heritage of mankind'로 만들었는가? 둘째, 인류가 로마법의 기본 원칙을 준수하고 유지해야 하는 이유는 무엇인가? 이 두 가지 질문에 대한 답은 동일하다. 바로 로마법이 전 인류에게 유효한 보편타당성을 지닌다는 것이다.

  법의 핵심 목표는 세계 어디서나 인간의 생산적 공존을 가능하게 하는 것이다. 평화로운 국제사회에서, 각 국가는 그 시민들에 의해 갖게 되는 특수성과 독립성으로 인해 세계를 풍요롭게 함과 동시에 국제사회의 가치 있는 구성원으로서 그 영토 안의 모든 사람에게 법과 권리를 보장한다.

  따라서 이 법은 로마법이 세심하게 정리한 무수한 법률관계에서 가장 강력한 존재감을 드러낸다. 이러한 관계들 속에서 자유로운 사람들은 서로 유익하고 즐거운 존재가 되어 서로의 자유를 증진한다. 이는 자신감과 신뢰성을 통해 생기는 자존감의 형태로 나타난다.

  이 법의 원리는 명령이 아니라, 경험 가능한 합리성이다. 이 합리성은 사람들에게 권리를 부여함과 동시에 의무를 부과한다.

  이는 또한 사회정책과 전반적 생존 배려를 위해 세금으로 지원되는 국가 활동에도 적용된다. 이 국가 활동에서 법을 존중하는 교육을 할 책임이 특별히 중요한 위치를 차지한다.

국가의 명령과 그에 상응하는 구조들은 법의 준수가 강제되어야 하는 곳에서는 어디든 필요하다. 그러나 이것들은 봉사적 기능을 가지며, 전시에는 더욱 그러하다. 봉사적 역할에서 벗어나면, 쉽게 통제불능이 되어 법 상태를 위험하게 한다.

어디서나 이 말이 적용된다.
Fat iustitia ut floreat mundus.
(세계가 번영하도록 정의를 세워라.)

정병호 교수 덕에 이 메시지가 로마법의 본고장인 이탈리아보다 '동양의 이탈리아' 한국에 먼저 전달된 것에 대해 진심으로 고맙게 생각한다. 이 책의 이탈리아어판도 곧 출간될 예정이다. 정 교수는 인간관계에서 대부계약이 두 가지 얼굴, 이자 없는 도움 제공과 이자 있는 거래라는 얼굴을 가지는 것이 어떻게 이해되어야 하는지를 처음으로 보여준 저서의 저자로서 표현하자면, 이 과제를 위해 탁월한 재능을 가진 사람이었다.

2025년 1월
괴팅엔(Göttingen)에서
오코 베렌츠(Okko Behrends)

■ ■ ■ 역자 서문

자연법과 이성법의 경쟁을 통해 발전된 이론법

　이 책에는 로마법의 대가 오코 베렌츠 교수님이 평생 동안 이루어 낸 연구 업적이 오롯이 담겨 있다. 로마법의 역사는 장구하며 상당히 복잡하기 때문에, 자칫하면 큰 줄기를 놓칠 수 있다. 그래서 로마법을 어렵게 느끼는 독자들이 적지 않다. 그러나 로마라는 도시국가의 건설로부터 현재까지 장구하고 복잡다기한 역사를 이처럼 핵심만을 골라 압축할 수 있다는 점에 대해 탄복을 금할 수 없다. 역시 대가가 아니면 이루기 어려운 성과로 생각한다. 독자들은 이 책을 통해 곧 우리의 법질서가 로마법의 정신과 로마법이 이룩한 합리적이고 섬세한 규율에 얼마나 많이 영향을 받은 것인지 알 수 있을 것이다. 베렌츠 교수님의 평생에 걸친 연구 성과가 담긴 책을 제자인 필자가 최초로 번역하게 된 것을 큰 영광으로 생각한다. 곧이어 일본어, 이탈리아어 번역본이 나올 예정이고, 영어, 중국어 등 다른 나라 말로도 번역될 것을 기대한다.
　독자들이 로마법을 난해하다고 인식하게 된 것은 로마법을 연구하는 방법이나 태도와도 관련이 있다. 19세기 말부터 20세기의 1960~1970년대까지 로마법 학계에는, 로마법은 로마 민족의 특수한 역사적 경험에 의해 그리고 법률가들의 탁월한 직관과 현실감각에 의해 발전된 사례법이라는 생각이 지배했다. 이런 전제 아래 법이론, 법사상이 담겨 있는 로마법 사료들은 모두 후대에 변개(變改)되었다고 치부했다. 베렌츠 교수님은 자신의 연구 초기부터 자유법 운동에 그 뿌리를 두고 있는 이러한 방법론을 비판함으로써, 로마법 연구방법론에 큰 획을 그었다. 새로운 시각에 기초한 그의 연구업적이 로마법 학계에서 얼마나 중요하게 취급되고 있는지는 최근 발간된 정평 있는 교과서만을 보아도 알 수 있을 것이다.

베렌츠 교수님은 로마법이 단순한 경험과 직관에 기초한 사례법이 아니라, 공화정 시대에 그리스 스토아 철학과 회의적 아카데미의 영향을 받은 2개의 상반된 법이론, 즉 자연법과 이성법의 경쟁을 통해 발전된 이론법이라는 점을 성공적으로 밝혔다. 이로써 이제 로마법은 인간의 지적 노력으로 그 전모를 이해할 수 있는 법이 되었다. 로마 고전법은 엄격한 개념에 바탕을 둔 이성법적 규율을 자연법의 신의성실(bona fides)의 원리로 보완하는 체계를 이룩하였다. 현대의 선진 법치국가들과 마찬가지로 우리의 사법체계도 이와 다르지 않다. 로마법은 새로운 환경에도 적용될 수 있는 원리, 개념, 규율을 유산으로 남겼기 때문이다. 베렌츠 교수님은 로마법이 단순한 사례법이었다면 현재까지 살아남지 못했을 것이라고 생각한다. 법이론에 기초한 로마법과 달리 단순한 사례법인 잉글랜드법이 식민지배를 매개로 하지 않고, 자발적 수용을 통해 전파된 예를 찾기 어렵다는 점을 생각해 보면 알 수 있을 것이다.

베렌츠 교수님은 로마법의 시초부터 법이 평화로운 질서를 보장하기 위한 것임을 강조한다. 그리고 법의 평화 이념이 폭력이 난무한 공화정 말기 내전 상황에서 잠시 위협받기도 했지만, 그 후 확립된 새로운 질서 아래서 다시 그 본래의 모습을 찾으면서 로마법이 융성하게 되는 과정을 잘 설명하고 있다. 폭력에 의한 헌정질서 문란 상태가 지속되고 있는 우리나라에도 던지는 메시지가 적지 않다. 헌법이 예정한 절차에 따라 질서정연하게 헌정을 정상화시키는 것이야말로 바로 로마법의 정신에서 배울 수 있는 것이 아닌가 한다.

명저 『권리를 위한 투쟁』으로 잘 알려진 예링은 로마가 세계를 세 번 통일했다고 했다. 한 번은 무력에 의한 로마제국 건설, 로마 가톨릭에 의한 종교의 통일, 마지막으로 로마법에 의한 통일 말이다. 그만큼 찬란한 로마의 문화는 법 없이는 생각하기 힘들다. 이런 점에서 이 책이 법학도뿐만 아니라, 로마에 대해 관심을 가지고 있는 독자들에게도 도움이 될 것이라 기대한다.

이 책이 출판되기까지 많은 분들의 수고가 있었다. 정태윤 명예교수님, 김성수 교수님, 김기환 교수님, 김민주 교수님께서 엉성한 초역에 대해 귀중한 의견을 많이 주셨다. 각별한 감사의 말씀을 드린다. 이 책의 출간을 격려해 주신 오랜 벗 조승현 교수님께도 감사의 말씀을 전한다. 박사논문 작성으로 바쁜 가운데도 교열을 도와준 김래영 군에게도 감사의 말씀을 전한다. 끝으로 출판업계의 어려운 사정에도 흔쾌히 출간을 결정해 주신 방송대출판문화원 박지호 원장님께 감사의 말씀을 드린다. 또한 실무책임을 맡아 원활한 출간이 되도록 애쓰신 교양출판팀의 박혜원 팀장님, 원고의 가독성을 높이기 위해 큰 공을 세운 장빛나 선생님께도 깊은 감사의 말씀을 전한다.

2025년 1월
배봉산 기슭 연구실에서
역자 정병호

목차

한국어판 저자 서문 • 6
역자 서문 • 8
서문 • 15
고전 로마법을 이끄는 사고들 • 18

제1부 현대 법질서의 로마법 계수

제1장 오늘날의 세계에서 로마법
제1절 법률가 양성에서의 로마법 • 23
제2절 로마법계 • 25
제3절 유스티니아누스의 『법학제요』와 법 '제도' • 27

제2장 유럽에서의 로마법
제1절 유스티니아누스의 법전 편찬 • 31
제2절 볼로냐의 법과대학, 주석학파와 주해학파 • 34
제3절 교회법 • 38
제4절 독일에서의 계수 • 40
제5절 『학설휘찬』의 현대적 관용 • 42
제6절 역사법학파와 현대 판덱텐법학 • 44
제7절 독일 민법전 • 48
제8절 현대 로마법학 • 51

제2부 로마법의 기초

제3장 왕정 시대
    제1절 원시 로마 경작취락들의 신성 왕정
        : 소유물반환청구 모델의 법 개념 • 57
    제2절 퀴리날리스 연맹
        : 소유물반환청구 모델의 연맹 구성원 전체로 확대 • 67
    제3절 로마 주변 땅의 새로운 군사적 질서
        : 에트루리아의 세 씨족 정치 • 72
    제4절 타르퀴니우스의 폭정 • 73

제4장 공화정
    제1절 귀족-평민 공화국 • 77
    제2절 공화정의 12표법 • 79
    제3절 귀족과 평민의 대립 완화
        : 신흥계층과 새로운 평민계급 • 86
    제4절 고전전 법학의 공화정 • 89
    제5절 고전 법학의 공화정 • 104

제5장 원수정
    제1절 지배의 기초 • 120
    제2절 원수정의 원로원 • 130
    제3절 고권 아래에서 법의 계속형성과 제정기의 법학파 • 131
    제4절 학파간 융합 • 144

제3부 사람 – 재산 – 소송에 의한 보호

제6장　**사람**
　　　　제1절　법체계에서의 사람 개념 • 153
　　　　제2절　노예제 • 162
　　　　제3절　혼인 • 174
　　　　제4절　친자관계법 • 186
　　　　제5절　후견, 보좌 및 대리 • 189

제7장　**재산 I. 소유**
　　　　제1절　상속권(법)과 소유권 • 200
　　　　제2절　소유권 • 218
　　　　제3절　법률(거래)행위에 의한 소유권 취득 • 231
　　　　제4절　소유권의 원시취득 • 239
　　　　제5절　제한물권 • 249

제8장　**재산 II. 채권**
　　　　제1절　채무와 계약 • 254
　　　　제2절　매매 • 267
　　　　제3절　사용·용익 임대차, 고용, 도급 • 273
　　　　제4절　조합법 • 276
　　　　제5절　무상 사무처리와 요물계약들 • 280
　　　　제6절　부당이득반환소권 이익조정 • 286
　　　　제7절　불법행위(의 구성요건들) • 288
　　　　제8절　과책 없는 준불법행위 책임 • 296
　　　　제9절　행태를 지도하는 거래질서로서의 채무법 • 299

제9장　**소권 및 소송상 권리보호**
　　　　제1절　소권(소송) • 303
　　　　제2절　강제집행 • 316

부록

　　라틴어 표현, 관용구 및 법언 • 322
　　참고문헌 • 334
　　주해 목록과 해설 • 338
　　아카데미 회의주의의 신조 • 342

찾아보기

　　인명 • 344
　　용어 • 345

■ ■ ■ 서문

    로마법은 유럽대륙의 모든 국가와 이 국가들의 영향을 받은 라틴아메리카, 아시아, 남아프리카 국가에서 법학의 기초분야이다. 유럽연합의 모든 대륙국가에서 로마법은 개별 국가의 사법(私法) 법전의 개념적·체계적 기초가 되기 전까지는 직접적 효력이 있는 사법(私法)이었다. 이렇게 "직접적 효력이 있었다"는 것은 오늘날의 사법을 각인한 독일의 가장 중요한 법률가인 사비니(Savigny. 1779~1861)**WP1**와 예링(Jhering. 1818~1892)**WP**이 왜 로마니스텐(Romanisten), 즉 로마법의 대변자였는지를 설명해 준다.

    오늘날 유럽 이외의 대다수 국가는 유럽 국가들이 로마사법(私法)을 법전화한 것을 모범으로 삼아 자신들의 성문법을 제정하였다. 로마법이 이렇게 영향을 미친 것은 그 내용적 특성에 기초한다. 로마사법의 이론적 기초에 따르면 국민국가법(nationales Recht)이 아니라 고대 도시국가(civitates) 자유시민들의 일반 사법이다. 그리하여 영국과 미국에서

---

1) 상첨자 WP는 위키피디아의 정보들을 가리킨다.

로마법을 시민법(Civil law)으로, 그 대변자들을 시민법학자들(Civilians)이라고 부르는데, 이는 타당하다. 로마법은 도시의 문화경제 공동체 속에서 자유로운 인간들이 이성적으로 공생할 수 있도록 규율하고자 한 법으로서, 중세의 봉건제보다 더 우월하였다. 뿐만 아니라 오늘날 로마법은 사법(私法)에 기반한 사회를 해체하고자 했던 체제[2]들의 붕괴 후에, 점점 더 일반의 의식 속으로 스며드는 법정책적 가치를 얻고 있다. 이는 비단 유럽에서만 그런 것이 아니다. 일본에서 이 책의 토대가 되었던 텍스트에 대해 이미 두 번째 번역본이 출간된 것[3]은 아마 그런 징후일 것이다.

이렇게 전해진 지식은 오늘날 법전화된 법들뿐만 아니라 영국과 미국의 법관법적 보통법(Common Law)을 더 잘 이해할 수 있게 해준다. 이 보통법은 여러 차례 로마화를 경험했고 이런 과정을 통해 법이 발전해 왔기 때문이다.

이 책의 텍스트는 수많은 학기 동안 진행한 대학 강의를 기반으로 탄생했다. 이 강의에서 필자는 로마사법을 그 정주사(定住史) 및 헌정사의 시초까지 추적하고, 그것이 나중에 경험하게 되는 변화와 풍부해지는

---

2) 역주: 사법(私法) 질서, 즉 사유재산, 계약자유 등에 기반한 사회를 해체하고자 했던 공산주의 체제를 의미한다.

3) 역주: 이 책이 나오기 전에 저자는 이 책의 토대가 되는 텍스트를『로마법사』란 제목이 붙은 강의안 형식(Skript zur Vorlesung. Römische Rechtsgeschichte)으로 출간한 바 있는데, 이 텍스트가 일본에서 번역 출간되었다.『역사 속의 민법 – 민법과 로마법의 대화. 오코 베렌츠 교수「로마법사 강의안(1999/2000)」을 기초로』, 일본평론사, 2001(河上 正二,『歴史の中の民法―ローマ法との対話. オッコー・ベーレンツ教授「ローマ法史講義案(1999/2000)」を基礎に』, 日本評論社, 2001).

과정(Bereicherungen)을 설명하고자 노력하였다. 기본 개념들은 한결같이 시초의 명료함을 모두 보여 주는 첫 번째의 형성(Formulierung) 단계까지 항상 거슬러 올라갔다. 기본개념에는 소유권과 채권과 같은 권리부여 형태들(Formen)뿐만 아니라 신의성실(bona fides)과 같은 사회 공동생활의 지도원리도 포함된다.

그리고 한때 로마법 강의 뒤에는 사료(史料)를 덧붙여 로마법 강의 내용을 자세히 설명하는 로마법 연습과 세미나가 이어졌다. 이 책에서도 독자들의 이해를 돕기 위하여 마지막 부록에 라틴어 표현, 관용구 및 법언, 참고문헌 그리고 주해 1~82번 목록과 해설 등을 수록하였다.

이 책을 구성하는 텍스트의 주된 독자층은 대학생들이었고, 현재도 여전히 그러하다. 그러나 이번에 출간하는 책은 아주 다양한 이유로 법과 그 발전에 관심을 가지고 있는 모든 사람들을 위한 것이다.

2022년 5월
독일 괴팅엔에서
오코 베렌츠

■ ■ ■ 고전 로마법을 이끄는 사고들

    법이란 선(善)하고 공평한 규율들에 대한 개념의 기예(技藝. begriffliche Kunst)[4]다.
    Ius est ars boni et aequi.
> — 켈수스, 울피아누스, 『법학제요』, 제1권; 『학설휘찬』, 제1권 제1장 1절 초항[5]
> (Celsus, Ulpianus 1 institutionum D. 1, 1, 1pr.)

    자유란 힘이나 법에 의해 저지되지 않는 한, 각자가 하고 싶은 것을 할 자연적 권능이다.
    Libertas est naturalis facultas eius quod cuique facere libet, nisi si quid vi aut iure prohibetur.
> — 플로렌티누스, 『법학제요』, 제9권(Florentinus 9 institutionum D. 1, 5, 4pr.)

---

4) 역주: 우리말로는 선과 형평의 기술(技術) 또는 술(術. 일본어 역), 선량 및 공정의 과학(중국어 역)이라고도 번역하나, 저자의 독일어 번역을 존중하여 우리말로 옮겼다.

5) 역주: 울피아누스, 『법학제요』 제1권에서 뽑은 글이 기원후 6세기 동로마 황제 유스티니아누스가 편찬한 『학설휘찬』 제1권 제1장 1절 초항에 실려 있는데, 울피아누스가 그 글에서 켈수스를 인용하고 있다. 아래의 인용도 같다.

모든 분야에서 법에 대한 착오를 사실의 부지(不知)와 같이 취급해서는 안 될 것이다. 왜냐하면 법을 분명하게 정의하는 것은 가능할 뿐만 아니라 필요하나, 사실관계의 해석은 가장 현명한 자들도 자주 속이기 때문이다.

In omni parte error in iure non eodem loco quo facti ignorantia haberi debebit, cum ius finitum et possit esse et debeat, facti interpretatio plerumque etiam prudentissimos fallat.

— 네라티우스, 『법학잡록』, 제5권(Neratius 5 membranarum D. 22, 6, 2)

법률 관계는 특정인들에 대상으로 하는 것이 아니라, 일반적 형태로 효력이 생긴다.

Iura non in singulas personas, sed generaliter constituuntur.

— 울피아누스, 『사비누스 주해』, 제3권(Ulpianus 3 ad Sabinum D. 1, 3, 8)

법률을 안다는 것은 그 문언(용어)에 통달하는 것이 아니라 그 의미와 목적을 포착하는 것이다.

Scire leges non hoc est verba earum tenere, sed vim ac potestatem.

— 켈수스, 『학설집』, 제26권(Celsus 26 digestorum D. 1, 3, 17)

전체 법률을 고려하지 않고 그것의 어떤 부분에만 의존하여 판결하거나 법률 자문에 응하는 것은 동료시민들에 대한 책임 있는 자세가 아니다.

Incivile est nisi tota lege perspecta una aliqua particula eius proposita iudicare vel respondere.

　　　　　　― 켈수스, 『학설집』, 제9권(Celsus 9 digestorum D. 1, 3, 24)

　우리 생활의 준칙인 전체 (사)법은 법인격 있는 사람, 그들의 재산 그리고 그들의 소권(訴權)에 관계된다.

　Omne ius quo utimur vel ad personas pertinet vel ad res vel ad actiones.

　　　　　　― 가이우스, 『법학제요』, 제1권(Gaius 1 institutionum D. 1, 5, 1)

제1부
현대 법질서의 로마법 계수

제1장

오늘날의 세계에서 로마법

제1절 **법률가 양성에서의 로마법**

 로마법이 오늘날 젊은 법률가들을 학문적으로 양성하는 데 구성 부분이라 한다면, 이는 현대의 법사고가 사법영역에서만 다양한 방식으로 이 고대 법의 영향을 받은 것이 아니라, 현대 문화가 많은 분야에서 고대 그리스·로마 문화의 지속적인 영향 아래 있다는 것을 고려한 것이다. 건축술, 도시시설, 도로체계, 수공업의 많은 기반 기술 및 도구, 산술과 기하학, 언어학, 문법 그리고 특히 철학에 이르기까지 계속 살아 있는 고대의 형식들을 생각해 보라. 법에서는 특히 더 고대 그리스·로마의 영향이 깊고 강하게 드러난다.
 로마법은 그 학문적 가공 단계에서 결정적으로 그리스 법철학에 의해 영향을 받았는데, 근세까지 중남부 유럽 대부분의 국가에서 직접적으로 적용되는 법이었으며, 독일에서는 1899년 12월 31일까지 효력 있는 법이었다. 세계의 수많은 주요 대학에서 강의가 개설되고 있는 로마법은 유럽의 핵심영역을 넘어 그 문화적 영향력을 널리 발산하고 있다. 무엇보다도 이런 사실을 알지 못한다면 현대 사법(私法)을 제대로 이해할 수 없다. 이는 사법의 효력과 내용 모두에 해당한다.

오늘날의 보편적인 인식에 따르자면, 법은 단순히 국가의 입법자가 제정하고 법원이 적용한다는 이유만으로 효력이 있는 것이 아니기 때문이다. 오히려 어떤 규율이 법으로 인식되고, 앞으로도 그럴 것이기 때문에 법률로 격상되고, 법원에 의해 적용되는 것이다. 이런 결정에 있어, 법으로서 효력을 가졌던 규칙들에 대한 (긍정적이든 부정적이든) 경험이 중요한 의미를 갖는다. 이 경험은 비교적 짧거나 길 수 있다. 하지만 냉철한 의미에서 항상 역사적이다. 역사, 즉 인간들이 경험한 시간에서만 법의 경험이 존재한다. 그리고 새로운 규칙들로 미래를 빚어내려고 한다면, 다시 경험에 의해서만 이 규칙들이 합리적인지 그렇지 않은지를 배울 수 있다.

로마법은 장기간의 경험을 통해 이룩된 것이다. 로마법에는 수많은 사고(思考)가 존재하고, 이 사고들은 처음 등장한 이래 지속적으로 주장될 정도로, 스스로 합목적적이고 정당한 것임을 증명해 왔다.

한 가지 예를 들면, 공법(ius publicum)과 구별되는 독자적인 사법(ius privatum)의 형성이다. 현대의 거의 모든 법질서에서 이 구별이 수용되었다. 이는 법이 근본적으로 다른 두 가지 임무를 수행해야 한다는 인식을 전제로 한다. 첫째는 동등한 권리를 지닌 자유로운 인간들을 위한 질서를 마련하고, 둘째로는 사법적(司法的) 사법(私法) 수단으로는 실현시킬 수 없는 것들(안전 그리고 가장 넓은 의미에서의 사회 정의)을 모든 사람을 위해 돌보는 국가와 국제 공동체를 조직하는 것이다. 따라서 이처럼 거대한 공법과 사법의 구별은 그것과 관계 있는 모든 것과 함께 법문화적 발전의 결과이다. 이것은 효용성과 타당성이 증명되어 합리적인 사람이라면 누구나 이 구별을 견지하게 되었다. 법에서는 '합리적임, 오랫동안 입증됨, 타당함'보다 더 확실한 것은 없다. 다만, '법은 당국(통치자)이 정하는 모든 것'이라는 문장이 주는 잘못된 (안정성에 대한) 확신을 선택하지 않는 한 그렇다.

법의 역사를 연구하는 학문, 즉 법사학(法史學)은 공생을 법적으로 조직화하는 인간의 능력이 기여한 바를 역사라는 경험 공간에서 탐구한다. 언어사학도 이와 비슷하게, 복합적인 소통체계를 만들어 내는 인간 능력에 대해 질문을 던진다. 두 학문 분야 모두 기본적으로 각기 개별 사례에서 인간의 보편적인 현상을 연구한다. 그래서 로마법은 복합적인 고대사와 오늘날까지 완결되지 않은 근세의 영향사로 인해 특별한 위치를 차지하고 있다. 로마법은 고대와 근세 두 시대 모두에서 인간에게 보편적으로 타당한, 법에 대한 진술에 도달하려는 시도를 한 유일한 사례다. 이것이 로마법이 지닌 무한한 매력을 설명해 준다.

제2절 로마법계

오늘날의 세계에는 주로 2개의 법계(法系)[1]가 지배적이다. 하나는 '시민법'(civil law)으로 체계적인 로마인의 '시민법'(ius civile)에 의해 영향을 받았다. 다른 하나는 잉글랜드 '보통법'(common law)으로서, 잉글

---

1) 역주: Rechtsfamilie는 직역하면 '법가족'이라고 할 것이나 우리 학계에서 일반적인 '법계'라는 표현으로 번역한다.

랜드 '판례법'(case law)의 중세 실무에서 유래하여 오늘날 특히 미합중국에서도 효력이 있다. 영어로 시민법학자를 뜻하는 'civilian'은 독일어로는 'Romanist'(로마법학자)이다. 잉글랜드 '보통법'을 연구하는 사람은, 이 법이 앵글로색슨과 노르만으로부터 영향을 받았다는 점 때문에 오히려 'Germanist'(게르만법학자)다. '시민법'(civil law) 전통은 유럽대륙 국가들과 이들이 식민지 시대에 문화적으로 영향을 끼친 유럽 밖의 (예컨대 남아메리카) 국가들에서도 효력이 있다. 그러나 자발적인 결정에 따라 '시민법'을 계수한 중요한 사례가 있다. 특히 유럽의 시민법적 전통을 받아들인 일본, 그 후 중국[2]과 한국의 잇따른 계수가 그러하다. 이 외에도 로마법이 '보통법' 분야에 미친 중요한, 오늘날까지 지속되고 있는 체계적인 영향은 적지 않다. 일부는 대학(예컨대 옥스퍼드나 케임브리지)의 로마법 강의를 통해서, 일부는 로마법에 영향을 받은 사법(私法)을 통해서도 나타난다. 미국의 매매법에서 '신의성실'(good faith)이라는 범주는 로마의 'bona fides'(신의성실: 독일어 Treu und Glauben)이다. 앵글로색슨의 contract(계약)-tort(불법행위)의 차이는 로마의 contractus-delictum(독일어 Vertrag-unerlaubte Handlung)의 구별을 본뜬 것이다. 예컨대 이 '보통법'의 'equity'(형평)와 로마법의 'aequitas'(형평) 같은 중요한 유사점들은 고대의, 로마법에도 있던 기본 개념들을 기독교적인 색채로서 법의 운용에 도입했던 – 예컨대 대법관직을 수행했던 – '로마 가톨릭 성직

---

2) 역주: 1929년 제정된 중화민국 민법(현재 대만민법)을 염두에 둔 것으로 보인다. 2020년 제정된 중화인민공화국 민법전도 그 골간은 이런 전통을 따른다.

자들'까지 거슬러 올라간다.

상당히 고차원적인 법 비교를 제대로 하기 위해서 로마법에 대한 지식은 필수불가결하다.

제3절 유스티니아누스의 『법학제요』와 법 '제도'

동로마 황제 유스티니아누스의 『법학제요』는 법률로서의 효력을 지닌 교과서로서 그가 '입법'한 법전(Corpus iuris[3])의 맨 앞에 위치하여 서문 역할을 한다. 『법학제요』는 그것이 기초한 전통에 힘입어, 원칙적인 것들은 오늘날까지도 효력이 있는 법적 사고, 즉 '제도적' 사고를 대변한다.

이 사고의 핵심

법은 인간 이성에 바탕을 둔 하나의 '제도'인 바, 이 제도는 인간에 의해 그리고 인간을 위해 창조된 사유의 질서이다. 법의 가치와 쓸모에 대한 책임은 인간이 부담하며, 법은 인간이 자연 상태에서 국가 질서로 넘어가면서 인간에게 권리들을 갖추어 주는

유스티니아누스 황제

---

3) 역주: 후대에 『로마법대전』 (Corpus iuris civilis)이라고 불리는 법전을 뜻한다.

하나의 제도로서 발생한다. 최초 국가 형태인 고대 도시국가(Civitas)와 함께 시민법(권), 정무관직, 법률 그리고 다른 모든 법적 형식들이 성립되었다. 이 법적 형식들은 정신적 제도로서 인간에게 권리를 부여하고, 그들의 자유를 보호함과 동시에 타인의 권리 존중과 거래의 신뢰라는 공동체의 기본 가치들을 준수할 것을 요구한다.

토대가 되는 개념

이성에 기초해 인간의 법적 지위를 정의하는 법인격, 소유권 그리고 하나의 법인격이 다른 법인격에 대해 가질 수 있는 다양한 형태의 채권이다. 이런 법적 지위와 권리는 형식적으로 정의되었지만 그 권리 행사는 특정 사안에서 보호할 가치가 있는, 타인의 이익에 의해 제한될 수 있다. 이 법체계의 중심에는 인간이 자신의 권리와 보호할 가치가 있는 이익이 함께 존재하고 있다. 이러한 법이 효력을 발휘하기 위해서는 법이 문화적 창조물로 가르쳐져야 하며 법원이 그 실현을 보장해야 한다.

이런 사고는 그리스 철학(특히 프로타고라스와 그를 추정하는 철학자들)에서 유래하는데, 이는 칼 포퍼(Karl R. Popper)가 영향력 있는 그의 저서 『열린 사회와 그 적들』[4]에서 모범적으로 잘 기술하고 있다. 533년 12월 30일 – 교과서이지만 – 법전으로서 시행된 『법학제요』로부터 법학적이고 법문화적으로 수준 높은 민법전 유형이 생겨났다. 예컨대 1804년의

---

4) (저자의 인용에 따르면 독어 번역인) Die offene Gesellschaft und ihre Feinde, 제1권, 1957년 초판, 1980년 제6판, 90면 이하.

『프랑스 민법전』(Code civil)과 1900년의 『독일 민법전』(BGB)[5]이 이런 유형에 속해 있다.

『법학제요』 체계는 법문화 전승의 결과 『독일 민법전』(민사소송법 포함)뿐만 아니라, - 많은 점에서 훨씬 더 분명하게 -「독일 기본법」(Grundgestz)[6] 가운데 사법(私法)의 근본이 되는 조항에 아직까지 남아 있다. 이 체계의 핵심에는 동일한 고찰방법이 도처에 존재한다. 법의 축에는 법인격, 즉 권리능력이 자유로운 인간이 있다. 법은 이 인간의 시민법상 그리고 가족법상 지위를 규율하고, 재산(소유권, 타인에 대한 채권 등) 취득을 가능하게 하고 보장하며, 효과적인 권리 보호 수단을 마련한다. 이 경우 법원에 의해 제공되는 권리 보호는 모든 권리 행사가 사회적 용인이라는 전제 아래에서 이루어지도록 하며 타인의 정당한 이익을 존중하게끔 보장한다.

현대 기본권 사상은 고전적인 법사상을 보충한다. 사법(私法) 질서는 더 이상 국가의 법률과 법원에 의해 보장되고 일반 법률에 의거해 행정부의 침해로부터 보호받을 뿐만 아니라, 이를 넘어 법원과 입법부를 포함한 국가권력이 스스로 사법의 기본권적 의미를 무시하는 경우 언제라도 그 침해에 대하여 헌법재판소의 독자적인 소송절차에 의해 구제된다.

기본법에 의한 사법의 보호를 통해 권력 분립적 법치국가의 국가 권

---

5) 역주: 판덱텐 시스템이라고 하지만, 판덱판법학은 결국 『법학제요』 시스템에서 출발했다는 것을 의미.

6) 역주: 우리의 헌법에 상응.

력은 자신이 이 사법 보장이라는 고전적인 국가의 목적을 올바르게 실현했는지 검증함으로써 스스로를 통제한다. 이러한 통제의 출발점과 그 이유로는 사법의 본질에 대한 근본적으로 다른 시각이 아니라, 자유를 보장하는 사법(私法) 원칙들의 존중을 철저하게 거부한 전체주의적인 국가 권력에 대한 경험이 있었다. 따라서 상당히 호의적인 기본권 해석이라는 수단과 함께 사법이 전향적으로 발전했다는 점이, 사법이 이제 추가적으로 기본권에 의해서 보장된다는 이유로 마치 사법의 정신적 독자성과 중심, 즉 자유롭고 스스로 책임을 지는 인격을 상실했다는 오해로 이어져서는 안 된다.

제2장

유럽에서의 로마법

제1절 유스티니아누스의 법전 편찬

로마법 계수(繼受)의 전제조건은 소위 『로마법대전』(Corpus iuris civilis)의 편찬이었다. 유스티니아누스 황제(재위: 527~565)는 이 법전을 529년부터 534년까지 편찬하였는데, 이는 『법학제요』(Institutiones), 『학설휘찬』(Digesta 또는 Pandectae), 『칙법휘찬』(Codex)의 3부로 구성되어 있다. 『법학제요』와 『학설휘찬』은 533년 12월 30일 시행되었고 『칙법휘찬』은 황제의 칙법을 집성한 것인데, 그 수정판은 534년 12월 29일부터 발효되었다. 제4부인 『신칙법』(Novellae)은 나중에 추가되었다. 이것으로써 유스티니아누스는 『로마법대전』의 규정을 개정하였다('novelliert'). 이는 처음부터 계획된 것이었는데, 553년에 최초로 집성되었고, 그 이후에도 무척 자주 집성되었다.

『로마법대전』의 핵심은 『학설휘찬』이다. 이것은 원수정(元首政)기의 모든 법학도서관에서 발췌한 내용을 담은 것이며 사람들은 이를 두고 흔히 로마법학의 '노아의 방주'로 부른다. 『학설휘찬』의 도움으로 고전 로마법은 '어둠의 시대'(dark ages), 즉 중세 초기의 문화적 절단을 견디

내고 살아남아 중세 성기(盛期)에 대학의 학술을 장악하게 되었다. 『학설휘찬』은 총 300만 줄(유스티니아누스의 추정)에 달하는 2,000권의 책으로부터 발췌했는데, 그것도 3년 만에(530년 12월 15일 지시, 533년 12월 16일 출간) 해냈다. 현재에도 알 수 있듯이 발췌에 쓰인 저작들은 세 그룹으로 나뉘어 있었기 때문에, 잘 조직된 3개의 위원회가 동시에 작업을 한 것으로 추정된다. 『학설휘찬』은 50권으로 나뉘어 있으며, 각 권은 다시 여러 개의 표제로 구분된다. 발췌된 단편들에는 각기 '출처'(Inskription), 즉 발췌 대상 저작과 저자가 붙어 있다. 제1권 제1장 '정의와 법에 관하여'(de iustitia et iure)의 첫 번째 단편에는 '울피아누스 『법학제요』, 제1권'(Ulpianus libro primo institutionum)이라는 출처가 붙어 있다.

유스티니아누스 황제는 이 대업을 즉위 1년 후 즉시 시작했는데, 이는 황태자 교육의 일부였던 법학 공부에 대한 자신의 좋지 않은 경험(당시 그는 46세였음에도 이를 잊지 않았다)에 자극받은 것이었다. 그리하여 그는 첫 번째 학기의 법학도들에게 '새로운 유스티니아누스들'(novi Iustiniani)이라는 별명을 붙였고, 첫 학기를 위한 전통적인 교사, 즉 자신의 『법학제요』에 토대가 되는 텍스트를 제공한 교사를 다정한 어조로 '우리 가이우스'(Gaius noster)라고 불렀다. 여기에서 유스티니아누스가 작업을 시작할 때 가졌던 명확하고 강력한 구상이 유래한다. 즉 현실의 법에 비해 낡은 것은 모두 제거하고 그런 의미에서 'interpolatus', 즉 새롭고 신선하게 만든다는 것이었다. 동시에 모든 법학적 논쟁은 각 규율의 안정성을 위해 중단, 그것도 영원히 중단되어야 한다는 것이다. 그 때문에 유스티니아누스는 자신의 '입법'에 대해 주석하는 것을 엄격하게 금지하였다. 이로써 고전 법학 및 고전전(前) 법학에 대한 생생한 관계들은 아주 효과적인 방식으로 단절되었다. 이 정신적 연속성의 절단은 유스티니아누스가 529년에 아테네의 대학을 폐쇄한 유명한 사건과 비교할 만하다. 그러나 법학의 경우 훨씬 더 큰 좋지 않은 결과를 가져왔다고 생각된다. 유스티니아누스는 스스로 강한 책임감을 느낀 살아 있는 정신은 종교와 (삼위일체적 창조로 이해되고 오로지 그 자신의 해석에 종속하는) 법에만 존재한다고 생각했다. 그것도 엄격하게 '법신앙'(Rechtsgläubigkeit)을 향한, 신앙 문제에 있어서는 항상 황제에게 최종적인 결정권이 있는 '황제교황주의적인'(cäsaropaptistisch) 종교정책의 틀에서 그러하였다.

이로써 유스티니아누스의 입법은 애당초 비(非)기독교적인 로마법을 기독교화한 절정의 사건이 되었다. 313년 콘스탄티누스 황제의 밀라노 칙령을 통해 기독교는 30년 동안 탄압받던 종교에서 벗어나 허용되고 특혜 받은 종교가 되었다. 기독교는 이후 80년 동안 로마제국의 국교가 되었다. 테오도시우스 1세는 391년에 옛 신전의식과 제사를 금했고, 394년/395년 원로원의원의 세례 의무를 도입하였다. 유스티니아누스는, 자신의 법 제정을 삼위일체 신으로부터 영감을 받은 행위로 선언하였다. 이 입법은, 본질적으로 전(前) 기독교적인 법률이며 그 시초가 로물루스[1]까지 거슬러 올라가는 법을 가공한 것이다. 이런 해석의 전제는 고전 시대 성기(盛期)와 후기 로마법의 특수한, 지배자와 피지배자에게 효력 있는 인격주의(Personalismus)와 주의주의(主意主義. Volun-

---

1) 역주: 로마를 건국한 것으로 알려진 전설적인 인물.

tarismus)였고, 유스티니아누스는 의도적으로 이 사상을 채택하였다. 여기에는 법을 향한 인간의 의지가 중심에 있었다. 이 의지가 모든 법률 효과의 원천이고 모든 책임의 근거가 된다.

로마법의 '기독교화'는 동시에 기독교라는 종교와 함께, 고유한 뿌리에서 나온 법이 이 세상의 지속을 보장하기 위한 규율이라는 생각을 도입하였다. 이러한 법적 신념은 로마법의 계수를 동반하였으며 초기 기독교의 종말론(Eschatologie)을 배제하였다. 마찬가지로 이 사상은 종말론으로부터 지속적으로 점화하는, 새로운 '유토피아적' 시대, 즉 인간이 법의 '제약'(Bedingtheiten)으로부터 해방될 것이라는 기대도 배제하였다.

제2절 볼로냐의 법과대학, 주석학파와 주해학파

11세기 말 이르네리우스(Irnerius)는 여(女)변경백 토스카나의 마틸다[2] (1046년경~1115)의 후원 아래 오랫동안 잊혔던 『학설휘찬』을 볼로냐 대학의 법학 강의의 기초로 삼았다. 그 이전에 이르네리우스[1125년까지의 초기 문서에는 Wernerius(베르네리우스)라고 불렸음]는 세 학과[trivium: 문법, 수사학, 변증술(Dialektik)=논리학][3]의 선생이었다. 그래서 이와 같은 학문적 수

---

2) 카노사(Canossa)의 마틸다라고도 함. 11세기 후반 가장 힘있는 귀족 중의 한 명.
3) 중세 학교에 있어서 7개 교양 과목인 이 3학과 이외에 산술·음악·기하·천문학의 4학과(quadrivium)가 있었다.

단들을 가지고 『학설휘찬』이 해석되고 빈 틈이 채워졌다. 『학설휘찬』이 발췌한 저작들 자체에도 대다수 이런 수단들이 동원되었다. 이르네리우스는, 현재의 보관 장소 피렌체(라틴어 지명 플로렌티아)에서 따온 이름이자, 오늘날에도 여전히 권위 있는 플로렌티아 사본(寫本. littera Florentina, Codex Florentinus)으로 작업하였다. 이것 말고도 모든 유럽 『학설휘찬』 사본들의 모태가 되는 사본이 있었다고 추론되는데, 이를 '제2사본'(Codex Secundus)이라 부른다. 제2사본은 플로렌티아 사본 이외에 또 다른 사본을 이용하였다. 이 사본은 아마 플로렌티아에 이웃하는 라벤나(Ravenna)에서 유래하였고, 이르네리우스 이전에 볼로냐에서 법학 강의가 있었음을 암시한다. 부분적으로는 플로렌티아 사본보다 우수했으나, 지금은 망실되었다.

이르네리우스

로마법은 '쓰여진 이성'(ratio scripta), 즉 유스티니아누스 황제가 문자화한 법이성(Rechtsvernunft)으로 받아들여졌다. 이런 식으로 로마법은 극히 추상적인 형태로 평가되어, 법이 '학문화'되는 데 이바지한 법이론으로의 역할을 수행하게 되었다. 내용적으로 평가해보면 로마법의 규율은 그 당시 다시 융성하기 시작한 도시국가들의 법률 관계에 영향을 끼쳐 개인적·시민적 자유를 촉진하였다. 황제 시대와 고대 후기 끝자락에 이르러 로마법은 그 탁월하고 풍부한 개념들로 인하여 봉건제 '봉토피라미드'(Lehnspyramide)[4] 구조의 농업지배체제들(agrarische Herrschaftsordnungen)뿐만 아니라 '공화정적' 관계를 가진 도시들에게도 각기 적합한 법적 범주들을 제공할 수 있었다.

영주의 영토지배권(Territorialherrschaft)[5] 및 도시국가의 자치법규(statuta)와 비교해 보면, 로마법은 법이성을 운용하는 우월한 법이론의 지위를 유지했다. 이는 자치법규는 정신적으로 (노새처럼) 생산능력이 없어 엄격하게 해석되어야 한다는 원칙을 통해서 가능했다. 이런 전통에 따라 오늘날 여전히 앵글로색슨의 보통법은 의회의 법률, 즉 statutes를 다룬다. 반면, 유럽대륙에서는 근세에 법이론이 입법국가(Gesetzgebungsstaat)에 종속되었다. 즉 법이념을 주권적으로 관리하는 것은 입법국가의 의사에 맡겨졌으며, 다만 그 의사를 제한하는 기본권이 인정되었다. 이 차이는 오늘날에도 감지된다.

이르네리우스와 그 계승자들은 주석학파(glossatores)라고 불린다. 그들은 로마법의 언명들을 당시 상황에 맞게 짧은 '주석'(glossa) 형태로 해석하였으나, 경우에 따라서는 이미 짧으면서도 체계적인 '요약서'(summa)도 작성하였다. 유명한 학자로는 네 명의 박사(quattuor doctores)인 마르티누스(Martinus), 불가루스(Bulgarus), 후고(Hugo) 그리고 야코부스(Jacobus)가 있었는데, 이들은 프리드리히 바르바로사(Friedrich Barbarossa)[6]에게 깊은 인상을 주었다. 이외에 아조(Azo)와 후고리누스

---

4) 역주: 독일어 위키피디아에서는 'Lehnswesen'으로 검색 가능.
5) 역주: 중세 시대 제후나 군주가 특정 영토에 대해 가졌던 통치권. 독일어 위키피디아에서는 'Lehnswesen'으로 검색 가능.
6) 역주: 1155년부터 1190년 재위한 신성로마제국 황제인 프리드리히 1세. 붉은 턱수염 때문에 바르바로사(Barbarossa)라는 별명이 붙었다.

(Hugolinus)가 있었다. 그들의 모든 주석서는 아쿠르시우스(Accursius. 1263~?)가 표준주석(Glossa ordniaria)으로 종합하였는데, 여기서 그는 9만 6천 개의 주석을 집대성하였다.

그리고 볼로냐에서 이들의 뒤를 이어 주해학파(Kommentatoren) 또는 후기 주석학파(Postglossatoren)가 등장하였다. 그중 가장 위대한 이름은 바르톨루스(Bartolus. ?~1357)와 발두스(Baldus. ?~1400)이다. 다툼의 여지 없이 300년 이상 주도권을 가졌던 볼로냐를 통해 유럽에서 법학은 대학의 전공 가운데 하나가 되었다. 12세기 중엽에는 볼로냐에 약 1만 명의 법학도들이 있었다.

교황과 황제의 대충돌(1077년 카노사의 굴욕)에서 로마법은 원칙적으로 세속권력의 편에 섰고, 황제의 지원을 받았다. 황제 편을 든 이르네리우스는 1119년 교황에 의해 파문·추방되기까지 했다. 초기의 사료에서 발견되는 '테우토니쿠스'(Teutonicus), 즉 '도이치'(deutsch)의 라틴어식 표현인 이르네리우스의 별명은, 그가 독일 혈통이었기 때문이거나 독일 출신 황제 편을 들었기 때문이었을 것이다. 그런데 후자는 상대적으로 개연성이 떨어진다. 로마법은, 유럽에서 교회의 엄청난 정신적 권력에도 불구하고 신정정치가 정착될 수 없었고, 법질서는 원칙적으로 항상 세속적인 과제로 남게 되는 데 결정적으로 기여하였다.

제3절 교회법

　이르네리우스가 활동한 시기로부터 얼마 지나지 않아 볼로냐에서 그라티아누스(Franciscus Gratianus. ?~1158)가 교회법을 학문적으로 다루기 시작하였고, 이 작업은 1400년경 「그라티아누스 교령집」(decretum Gratiani)으로 종합되었다. 이는 혼인법, 계약법, 소송법 분야의 개혁을 가져왔는데, 역으로 로마법에 강하게 영향을 받은 것이었다. 교회법학의 성과는 1317년에는 방대한 『교회법대전』(Corpus Iuris Canonici)에 종합되었다. 이에 반해 1983년의 현대 『교회법대전』은 매우 간략한 입법에 불과하였다.

　이렇게 하여 로마법은 교회법과 함께 유럽에 계수되었다. 두 개의 법질서는 서로 부족한 것을 보완하였다. "교회는 로마법에 따라 생활한다"(ecclesia vivit lege Romana)는 원칙이 적용되었다. 로마법과 교회법, 두 법을 공부한 사람은 양법(兩法) 박사(doctor iuris utriusque)로 불렸다. 교회법이 가져온 혁신은 제한적이었지만 중요하였다. 교회법은 혼인법에서 고전 법의 이혼의 자유를 폐지하였다. 계약법 분야에서 교회법은 신약성경의 이자 금지 이외에도, 같은 맥락의 종교적인 이유[약속을 지키지 않는 것은 영혼의 구제를 받지 못하는 대죄(大罪)임]로 완전한 계약의 자유(약속은 지켜져야 한다: pacta sunt servanda)를 관철시켰다. 세속 법률가들이 계약의 자유에 대해 오랫동안 성공적으로 저항했지만 교회법은 결국 관철시켰다. 왜냐하면 로마 고전 법은 계약체결(계약 상대방의 선택)의 자유는 알았으나, 내용의 자유는 알지 못했기 때문이다. 내용의 자유 대신 전형계약 법정주의(法定主義. numerus clausus)가 적용되었다. 반대로 종교적으로 사고하는 교회법의 경우 계약 위반은 인간의 신앙능력, 역시 종교적 의미의 '신의성실'(Treu und Glauben)을 따를 능력에 저촉된다. 따라서 애초에 이 중심적인 법률용어는 오늘날과 달리([로마법의 신의성실(bona fides)의 영향 아래서] 사회적 신뢰 및 배려 원칙(독일 민법 제157조, 제242조[7])이 아니라, 오늘날 상인의 언어에서 여전히 그러듯이, 무방식의 약속을 지키는 것을 표현하는 것이었다.

이러한 법적 개념은 현재와는 달리, 신의[라틴어로는 fides, 그리스어로는 πίστις(pístis)]는 fides qua creditur로서 약속을 지키게 하는 힘을, 반대로 성실[8][라틴어로는 opinio, 그리스어로는 δόξα(dóxa)]은 fides quae creditur(믿어지는 신의)로서 지켜지는 약속 그 자체를 의미하였다.

소송법 분야에서 교회법은 관청으로서 조직된 법원의 탄생, 실체법 분야에서는 형평(Aequitas), 즉 형식적이지 않은, 양심에 기대는 정의의 논변에 대한 자유로운 고려를 장려하였다. 따라서 영국법에서 - 게르만 공동체 재판(Dinggenossenschaft) 전통에서 유래하는 - 잉글랜드 보통법(Common Law)의 수정을 위해 작용하는 형평(Equity)도 교회법에서 유래한다.

로마법과 교회법의 관계에 대한 법언이 있다. "교회법 없이 법률가는 가치가 적고, 로마법 없이 교회법학자는 전혀 가치가 없다"(legista sine canonibus parum valet, canonista sine legibus nihil valet).

---

7) 역주: 우리 민법 제2조 참조.

8) 역주: 독일어로는 믿음을 뜻하는 Glauben.

제4절 **독일에서의 계수**

　로마법은 황제법이었다. 독일 출신 황제들은 스스로 로마 황제의 전통을 잇는다고 보았으며 로마법의 법리로부터 자신들의 지위가 강화되기를 기대하였다. 그래서 독일 출신 황제들은 처음부터 로마법을 지원하였다. 황제법의 이념은 항상 유리한 요소로 남았으나, 그것이 실제로 로마법 계수의 본래적 이유는 아니었다. 소위 로타르의 전설(Lotharslegende)에 따르면 로타르 폰 수플린부르크(Lothar von Supplinburg. 신성로마제국 황제. 재위: 1133~1137)가 1135년 이탈리아 아말피를 정복한 후 『로마법대전』을 법률에 의해 신성로마제국의 법률로 격상했다고 한다. 그러나 이 전설은 로마법의 계수가 완결된 16세기에 비로소 형성되었으며, 1643년 독일법사의 창시자인 콘링(Hermman Conring. 1606~1681)에 의해 반박되었다. 콘링은 헬름슈타트의 교수로 활동하였고, 필자와 같은 독일 오스트프리스란트의 노르덴 시 출신인데, 그가 생존했던 당시 그곳에서는 이미 훌륭한 김나지움(Gymnasium)[9] 수업을 제공하였다. 결국 로마법은 그것이 승인된 곳에서는 황제정의 '국가 이성'이라는 관심 때문(ratione imperii)이 아니라, 내적 이성의 작용에 힘입어(imperio rationis) 효력이 있었다.

　로마법이 독일의 법실무에 효과적으로 침투하게 된 것은 볼로냐에서 양성된 독일 법률가들을 통해서였는데, 이들은 도시와 농촌의 법원

---

9)　역주: 초등과정 4년을 마친 후 8년의 인문계 중·고등과정으로서 대학 진학을 목표로 한다.

과 관청에서 점차 중요한 위치를 차지하게 되었다. 이미 12세기 [바카리우스(Vacarius)에 의해] 옥스퍼드에서 그리고 [플라켄티누스(Placentinus)에 의해] 몽펠리에(Montpellier)에서 볼로냐를 본뜬 새로운 법과대학이 설립되었다. 곧이어 독일에서도 1388년 쾰른, 1419년 로스톡(Rostock), 1452년 하이델베르크, 1456년 그라이프스발트(Greifswald), 1457년 라이프치히 등에서 로마법 교수직이 생겨났다. 1519년에는 유스티니아누스 『법학제요』의 첫 번째 독일어 번역[역자: 토마스 무르너(Thomas Murner)]이 등장하였다. 콘스탄츠 사람 차지우스(Zasius. 1461~1535. 1500년 시의원Stadt-syndicus, 1506년 프라이부르크 교수, 에라스무스의 친구)는 이미 중요한 독일 로마법학자 중 1인이었다. 실천적 의미를 갖는 로마법 계수는 슈트라스부르크와 바젤을 비롯한 독일 남서부와 서부의 도시들이 중심이 되었다. 또한 현재 독일연방의 주인 바덴-뷔르템베르크, 라인란트-팔츠, 니더작센, 메클렌부르크-포어폼메른, 브란덴부르크 그리고 오스트홀슈타인(Ostholstein)도 그러하였다. 1495년 신성로마제국 제실령(帝室令)은 제국의 최고법원 판사들에게 로마법을 제국의 보통법[10](des Reiches gemeynen Rechten)으로 적용하도록 명하였다. 그리하여 계수된 로마법을 대륙 '보통법'(Gemeines Recht)이라 한다.

---

10) 잉글랜드의 보통법과 구별하기 위해 공통법이라는 역어를 사용하는 경우가 없지 않으나, 관행대로 보통법이라는 역어를 쓰되, 잉글랜드 보통법과 구별하기 위해 대륙 보통법이라고 번역한다.

제5절 『학설휘찬』의 현대적 관용
(Usus modernus pandectarum)

『학설휘찬』의 현대적 관용(慣用)은 1710년에 사망한 슈트리크(Stryk. ?~1710)의 한 저작에 붙여진 이름이다. 이 학문 조류에는 근세 초 종교개혁(Reformation) 시대의 경향과 근세의 자연법 또는 이성법 그리고 당시 부상했던 민족의식의 경향이 결합되었다. 그리하여 여러 전통, 즉 종교적-개혁적, 계몽적, 민족정치적 전통이 의식적으로 절충되어 하나로 통합된다.

르네상스와 종교개혁의 영향을 받아 프랑스에서는 이미 전아법학(典雅法學. elegante Jurisprudenz)이 형성되었고, 그 대변인인 퀴자스(Cujas. 1522~1590)[11], 파베르(Faber. 1557~1624), 도넬루스(Donellus. 1527~1591)는 주석법학파에 비해 로마법을 더 사료비판적으로, 일부는 더 역사적으로, 일부는 더 체계적으로 취급하려고 애썼다. 이들의 중요한 후계자들 중에는 빈니우스(Vinnius. 1588~1657)와 누트(Noodt. 1647~1725) 같은 중요한 네덜란드 법학자들이 있다.

이와 맞물려 네덜란드에서는 그로티우스(Grotius, 1583~1645)의 대작 『전쟁과 평화의 법에 관하여』(De iure belli ac pacis)와 함께 근세의 세속적인, 신학으로부터 스스로 해방하는 자연법 또는 이성법이 시작되었다. 이것은 고대의 철학적 전통에 매우 강력하게 의지했고, 로마법이

---

11) 역주: 불어 이름 Cujas. 라틴어 이름 Cuiacius.

철학의 요청에 적합하다고 보이는 곳에서는 항상 로마법을 고려하였다. 독일에서는 이런 방향이 철학과(법학과가 아니라)에서 가르치는 자연법학자들에 의해 지속되었다. 가장 유명한 저작은 푸펜도르프(Pufendorf. 1632~1694)의 『자연법과 만민법에 관하여』(De iure naturae et gentium)와 『자연법에 따른 인간과 시민의 의무』(De officio hominis et civis iuxta legem naturalem), 크리스티안 토마지우스(Christian Thomasius. 1655~1728)의 『자연법과 만민법의 기초』(Fundamenta juris naturae et gentium) 그리고 크리스티안 볼프(Christian Wolff. 1679~1754)의 『과학적 방법에 의해 논구된 자연법』(Jus naturae methodo scientifica pertractatum), 『자연법과 만민법의 제도들』(Institutiones juris naturae et gentium)이다.

법의 구성이 선험적으로, 즉 모든 경험 이전에 가능하다는 생각이 이 전통에서 유래한다. 이런 생각은 수학이나 기하학과 비슷한 방식으로 법도 만들 수 있다는 것인데, 나중에 역사법학파(Historische Rechtsschule)가 로마법을 수단으로 하여 이 생각과 싸웠다. 에른스트 카시러(Ernst Cassirer)는 『계몽의 철학』(Philosophie der Aufklärung. 1932)에서 그로티우스와 푸펜도르프에 대해 "정신이 순전히 내재적으로, 그 '타고난 이념들'로부터 크기와 수의 영역을 축조하고 증축할 수 있듯이, 법의 영역에서도 정신은 동일한 구성능력, 즉 창조적 축조능력을 지니고 있다"고 지적한 바 있다. 이 시대는 특히 나중에 법률행위론 전체의 토대가 되지만 무척 추상적인 의사표시론이라는 중심적인 개념에 여전히 직접적인 영향을 미친다.

종교개혁시대에는 로마가 아니라 자기 민족 고유의 법 전통에 대해 학문적 관심이 시작되었다[타키투스의 게르마니아(Germania) 필사본이 발견

됨, 울리히 폰 후텐(Ulrich von Hutten)은 로마법 적용을 주장하는 법률가들에 대항하고 게르만 민족의 법 전통을 칭송함]. 이 관심은 콘링(Conring, 1606~1681)의 『게르만법의 기원에 관하여』(De origine iuris Germanici. 1643)와 하이네키우스(Heineccius)의 『게르만법의 요소들』(Elementa iuris Germanici. 전2권. 1735, 1736)로 결실을 맺었다.

현대적 관용의 대변자들, 예컨대 라이저(Leyser. 1683~1752)와 하이네키우스(Heineccius. 1681~1741)는 결국 스스로 법문의 합리성을 로마법(그리고 때때로 교회법)과 마찬가지로 독일법의 『작센슈피겔』(Sachsenspiegel)이나 자연법에 의해 정당화할 수 있는 권리가 있다고 느꼈다.

아직도 효력 있는 민법전들 가운데 가장 오래된 것, 즉 1804년의 『프랑스 민법전』(Code civil)과 1811년의 『오스트리아 민법전』(ABGB)이 이와 같은 복합적인 전통에 의해 영향을 받았다. 두 법전은 주로 로마법에 의해 각인되었지만, 자연법적인 [그리고 프랑스 민법전의 경우 또한 프랑크-북프랑스의, 관습법(droit coutumier)에서 유래하는] 흔적을 강하게 보여 준다.

제6절 역사법학파와 현대 판덱텐법학

사비니(von Savigny. 1779~1861)는 역사법학파의 창시자이고, 푸흐타(Puchta. 1789~1846년)[WP]와 빈트샤이트(Windscheid. 1817~1892)는 그것의 체계화에 기여하였고, 예링(von Jhering. 1818~1892)은 그것을 완성하였다. 예링은 역사법학파의 학문, 판덱텐법학의 성과를 현대 법학에 전하였다.

사비니는 이성법에서 유래하고, 그의 시대에 칸트에 의해 심화된 사상, 즉 법은 역사적 경험이 필요하지 않은 선험적인 이성과 이성의 명령을 실현하는 입법자의 산물이라는 사상에 대항하고자 하였다. 그리하여 사비니는 1814년 『입법과 학문을 위한 우리 시대의 사명』(Vom Beruf unserer Zeit für Gesetzgebung und Wissenschaft)[12]이라는 유명한 강령서(Programmschrift)에서, 같은 해에 티보(Thibaut)가 포괄적인 국가적 입법의 형태로 요구했던 입법을 경고하였다. 왜냐하면 이러한 입법은 너무나도 쉽게 추상적이고 생활과 동떨어진 개념들을 따르게 된다는 이유에서였다. 그 대신 사비니는 '역사적인 법학'을 촉구하였다. 사비니에게 법이란 인위적으로 만들어진 것이 아니라, 언어처럼 역사적으로 항상 그때그때 존재해 온 문화현상이다. 사비니에 따르면, 언어가 보편적인 인간의 의사소통 수단이라면, 법은 인간의 보편적인 질서확립 수단이다. 그에 따르면 법이 언어처럼 국가와 민족에 따라 외적으로 매우 다른 형상을 띨 수 있다는 사실은, 그 과제가 원칙적으로 동일하다(또는 동일해야 한다)는 점을 바꾸지 못한다. 즉 후자의 경우 소통과 그 수단의 육성이라는 과제, 전자의 경우 자유롭고 정당한, 관계들에 지속성을 부여하는 질서라는 과제이다.

이로써 법은 국가 의지의 산물이 아니라, 문명사회(Zivilgesellschaft)의 문화로서 등장하게 된 것이다. 사비니가 가르치듯이, 상대적으로 높은 발전단계에 있는 사회의 복합적인 관계들에 있어서는 '기술적인 요소'

---

12) 역주: 우선 프리드리히 카를 폰 사비니 저, 남기윤 역, 『입법과 법학에 대한 현대의 사명』, 고려대 출판문화원, 2020. 참조.

에 대한 전문 법률가들의 지원이 필요하다. 이 법률가들은 '정치적인 요소'를 위해, 즉 사회적으로 경험할 수 있는 효과를 위해 정밀한 작업을 제공하고, 이 효과는 그 자유로운 발현을 보면 모두가 이해할 수 있는 것이다.

따라서 사비니에 따르면 진정한 법 원리를 확인하기 위해 무엇보다 역사적인 학습, 특히 로마법의 학습이 필요하다. 로마법은 그것이 고대에 이룬 성공 그 자체뿐만 아니라, 근세에 다시 계수됨으로써 '역사' 그 자체로 인류에 적합한 하나의 질서로 자리매김했기 때문이다.

사비니의 촉구는 성공을 거두었다. 그 결과는 19세기의 판덱텐법학인데, 이는 직접적 효력이 있는 로마법을 학문적으로 가공한 마지막 형태로서 로마 법률용어를 성공적이며 최종적으로 독일어로 번역하는 작업을 동반하였다. 동시에 판덱텐법학은 그 현대적 관용의 혼합물들로부터 로마법을 '정화하였다'. 판덱텐법학에 대한 사비니의 기여는 그의 『현대 로마법체계』(전8권. 1840~1849)과 『채권법』(Obligationenrecht)(전2권. 1851, 1853)이다. 그의 제자인 푸흐타(Puchta)는 이 새로운 학파의 첫 번째 완결된 교과서인 『판덱텐』(Pandekten)(초판: 1838, 제3판: 1845)을 내놓았는데, 그 개념의 엄격성 때문에 많은 비판을 받았지만, 오늘날의 시각에서 보면 그에 대한 과거의 평판보다는 훨씬 좋은 평가를 받을 만하다.

빈트샤이트(Windscheid)는 그의 『판덱텐법(Pandenktenrecht)』(전3권, 1862~1870)을 저술하고 여러 차례 개정판을 내면서 독일 민법전을 준비하였다. 제7판에서부터 그는 법원론(法源論)에 있어서 역사적으로 항상 존재하는 법, 즉 짧게 '관습법'이라고 불렸던 법이 아니라, 법률이 첫 번째 지위를 차지한다고 보았다. 그러한 면에서 그는 그의 학파로부터 독립을 선언한 셈이었다. 이것은 주권적 입법국가와 권력국가를 찬성하고 정신적으로 독립적인 하나의 질서로서의 사법 개념에 반대하는 결정이었는데, 대단히 의문스러운 것이었다. 자력구제, 즉 성공적인 폭력이 법 앞에서 가질 수 있는 지속효과를 어느 정도 원칙적으로 복권하는 것도 같은 방향이었다. 최종판인 제9판은 그의 사후인 1906년에 키프(Kipp)가 보정하여 출간되었는데, 독일 민법전의 해당 규정들을 빠짐없이 인용하고 있다.

　루돌프 폰 예링은 친분을 유지했던 만년(晩年)의 빈트샤이트와 달리 로마법의 보편주의['로마법의 보편문법'(Universalgrammatik des römischen Rechts), '법적 사고의 준칙'(Kanon des juristischen Denkens), '그것(=로마법)은 우리의 법적 사고 전체를 변형시켰다 – 현세의 하나의 문화요소']를 견지하여, 로마법에서 보편적 진리들을 드러내 보여 주었다. 즉 개념법학이 맹목적인 논리조작으로 이어지는 경우 생길 수 있는 위험성, 법정책적이고 법사회학적인 목적 연구의 필요성, 명확한 법적인 형식부여가 갖는 헌법상의 의미, 다시 말해 '자유의 쌍둥이 자매[13]이자 의사(意思)에 대한 불구대천의 원수(怨讐)인 형식'이 그것이다. 예링의 두 주요 저작인 『상이한 발전단계에 있어서의 로마법의 정신』(Geist des römischen Rechts auf den verschiedenen Stufen seiner Entwicklung)과, 무엇이 법인가에 대한 예링의 생각을 분명히 하기 위해 노력한 『법에 있어서의 목적』(Der Zweck im Recht)은 오늘날까지 계속 영향을 미치고 있다.

---

13)　역주: 자유(Freiheit)와 형식(Form)이 문법상 여성인 까닭에 자매라는 표현을 씀.

오늘날에도 많이 인용되는 것은 예링의 빈 대학 고별 강연인 『권리를 위한 투쟁』(Der Kampf um's Recht)(초판: 1872)인데, 법률 저서로서는 아마도 가장 성공한 베스트셀러일 것이다. 그의 도발적인 지도적 사상은 자신의 정당한 권리를 방어하고 주장하는 자는, 외견상으로는 자기이익을 위해 행동하는 것처럼 보이지만, 법의 효력 자체를 강화시키며 그 발전을 지원한다는 것이다. 1868년 빈 대학 취임 연설인, 『법학은 학문인가』(Ist Jurisprudenz eine Wissenschaft? 유고집으로 1998년 출간. 제2판: 2009)와 1884년 빈 방문 시기의 강연인 『법 감정의 발생에 대하여』(Über die Entstehung des Rechtsgefühls. 1986년 나폴리에서 새로 출간)도 여전히 흥미롭다. 예링은 법의 역사에서 진보를 보았다. 이 진보는 인간이 법의 경험을 통해 법감정을 정제함으로써 법률가들에 의해 실현될 점진적인 법비판을 가능하게 한다. 따라서 예링은 자유에 대한 형식적인 보호뿐만 아니라, 사회적·정책적으로 개입하여 부당한 불평등을 제거하는 자유의 보호를 요구하였다.

제7절 독일 민법전

1900년 1월 1일 시행된 독일 민법전은, 로마 사법(私法)이 언어적 및 법원론적 측면에서 최종적으로 민족국가화와 함께 개별 국가법으로 전환된 최후의 법전들 중 하나였다. 계수로 인하여 독일의 대륙 보통법 지역에서 직접 적용되던 로마법이 의식적으로 선택되었다. 제1초안은 빈트샤이트의 매우 강한 영향 아래에 있었다. 결국 법률의 효력을 갖게 되는 제2초안에서는 이 영향이 약간 완화되었지만, 전체적으로 보면 사소한 변화에 불과하였다. 독일은 사법(私法)의 성문화 이후에도 여전히 로마법계에 속한다.

독일 민법전은 법기술적으로 높은 수준의 창조물이다. 독일 민법전에서는 최고 수준의 전문가들에게 자문을 받은 전문분야 입법자가, 법학 교육을 받아 양성된 법관들에게 '법을' 선언하는 것이지, 어떤 정치적인 입법자가 어떤 민족의 시민들 - 이들은 입법자에게 입법을 위임했고, 법률에 구속되는 법관들도 시민들로부터 시작되는 국가권력의 일부임을 본다 - 에게 선언하는 것이 아니다. 독일 민법전은 사법(私法)을 헌법적 의미로 인식하는 법정치적인 면이 결여되었다고 처음부터 비판받았다. 민족적인 시각(기르케, Gierke[WP])이나 사회주의적인 시각(멩어, Menger[WP])[14] 모두 독일 민법전이 이런 측면의 실패를 지적하였다. 역사법학파로부터 시작되는 후기 낭만주의적인 자유법 운동은 독일 민법전에서 특별히 엄격하게 등장하는 법률 문구의 사슬로부터 법관을 해방시켜야 한다고까지 주장하였다. 반대로, 이와 거의 동시적이지만, 보다 더 방법론적으로는 요구하는 바가 많은(anspruchsvoll) 이익법학은 실질적으로 법관에게 '생각하는 복종'(denkender Gehorsam)을 통해서 수준 낮은 개념법학을 극복할 것을 주문하였다. 예컨대 은행신용(Bankkredit)과 상품신용(Warenkredit)[15]처

---

14) 안톤 맹어 저, 이진기 역, 『가난한 사람의 민법』, 정독, 2019. 참조.
15) 역주: 상인과 매수인 간의 상품대금 소비대차로서 매수인이 이행기 전에 변제하면 상품할인을 얻고, 상품할인을 포기하고 이행기 후에 변제하는 경우 이자를 지급한다. 상품 통상 대금 완납 시까지 매도인에게 상품의 소유권이 유보된다.

럼 법률이 정한 이익상황을 고려하여 내린 결정을 주의깊게 분석하고 고려해야 한다는 것이다. 국가사회주의자들은 여론을 활용하여 새로운 민족법전(Volksgesetzbuch)을 준비했으나, 초안 단계를 넘어서지 못하였다. 오늘날 독일 민법전은 그 자신의 전통과 전반적으로 동질적인, 사법상 기본권들의 가치 속에 뿌리내린 것으로 보인다. 이 기본권들은 나치(=국가사회주의) 시대의 일탈 후 독일 민법전의 쇄신된 양심이자 이상적인 초자아(Über-Ich)로서 작용한다.

이는 헌법으로 보장된 권리가 있으며, 이 권리를 위반했을 경우 제기할 수 있는 청구권이 모든 기본권 보유자에게 있다는 견해를 이끌어 냈다. 기본권을 갖는 각자가 사법상 기본권과 합치하는 사법을 요구할 권리를 가지며 이 권리는 헌법적으로 보장되고 침해 시 소송으로 실현할 수 있다는 연방헌법재판소의 판례를 이끌어 냈다. 이로써 사법의 옳은 형태에 대한 최종 판단은 한 국가기관의 결정권한 아래에 놓이게 되었다. 거기에는 일부 국가주의 그리고 그 한도에서는 자율적인, 학문적 관리를 받는 사법이라는 이념과의 단절이 존재하고, 이에 대한 의문이 없지 않다. 학문적 관리를 받는 사법이란, 로마 고전 법과 그것에 의해 각인된 대륙 보통법(ius commune)의 기초를 의미한다. 특징적인 것은 연방헌법재판소의 언어에서 통상 등장하는 표현인, '단순법'(Einfachrecht)으로 사법을 분류하는 것인데, 이는 전혀 타당하지 않다. 시민과 헌법의 책임영역 내의 모든 사람들을 위해 법적 상태를 보장하는 것이 헌법의 과제인데, 이 과제가 우선적으로 사법질서에 의해 해결된다는 점을 망각하는 표현이다. 인간 생존의 기본요구를 모두 다루며, 그리하여 기타 모든 헌법적 삶의 조건인 것은 다름 아니라 사법의 형식들과 가치들이다.

국가의 사법적(私法的) 구제는 종종 실질적이고 사회법적인 모습을 띨 수밖에 없으며, 이 구제의 필요성은 사법을 강압하는 것이 아니라, 사법이 독자적 가치를 지닌 과제임을 보여준다.

동시에 독일 민법전은 항상 새로운, 그러나 항상 원숙하지는 않은 개혁입법의 대상이다. 가장 눈에 띄는 법문화적인 개입은, 두 개의 새로운, 사회적으로가 아니라 기능적이고 상황적으로 윤곽이 그려진 경제생활의 범주 개념, 즉 보호되어야 하는 소비자(독일 민법 제13조)와 의무를 져야 하는 기업(제14조)을 위하여 자기책임의 주체인 사법(私法)상 인격(Person)을 후퇴시키는 것에 있다.

제8절 현대 로마법학

현대의 로마법학(Romanistik)은 고대 로마법을 그 고유한 조건 아래서 이해하는 과제가 있다. 이를 위해서 한편으로는 역사법학파의 낭만주의적 오해에서, 다른 한편으로는 자유법운동(Freirechtsbewegung)에 영감을 받은 '변개(또는 수정)주의적'(interpolationistisch) 학문방향[16]으로부터 해방되어야 한다.

---

16) 역주: 로마법은 법개념, 법이론, 법사상이 아니라, 로마인의 경험과 법률가들의 직관에 의해 발전되었다고 믿고, 로마법 사료에 남아 있는 개념, 이론, 사상에 기초한 기술은 동로마 황제 유스티니아누스 또는 그 이전에 변개 내지 수정되었다고 보았다.

19세기 말에 시작된 변개주의 경향(Interpolationistik)은 로마의 사료에 포함된 법이론이 비잔티움(=동로마) 시대 또는 (동서 로마 분열 전) 고전후 시대의 법 사료에서 유래한다고 믿었다. 순수한 사료 그리고 로마의 왜곡되지 않은 민족정신에서 발원한 사료가 동로마인들과 고전후 시대 사람들에 의해 그리스-기독교적인 정신으로 변경되었다는 것이다. 우상 파괴적인 열정과 함께 주저없이 추구된 이 연구 방향은 오늘날 실패한 것으로 판명되고 말았다. 순수한 정신과 불순한 정신 간의 싸움을 주장한 변개주의적 학문 방향이 상정한 이 대결상(對決像)은 마니교적인(manichäisch)^WP 색깔을 띠었으며 동시에 가치들의 과격한 무가치화를 대변하였다. 변개주의는 민족국가 형성이 늦은 두 나라인 이탈리아와 독일에서 주로 대변되었고, 그 전에 종교전쟁이 뒤흔들었던 16세기의 프랑스에서 주요한 선구자들이 있었는데, 이 변개주의 시대 전까지는 유스티니아누스의 입법은 상당히 높은 영감에 힘입어 창조적 법이성의 근본원리들을 포함한 작품으로 통하였다[쓰여진 이성(ratio scripta)]. 그러나 이제 그것은 어떤 변개자, 사기꾼의 작품으로 간주되었다. 'interpolare'라는 단어는『학설휘찬』의 법률 텍스트에서 사실상 사기적 행태를 의미하였다. 즉 "매도하기 위해 내놓은 상품을 사기꾼처럼 다시 새것인 양 보이도록 한다."[17] 더구나 교부(敎父)들(예컨대 테르툴리아누스[18])에게 변개자는 심지어 악마 자체, 사기와 요술을 쓰는 조물주의 적

---

17) 역주: Ulp.1 ad ed. aedil. curul. D.21,1,37. 참조.
18) 역주: Quintus Septimius Florens Tertullianus. 155년경~220년경.

이었다. 신성한 영감을 받아 등장하는, 유스티니아누스의 선집(選集)으로서는 얼마나 큰 추락인가!

로마법을 자유법적·낭만주의적으로 해석하는 것은, 오늘날에도 로마인들의 법과 헌법을 오로지 사회적·정치적 실천에서 찾고, 사법(私法)은 구체적 사례에 대한 결정들의 침전물이라고 이해하는 견해들에게 여전히 지속적으로 영향을 미치고 있다. 이 견해는 자연주의(Naturalismus)로부터 자유롭지 못하는데, 이 견해는 법을 가치평가 없이 인간의 행동과 결정의 단순 사실성으로 축소시키기 때문이다. 질서를 부여하는, 규범적 모델을 설정하는 사고의 의미를 과소평가하고 있다.

기원전 4세기에서 3세기로 넘어갈 무렵 법률문헌 저술 시대의 시작과 함께 등장하는 로마 법학은 실제로 그리스 법이론들의 자발적 수용의 산물로 이해될 수 있다. 이 법이론들은 그 이전에 로마에만 존재하던 전 단계의 법이론에 침투하여 새로운 생명을 불어넣었다. 이 이론들은, 로마 법질서와 비슷하거나 비교할 만한 것이 전혀 없었던 그리스와 달리, 매우 분명하게 구조화되고 매우 중요한, 저술의 시대 전(前)의 로마 법질서를 두 번의 거대한 물결에 의해 정신적으로 심화했고 상당히 풍요롭게 하였다. 첫 번째 국면에서 로마법은 법이 가능함(die Möglichkeit des Rechts)을 신의 섭리(göttliche Providenz)로 돌리는 스토아의 자연법이론으로부터, 두 번째 국면에서는 신의 섭리를 인간의 통찰로 대체한 회의론적 아카데미로부터 영향을 받았다. 첫 번째 국면은 기원전 3세기 초에, 두 번째 국면은 기원전 80년경에 지배적 위치를 차지하였다. 첫 번째 국면은 법을 자연적으로 주어진, 일부는 개인주의적이고 일부는 사회연대적인 원리들의 공동작용으로 해석하는데, 이 원리들은 신의 의도에 따라 인간에게 적용될 자연의 원리들의 형태로 역사적 현실에서 나타난다. 즉 이 원리들은 인간을 그 역사성 속에서 파악하고, 전문적인 법학에 의해 파악되어 오류를 피하기 위해 방법론적으로 의식화된다. 세계의 모든 대상들은 이 법이론에 의해서 대상들의 사회적이고 인간에게 봉사하는, 자연적 유용성 면에서 생각되었다. 반면에 두 번째 국면은 법은 인간이 만든 창조물로서, 사물의 관찰과 질서에 기초하는 인간 문명의 제도라고 해석한다. 그래서 이 제도는 물질세계의 무생물 그리고 인간 자신을 포함한 생물과 그 외적 형태들에 따라 관계하고, 그 특성들을 기록하여 무체적인(unkörperlich) 구조들을 유체적인 대상들 아래에 위치시킨다. 이 무체적인 구조는 인간의 사고 속에 존재하나 인간을 위해 부여된 권리들을 부여하고, 따라서 법에 의해 보장된다.

아우구스투스 원수정기 동안 이 두 법학파는 이 대립을 지속했으나, 두 학파의 법형성 권한은 동등하게 황제의 수권(授權)에 기초했기 때문에 이 대립을 극복하는 경향을 보였고, 여기서 개인주의적인 의사(意思) 원리의 전조(前兆)가 보인다. 결국, 유스티니아누스는 『학설휘찬』에서 이 대립을 최종적으로 종식시키고자 노력했으며, 따라서 이미 지적했듯이 기본원칙에 대한 대립이 반복되는 것을 막기 위해 특히 『학설휘찬』에서 모아 놓은 학설들에 대한 법학적 주석을 모두 금지하였다.

그러나 유스티니아누스 황제가 『학설휘찬』에 채록된 문헌의 저자인 원수정 시대 법률가들의 이름과 저작을 그들의 단편들에 그대로 보존하였다. 유스티니아누스 황제의 이러한 입법 덕에 법률문헌 저술시대 로마법학의 내적 정신사를 완전히 복원하는 것이 가능해진 것이다.

제2부
로마법의 기초

고시기의 라티움 경작취락들과
헬레니즘 시대의 법이론들

제3장

왕정 시대
(기원전 1000년 초부터 기원전 510년경까지)[1]

제1절 원시 로마 경작취락들의 신성 왕정
: 소유물반환청구 모델의 법 개념

   로마사는 한 집단이 토지를 찾아 이주하면서 시작된다. 이는 역사에서 항상 반복되는 사건이다. 하지만 로마의 경우에는 완전히 고유한 문화적·정신사적 조건들에 지배당했다. 당시 라티움(Latium)에 정주하던 인도유럽의 농민들, 지역명에 따라 라티움 인이라는 이름으로 불리던 이 사람들은 그 당시 마무리되던 거대한 신석기 혁명, 즉 인간이 정착 농업으로 이행하면서 발생한 종교적 근심과 두려움이 그러했다. 종교적 두려움은 개간된 농지의 확장에 의해 일어난 엄청난 환경 변화에 의해 생겼다. 농지 확장은 당시 주술적·만유정령설(萬有精靈說)적인, 신이 지배하는 자연에 대한 심각한 침범으로 간주되었기 때문이다. 이에 대

---

1)   주해 1번. (338쪽의 목록 및 QR코드를 통해 자세한 설명을 확인할 수 있다.)

한 해답은 조점(鳥占. augural)^WP 종교로서 하늘의 신 유피테르에게 도움을 청하는 제사와 질서의 종교에서 찾게 되었다. 이 종교의 주된 목표는 자연의 힘들과의 평화 상태, 즉 라틴어로 'pax deum'(=deorum)이라 불리는 '신들의 평화'를 회복하고 보장하는 것이었다. 즉 일부는 속죄의식을 통해, 다른 일부는 무엇보다도 인간관계 전체를 아우르는 평화질서를 통해서 이루어졌다. 이 질서의 회복과 보장은 신에 대한 경배로서 그리고 동시에 인간의 모든 치유를 위한 조건으로 여겨졌다.

그 결과는 평화보장을 담당하는 성스러운 판관왕(Richterkönig=rex[2]이 이끄는 조점적 촌락들(씨족공동체들. gentes[3])이었다. 언어와 종교가 일치하는 이러한 촌락들은 상호간에 적용되는 법(종족들의 법, ius gentium[4])에 의해 결속되었는데, 이 종족들의 법은 교환거래 및 종족들간 혼인뿐만 아니라 전쟁과 평화협정 그리고 심지어 점령에 의한 종전(終戰) 및 합병까지도 다루었다.

조점적 촌락의 왕은 평화를 위한 수많은 금기(터부)를 지닌 숲의 왕으로서 신성한 숲에서 살았다. 그 숲은 (다른 평행하는 문화들에서처럼) 원시 자연의 보존된 흔적으로서 사원의 원형이었다. 그곳은, 땅을 개간함으로써 밀려난 초월적 힘들과 화해를 위해 지속적으로 제사를 바쳐야 하는 곳이었다. 동시에 이 숲은 '빛이 드는 곳'(lucus[5])으로서 유피테르 옵

---

2) 주해 2번.
3) 주해 3번.
4) 주해 4번.

티무스 막시무스(Iuppiter Optimus Maximus)[6]를 숭배하는 이유인 맑은 하늘의 힘이 그곳에서 자라나는 풀들, 즉 모든 곡물의 원형을 통해 자연스럽게 작용하는 곳이었다. 이 믿음은 '성스러운 풀들'[7]의 의식(儀式)으로서 반복되어 표현되는데, 개간이, 이를 정당화하는 하늘의 힘을 숭배하며 이루어진, 주변의 경작 예정 경관을 거대하게 '트이게 하는 것'(Lichtung)으로 보이게 한다.

왕가(王家)는 모든 다른 가(家)들의 모범임과 동시에 의식(儀式)적 이념이었다. 모든 가(家)들이 비록 혈연관계는 아니었지만, 이 이념에 의해 씨족(gens)의 형태로 통합되었다. 이런 면에서 왕이라는 이념 안에는 인위적인 아버지, 즉 후대에 왕권에서 분리되어 국제법을 담당한 외교신관단장[8](pater patratus)이라는 관념이 깃들어 있었다.[9] 씨족(gens)이 하나의 의제된 가(家)로서 촌락의 여러 가(家) 사이의 수장들 사이에 형성된 형제관계(고전 그리스어 Phratrie=兄弟團)라는 것은 니부어(Niebuhr)[WP]와 사비니에 의해 처음으로 인식되었다. 이처럼 친족관계가 사회적 질서 이념으로 사용되는 것은, 왜 완전히 유효한 법적 친자관계[자권자(自權者) 입양=adrogatio, 나중에는 타권자(他權者) 입양=adoptio[10]]가 일찍부터 인정되었는

---

5) 주해 5번.
6) 역주: 최상 최고의 존재 유피테르. 고대 로마인들이 주신(主神) 유피테르(Jupiter)에게 바친 칭호.
7) 주해 6번.
8) 역주: 대조약관(大條約官)으로도 번역된다.
9) 역주: 로마 인민(시민)의 대표자로서 적에게 선전 포고를 하거나 항복(deditio) 절차의 업무를 집행하는 외교신관단(fetiales)의 수장.

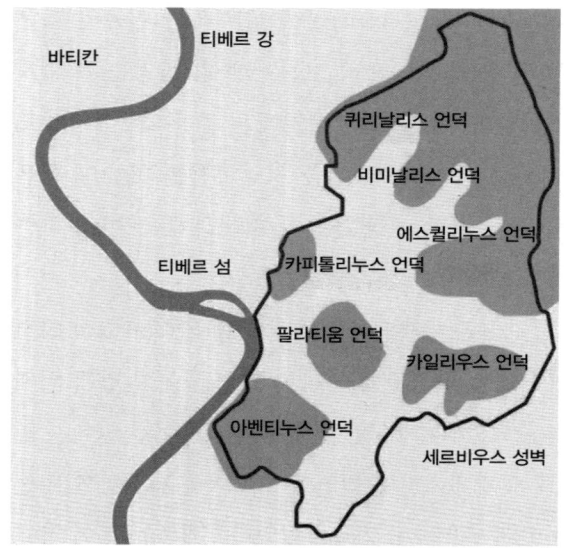

지도 설명된다. 생물학적 생식(生殖)에 하나의 고유한 종교적 가치를 부여하는 문화[너희는 생육(生育)하고 번성하라][11]는 다른 전통들의 수용 없이는 이와 같은 것을 할 수 없었다.

"평화를 해치면 안 된다"는 금기 때문에 왕은 전쟁을 할 수 없었다.

---

10) 역주: 자권자 입양(adrogatio)에서는 가부(家父)가 입양되어 두 가의 병합이 있게 된다. 자권양자(adrogatus)가 양부의 가로 들어가면 그의 가족도 모두 양부의 권력 하에 놓이게 된다. 타권자 입양(adoptio)은 가부권(家父權. partia potestas) 하에 있는 자가 다른 가부, 즉 양부(adoptator, pater adoptivus)의 가부권 아래로 들어가게 되는 입양이다. 가(家)의 변경(mutatio familiae)이 타권자 입양의 특징이다. 두 경우 모두 법적 효과는 같아서 양자는 친자와 동일한 권리와 의무를 갖는다.

11) 창세기 제1장 제28절.

왕은 무장한 군대를 단 한 번 보는 것조차 허용되지 않았다. 출정이 불가피한 경우에는 대신 인민의 지도자로서 군대의 사령관(magister populi)이 임명되었고, 이는 나중에 독재관(dictator)으로 불렸다. 왕은 말을 타서는 안 되었다. 이는 왕이 아직 말 타는 법을 알지 못하던 시대로부터 유래했다는 흔적으로 볼 수 있다. 전쟁과 평화 사이에는 후대의 의식(儀式)들에 보존된, 수많은 접촉 금기가 있었다. 왕에 의해 보호된 정주지의 평화영역 내에서는 그것이 존재하는 한 전쟁지휘권(군령권)이 허용되지 않았다. 군권은 정주지의 경계 안으로 넘어오는 순간 소멸하였다. '왕의 축출'(regifugium),[12] '군대의 철수'(poplifugium[13])와 같이 거리를 확보하는 행위들은, 출정 전 조점(鳥占)의 경우 필수적인 접촉들 이후에, 전쟁과 평화 사이의 거리를 재차 표시하고자 하는 것이었다. 여기서는 군대가, 평화를 상징하는 토가를 입고 왕에게 다가갈 수 있었다. 평화 시에는 닫혀 있는 야누스 문[14]과 그것을 모방한 개선문은 귀환한 군대를 위한 오래된 정화의식[淨化儀式. 통과의례(rite de passage)]을 암시한다.

  왕(rex)의 과제는 그때그때 조점적 '평화질서'를 만들고 보존하는 것이었다. 이 평화질서는 영토경계 설정(fines regere)으로 시작되었는데, 이는 하나의 포괄적인 토지질서를 만들었다. 이 토지질서는 하늘의 신

---

12) 역주: 마지막 왕인 타르퀴니우스 수페르부스(Tarquinius Superbus)의 축출. 이를 기념하던 축제일(2월 24일).
13) 역주: 또는 이를 기념하는 축제일(7월 5일).
14) 역주: 평화로울 때는 닫혀 있고 전쟁 중에는 열려 있었던 로마 중심부에 있던 신전의 문.

인 유피테르와 결부시켰던 자연의 징조, 예를 들어 새가 나는 모양, 번개 모양을 해석함에 있어서 하나의 정향체계(定向體系. Orientierungssystem)를 창조하였다. 또한 새로 경작지들도 만들었는데, 그곳에서는 이전의 모든 자연적 힘들로부터 정화되었기 때문에 풍성한 수확물을 기대할 수 있었다. 이러한 토지질서의 특징은 거대한 십자형 도로였다. 이 도로는 촌락의 중심점에서부터 정주지 전체를 아울렀고, 주축(=남북축 또는 종축. cardo)에서 하늘의 겉보기 움직임을 따랐다. 이 십자형의 종축과 그것에 수직인 부축(=동서축 또는 횡축. decumanus)은 신성한 방벽(防壁)의 4개의 문을 통해 촌락을 나가고 경작지역을 평행선들로 나누어 체스판 모양으로 만들었다. 이 경작지역은 다시 외곽선, 즉 경계(limen)에 의해 주변의 원시림(Wildnis)과 분리되었다. 촌락의 핵심은 보호벽(oppidum)에 의해 둘러싸였고, 이 벽은 신성한, 쟁기 의식(儀式)에 의해 만들어진 원(urbs라 불림)에 따라 만들어졌다. 내부원과 외부원은 정주민들의 평화로운 생활공간을 나타냈다. 초기의 유사한 예는 '평화, 촌락, 세계'라는 세 가지 뜻을 지닌 슬라브 공용어 미르(mir)가 있다. 평화를 상징하는 두 원(圓)의 사고는 현대 로마가톨릭 교황의 강복(降福)인 'urbi et orbi'(로마시와 세계로)에 계속 살아있다.

이 전(全) 영토체제는 밝은 하늘의 신, 즉 유피테르와 연결되었다. 그는 혼자 온전히 전체를 '보고' 자신에게 바쳐진 숭배를 받아들일 수 있는 유일한 존재였다. 항공촬영이 있는 오늘날과 달리 고대의 경계체제는 산에서 내려다보듯이, 단지 부분적으로만 바라볼 수 있었다. 이러한 신석기 시대의 토지질서와 유사한 예로는 북유럽의 켈트족 들판(celtic fields)이 있다. 종축(cardo), 횡축(decumanus), 보호벽(oppidum), 경계(limen)에 의해 주어진 '온전한'(heil) 질서는 '이랑'과 '고랑'(scamna et strigae)에 따른 '파괴된' 질서와 대비되는데, 온전한 질서만이 소유물반환청구를 할 수 있는 (나중에 '쿼리테스 인[15]의') 토지소유를 가능하게 했고, 파괴된 질서는 나중에 로마 속주의 토지질서를 지배하였다. 이 질서는 정복한 촌락의 질서를 도랑을 파는 의식(儀式)으로 파괴한 결과이며, 정복된 촌락은 병합되었다. 기원전 146년에도 여전히 법적으로 고랑을 파는 의식에 의해 카르타고는 파괴되었다.

이러한 옛 질서종교는 시간 개념도 결정했다. 시간 개념은 달의 공전에 따라 계산된 10개월을 기준으로 하는 년(mensi= 달과 척도)을 따랐다. 따라서 우리(서구) 문화권에서는 마지막 달인 12월을 오늘날에도 여전히 '10번째 달'(December)라고 부른다.

공표된 '초승달'(Kalenden), '상현달'(Nonen), '하현달'(Iden)은 관측에 기초한 것이다. 각 월(月)은 아직 태양년에 확고하게 기초하지 않았고, [오늘날 이슬람 달력의 월(月)이 아직 그런 것처럼] 해가 지나면서 태양년의 계절에 따라 변화하였다. 이미 12표법(기원전 451/450년)은 우리가 아는 역법, 즉 달에 따른 월(月)을 태양년과 결합한 달력을 포함하고 있었다. 이제 12개가 된 월(月)은 부분적으로 계절로 정의되었는데, 4월, 5월, 6월[16]이 그러하다. 신들에게 바쳐진 날들(feriae. 노동이 금지됨)과 인간의 특별한 활동에 적합한 날들[재판일(dies fasti)과 입법일(dies comitialis)]은 사제의

15) 역주: 원래 사비니 인의 도시인 쿠레스(Cures)의 주민을 뜻함.
16) 주해 7번.

비밀스러운 술법(術法)으로 남았다.

　로마는 끊임없이 이러한 토지법의 지정학적(geopolitisch) 형식언어를 고수했다. 로마시와 이탈리아 반도 내 로마의 다른 영토(ager Romanus)의 관계와 로마를 본 따 건설되었고 그 토지질서가 오늘날에도 당시 제국 영역에서 빈번하게 증명될 수 있는 로마시민들의 식민시들(Coloniae civium Romanorum)에서 그러하였다. 로마 토지법이 이처럼 지속된 이유는 조점이 지배하던 건국 초기의 축복이 지속되기를 바라는 마음 이외에도, 납세의무가 있는 지역, 특히 속주에 대한 예속과 납세의무를 명확하게 유지하려는 의도 때문이었다.

　씨족은 의제에 불과한 친족관계로서 족내혼을 하였다. 족외혼은 가능했으나 여자들을 '씨족 밖으로 시집 보내기'위해서는 씨족의 동의(gentis enuptio)가 필요하였다. 일반적인 통혼권(Heiratsgemeinschaft, conubium)은, 로마가 나중에는 그것의 확립을 위해 정치적으로 노력했듯이, 로마 주변 씨족들 사이에서는 일찍이 등장했을 것이다. 일반적인 통혼권은 원칙적으로 토지권의 상호 인정과 결합되었다. 이렇게 함으로써, 한편으로는 친족 간 폭넓은(6촌까지. 오늘날과 마찬가지로 당사자를 매개하는 출생의 수에 따라 계산) 혼인금지와 원칙적인 족내혼이, 다른 한편으로는 여성의 상속권과 폐쇄적으로(geschlossen) 토지보유(Bodenbesitz)를 유지하려는 노력이 중재될 수 있었다.

　로마의 이름 체계는, 씨족 이름(예컨대 율리우스, 클라우디우스)이 가장 중요했고, 가문 이름은 외형적 특징과 연관되었으며(카이사르, 키케로: 주해 8번.), 자주 등장하지만 수를 세는 것에 불과한 개인 이름(퀸투스: 다섯째, 섹스투스: 여섯째, 셉티무스: 일곱째)은 가장 중요하지 않았다는 점에서 그 초기 상태가 보존되었다. 예컨대 가이우스(C.= Gaius) 율리우스 카이사르(Iulius Caesar)이다. 더욱이 개인 이름은 매우 적었는데, 모두 약 15개 내지 18개에 불과하였다(각 씨족에서는 8개를 넘지 않았다). 여성들은 예컨대 율리아, 클라우디아, 코르넬리아와 같이, 나중에도 여전히 그 씨족 이름으로만 불릴 수 있었다. 이에 따라 신성한 촌락정주 단계에서 개별 정주민은 개인으로 등장하는 일이 거의 없었다. 다른 인도유럽 민족들, 예컨대 그리스인, 켈트족, 슬라브족, 게르만족에서 눈에 띄는 유명한 영웅 이름[니카르코스(Nikarchos), 베르킨게토릭스(Vercingetrorix), 블라디미르(Wladimir), 지크프리트(Siegfried)]은 라틴문화에서는 전혀 찾아볼 수 없다.

이런 식으로 로마 법질서의 시초에는 동등한 권리를 지닌 동료들의 정주 모델이 있었다. 정주지 동료(*ven[17])의 권리 행사는 어떤 것이 법적 평화의 틀 내에서 *ven, 즉 권리를 갖는 동료에게 귀속함을 주장한다는 의미를 지닌 vin-dicere와 vin-dicare의 도움으로 이루어졌다. 그런 소유권 주장이 행해지는 분쟁의 가장 중요한 대상은 자유(즉, 촌락공동체에서의 보장된 구성원 지위)와 토지, 사람 그리고 동산에 대한 소유권이었다.

vindico(공동체 구성원으로서 나는 말한다)를 vis(폭력)와 연결시키는 것(그렇게 하면 vindico는 "나는 폭력을 '말한다'"가 될 것이다)은 자력구제설에 속하는데, 이 이론에 따르면 법[권리]은 성공한 폭력에서 발생한다. 그러나 이

---

17) 주해 9번.

이론은 받아들일 수 없다. 본래적 의미의 자유, 즉 어떤 집단에의 귀속 승인은 결코 폭력에 의해 얻어질 수 없기 때문이다. 오늘날에도 자력구제 행위에 의해서는 어떤 사단체나 국가연합에 결코 가입할 수 없고, 항상 법의 형식에 의거해서만 가입할 수 있다.

소유권 등 권리 주장 모델(이하 '소유물반환청구 모델'이라 한다)의 평화 상태는 ius, 말하자면 순수한 질서를 의미한다. 이 상태는 신들의 총애(venia deorum), 즉 신적인 권능들[dei]에 의해 관계들을 총애하는 것, 즉 보편적 번영의 기초가 된다. 베누스도 여기에 속하는데, 즉 정주지의 평화 상태 속에서 상호 애정의 여신 또는 더 정확하게 종교적으로 느껴진 상태를 의미한다. 실로 베누스는 시초의 해석에서 정원의 여신이었다. '사랑의 여신인' 베누스는 나중에 그리스의 아프로디테 영향 아래 마그나 그라이키아[18](시킬리아) 지방을 넘어왔다. 아프로디테 자신도 소아시아의 아스타르테(Astarte)**WP**에 의해 지대한 영향을 받았다.

라틴어 ius의 기본 의미는 평화, 보다 정확히는 사회적 결사체의 특징으로서의 평화 상태이며, 이 평화 상태는 왕(rex)의 카리스마 있는 '재판권 행사'(Jurisdiktionssprüche)에 의해 확립되었다.

평화 보장은 최소한도의 사회 정의가 보장되지 않으면 불가능하다. 이것을 달성하기 위한 주된 수단은 지속적인 인구 증가에 대응하여 새로운 정주지를 개간하고 나중에는 무엇보다도 정복으로 확보하는 것

---

18) 남부 이탈리아의 동해안과 시칠리아를 합친 고대 그리스의 식민지.

이다. 후대의 사료는 어원론적으로는 순진하지만, 내용상으로는 올바르게 표현한다. ius a iustitia appellatum(법은 정의에서 나와 그렇게 불렸다). 이 법개념은, 법질서가 모든 사람에게 삶의 기회를 제공한다는 정의의 과제를 제대로 수행하지 못하면 훼손된다.

제2절 퀴리날리스 연맹
: 소유물반환청구 모델의 연맹 구성원 전체로 확대

로마 주변에 정주하는 약 20개의 씨족들은 퀴리날리스(Quirinalis) 연맹으로 통합되었다. 이 연맹은 이전에 개별 씨족들에게 적용되었던 소유물반환청구 모델을 연맹의 법질서로 확장시켰다. 이로써 이 모델은 나중에 퀴리테스(Quirites)를 시민(civis)과 동등하게 취급하여 로마시 전체까지 확장할 수 있는 기초가 되었다. 로마시는 도시의 지배가 미치는 장소로서 에트루리아(Etruria)에서 유래한다. 나중에 로마시민은 자신의 모든 소유물반환청구권을 '퀴리테스 법에 기초하여'(ex iure Quiritium) 갖게 되었다. 퀴리날리스 연맹의 중심지는 퀴리날리스 언덕(collis Quirinalis)이었고, 후대에 핵심적으로 '평민의' 도시 형성의 중심은 팔라티움 언덕(collis Palatium 또는 Palatinus)이었다. 팔라티움의 끝자락에 후대의 로마 광장(forum Romanum)이 위치해 있다. 왜냐하면 도시 성립과 함께 비로소 팔라티움 언덕은 이웃한 카피톨리움(유피테르 신전)과 아륵스(Arx. 성채)와 함께 로마의 중심이 되었기 때문이다. 연맹의 영향으로, 각기 하나의 씨족을 대변하는 원로원의 가부(家父)들(patres)에게 공동체

내 최고의 법적 권력이 주어지게 된다. 즉 각 가부는 후대에 간왕(間王. interrex)[19]으로서 공화정기 집정관 통치권(regia potestas)의 기원이 된다.

시초의 연맹헌법에서 각 가부(pater)는 공동의결에 의해 성립한 전체 권한(auctoritas patrum)을 모든 가부들을 위해 행사할 수 있었다. 권한을 행사할 가부의 선출은, 전승된 사료가 시초의 전설적인 왕들의 경우에도 강조하듯이, 조점의 원리들에 의해 행해졌다. 새로운 연맹의 왕(rex)의 거처도 처음에는 퀴리날리스 언덕이었을 것이다. 연맹에서 법에 의한 평화(Rechtsfrieden)의 최고 보증인으로서의 그의 역할은 나중에 유피테르 신관(神官. flamen Dialis)에게 계승된다. 유피테르 신관은 수많은 태고적이면서도 비상한 금기로 둘러싸인, 평화구역에 한정된 신관으로서 조점신앙의 최고 신(神)인 유피테르 옵티무스 막시무스(Jupiter Optimus Maximus)를 섬기는 가장 높은 계급의 숲의 신관이었다. 퀴리날리스 연맹의 평화를 상징하는 왕 자신은 퀴리누스 신관(flamen Quirinalis)의 보좌를 받았는데, 퀴리누스 신관은 두 얼굴을 가진, 연맹의 평화와 전쟁을 주관하는 신(神)인 퀴리누스(Quirinus)를 섬기는 희생제관이었다.

연맹의 징집시민(Wehraufgebot)은 씨족의 남자 집단, 즉 'curiae'(co-viriae[20]에서 유래)의 결합체였다. 이 집단은 평화 시에는 쿠리아 민회(comitia curiata)로서 무장하지 않고 회합하여, 연맹의 왕이 중요한 법률

---

19) 역주: 왕의 사망과 새로운 왕의 선출 사이의 기간에 왕권을 갖는 섭정.
20) 역주: 남자 집단을 뜻함.

문제에 대해 그들의 의견을 형식을 갖추어 조회하고 이를 구속력 있는 것으로 인정하도록 했다.

따라서 입법은 유언, 자권자 입양, 군사령관 선임에서 발생하였다. 그리고 의견이 조회된 징집민에 의해 왕의 형사판결이 무효가 될 수 있었기에, 왕의 형사판결에 대한 징집민의 결정에서도 발생하였다. 후대에 에트루리아 출신 타르퀴니우스의(tarquinisch-etruskisch) 도시 왕들[나중에 공화정의 희생의식 왕(犧牲儀式王. rex sacrificulus)에서 지속되었다] 치하에서 군대가 백인대(百人隊. comitia centuriata)[21]로 재편되었을 때, 쿠리아 민회는 로마 시민들(이제부터는 귀족-평민)로 구성된 결사체의 평화적인 측면을 구현(Verkörperung)하였다. 법적 지위에 관계되는 모든 행위들, 즉 자권자 입양 이외에도 가령 귀족의 평민으로의 편입(translatio ad plebem)은 쿠리아 민회를 매개로, 퀴리테스의 법질서의 조점적 평화를 대변하는 측면으로 결부되었다. 이 이원적 구조는 징집 민을 부르는 호칭인 populus Romanus Quiritesque(로마 그리고 퀴리테스 인민)에서도 설명된다. 만약 한 군사령관이 '퀴리테스'로만 불렀다면 이는 하나의 질책이었다. 즉 "너희는 민간인이지, 군인이 아니야!"라는 뜻이기 때문이다.

로마가 어떤 역사적 과정도 없이 753년 로물루스(Romulus)에 의해 도시로 건설되었다고 믿는 로마인들의 역사인식은 완전히 신화적이다. 로물루스와 레무스(Remus)는 마르스(Mars)의 아들이자 늑대의 젖을 먹

---

21) 역주: 군사 편제는 평시에 민회로서 작용하는데, 민회의 의미로는 '켄투리아 민회'가 된다. Centuria는 100을 의미한다. 그러나 백인대가 정확히 100명으로 편성된 것은 아니었다.

고 자란 형제다. 로물루스는 도시 건설을 기념하는 조점 의식(儀式)을 모욕한 동생을 때려죽이고, 남성 시민들을 모집하기 위해 망명을 선언하고, 여성 시민들을 얻기 위해 사비니 인(人) 여자들의 납치를 기획한다. 망명의 동기는 평민 계급의 유래로 설명된다. 그들은 엄격한 질서 속의 여러 씨족 출신 귀족들에게 평민들은 말하자면 떠도는, 신성하지 못한 전쟁지역 출신 부랑자들이었고, 퀴리날리스 연맹 근처에서 피난처와 생존의 기회를 구했고, 결국 성공한 자들이었다.

늑대의 젖을 먹은 아들들(로물루스와 레무스)을 낳은 어머니인 레아 실비아(Rhea Silvia[WP])를 통해서 신화 속의 로물루스도 동시에 베누스(Venus)[22]의 후손이 된다. 왜냐하면 베누스의 아들인 아이네아스는 트로이의 파괴 후에 신의 의지에 기초하여 이탈리아로 와서 거기서 라티누스(Latinus) 왕의 딸과 혼인하였고 그를 따른 트로이인들과 라티움의 선주민들(Aborigines)[23]로부터 라티움 인이라는 새로운 민족을 만들었다. 베누스는 그 아들을 트로이 앞 전투에서 구했다. 아이네아스의 후손인 알바 롱가(Alba Longa)의 왕들이 바로 로물루스의 어머니인 레아 실비아의 조상이었다. 후대에 가이우스 율리우스 카이사르(Gaius Iulius Caesar)는 자신의 신성(神性)이 베누스의 손자인 율루스(Iulus), 즉 아이네아스의 아들로부터 유래한다고 보았고, 이 신성을 자신이 아들로 입양한 아우구스투스(Augustus)게 물려준다. 즉 신의 아들(divi filius)로 승계한

---

22) 역주: 그리스-로마 신화에서 미와 사랑의 여신으로, 우리나라에서는 영어식 발음의 '비너스'로 알려져 있다.

23) 주해 10번.

것이다. 그 후에 아우구스투스는 아폴로의 특별한 보호를 받게 된다. 아폴로는 일리아스(Ilias)에서 일찍이 아이네아스를 미래의 과제를 위해 영웅 디오메데스(Diomedes)로부터 구해냈기 때문이다. 이런 전설은 도시문화와 마찬가지로 에트루리아인들과 함께 로마로 왔다. 에트루리아인들은 소아시아에서 온 이주민들로부터 지대한 영향을 받았다. 이 전설은 처음부터 로마를 그리스 문화권의 일부로 만들었다. 따라서 로마가 그리스의 지배자로 부상한 것은 헤라(유노)의 격한 항의에도 불구하고, 어쩌면 트로이를 파괴한 것에 대해 제우스(유피테르)가 의도한 복수로 보였다.

에트루리아에서 유래하는 아이네아스 전설에는 로마인이 자의식에서 계속 잊으려고 애쓴 사실이 밑바탕으로 깔려 있다. 즉 로마가 라티움(Latium)의 도시들에 대해 특별한 위상을 갖는 것은 퀴리날리스 연맹이라는 존재뿐만 아니라, 이보다는 오히려, 이민족인 에트루리아의 오랜 지배 덕이라는 것이다. 이로써 마침내 에트루리아의 지배가 도시 군주제의 형태로 공고해지자 로마는 지중해의 주요한 상업세력의 하나가 되었다.

로마 민족을 철저히 고유한 조건들에서 발전하는 원(原) 민족으로 만들어 냈던 역사학파(Historische Schule)는 이런 목적에 달성하기 위해 로마인들의 자기이해뿐만 아니라 에트루리아의 영향 아래에서 도시가 성립했던 복합적인 실제 역사를 무시해야 했다.

제3절 로마 주변 땅의 새로운 군사적 질서
: 에트루리아의 세 씨족 정치

에트루리아의 세 씨족, 람네스(Ramnes), 티티에스(Tities) 그리고 루케레스(Luceres)는 로마 영토를 세 개의 징병 및 징세구로 분점하였는데, 이는 트리부스(tribus= 씨족제적 정치단위)라 불렸고, 오래된 씨족들의 권력을 깨기 위해 각각 10개의 쿠리아(curia)로 일률적으로 나뉘었다. 'tribus'로부터 지배자를 뜻하는 tribunus, 지배자 연단(演壇)을 뜻하는 tribunal, 지배권에 의해 부과된 세금을 뜻하는 tributum이 파생되었다. 반대로 1/3(라틴어로 triens)이라는 단어와의 연관은 언어적으로 거리가 멀다.

이런 방식으로 비교적 오래된 씨족국가적 토지구조는 성공적으로 누적되어 씨족들을 문화공동체로 변화시켰으며, 이 문화공동체들은 헌법에서 사법(私法) 쪽으로 이동했다. 트리부스의 우두머리들은 tribuni militum(군지휘관)이라 불렸다. 그들은 군 전체에 대한 지배권을 연대하여 행사했고, 호전적인 군신(軍神) 숭배의식(儀式)에 의해 결속된 것으로 보이는데, 이 군신 숭배의식은 로마의 연병장(Marsfeld)에서 취임한 마르스 신관(flamen Martialis)과 살리이(Salii.[24] 무용수들)라는 사제직의 소관이었다.

---

24) 역주: Mars가 Numa Pompilius에게 준 방패(ancilia)를 지키며 축제를 지낸 Mars와 Quirinus의 제사장단(祭司長團).

25) 역주: 게르만의 사령관.

군사지휘권이 중심인 지배권은 지휘관들(tribuni)에게 있었다. 지배권은 후대의 징표로 추정컨대 praetor maximus(최고사령관= 'Herzog'[25]) 1명과 마르스 숭배의식을 주관하는 집정관 2명(consules. 글자대로 '함께 춤을 추는 자들')에게 귀속되었다.

공화정 건설과 함께 마치 갑자기 등장한 것으로 보이는 집정관들은 에트루리아의 3씨족정(氏族政)의 consules라는 칭호를 가졌다. 이 칭호에서 보이는 연속성은, 집정관 트리부누스 직위(Konsulartribunat), 즉 1년 임기의 최고 정무관직으로서 짝수(2, 4, 6)의 '집정관 지위와 권한을 가진 군지휘관들'(tribuni militum consulari potestate)이 집정관들을 대신할 수 있다는 점에서 반복된다. 평민들은 집정관이 될 수 있기 전에 이미, 군권이 중심인 이 직위를 얻을 수 있었다.

공화정의 군단(legio)은 이 조직을 2배로 만든 것으로 군지휘관 6명 휘하에 정원 6,000명의 병력으로 구성되었다. 에트루리아의 3씨족이 지배하던 이 시기에도 여전히 재판권은, 카리스마 있고 평화 관련 금기(터부)로 둘러싸인 왕의 수중에 있었다.

제4절 타르퀴니우스의 폭정

타르퀴니우스 왕조는 역사적으로 분명하게 추적되는바, 로마에서 북쪽으로 약 100km 떨어진 에트루리아의 도시 타르퀴니아에서 시작되었고, 기원전 510년경 타르퀴니우스 수페르부스(Tarquinius Superbus)의 체제 전복과 추방으로 막을 내렸다. 이 왕조는 그리스-에트루리아식의 도시 폭정을 하였는데, 카리스마 있는 사법권과 군지휘권을 한 손에 모으는 데 성공했다. 이를 위한 수단으로 유피테르 숭배를 강화하였다. 유피테르는 과거에 전적으로 평화를 담당하는 하늘의 신으로 여겨졌으나, 이제 에트루리아인들이 가져온 관념에 기초하여 전쟁의 신이 되었다.

따라서 훗날에도 개선(凱旋)(Triumph= 그리스어 Thriambos: θρίαμβος에 상응한 에트루리아어: 주해 11번.)식에서는 전쟁의 신의 화신인 군사령관이 도시라는 평화 구역에서 군사를 지휘하는 것이 허용되었다. 그 외의 경우에는, 준수되었던 조점(鳥占)종교 원칙에 반했다. 군사령관은 얼굴에 연단(鉛丹)을 빨갛게 칠했으며, 그 때문에 개선행렬이 향하는 카피톨리움에 에트루리아 도시 지배자들이 건립한 수성암(점토)으로 만든 유피테르 신전의 유피테르 상과 동일한 붉은 색을 띠었다.

전승에 따르면, (타르퀴니우스 프리스쿠스와 타르퀴니우스 수페르부스 사이의) 세르비우스 왕에서 기인한 최후의 대폭적인 헌정개혁도, 특히 도시 중심지에서 유래하는 점차 성장하는 부(富)에 기초했으며, 또 이 부를 촉진한 이 군주제로 거슬러 올라간다. 정복을 통해 (기원전 241년에는) 31개로 늘어난 로마 주변 땅(ager Romanus)은 수많은 통치단위인 트리부스(tribus)로 분할되었는데, 이 통치단위마다 시민들은 세금징수와 연병장(Marsfeld)의 켄투리아 민회(백인대. comitia centuriata)에서의 군 복무를 위해 소집되었으나, 직접 트리부스 민회(comitia tributa)로서도 소집될 수 있었다. 이 트리부스 민회에서는 공무담당자가 선출되었고, 법률안이 표결되었으며 인민법정(Volksgericht)이 열렸다. 토지를 소유한 완전 시민, 즉 classis(클라시스. Phalanx에 상응하는 라틴어)는 자신의 비용으로 완전

무장한 병사로서 군대에 복무했다. 재산이 없는 프롤레타리아는 infra classem('군대 편성 아래')이었다. 이러한 질서 내에서 새로 이주하는 평민들은 금전지급의무가 있는 보호시민(aerarii)으로부터 트리부스에 정주하는 완전한 시민(adsiduus; tribulis)으로 승격될 수 있었다. 이것은 특별히 4개의 트리부스가 있는 도시에 로마 주변 땅의 트리부스 체제가 이식된 이후로 가능해졌다. 완전시민보다 높은 지위에는 기병 백인대들(centuriae)이 있었다. 정주원칙이 포기되고 모든 시민이 각 트리부스에 등록되는 [구성원 중심 트리부스(Personaltribus)의 원칙] 변화를 겪었는데, 그 마지막에는 193개의 백인대가 있었다. 이 중 18개는 기병 백인대(6개는 귀족, 12개는 평민)였으며, 제1백인대 85개, 새로 추가된 제2~제5백인대도 동일하게 85개였으며, 무장하지 않은 5개의 백인대(그 중 2개는 수공업자, 2개는 음악가로 구성)도 있었다. 그들은 정해진 (가끔 개혁된) 방식으로 투표를 진행했고, 과반수에 이르면 투표가 중단되었다.

트리부스별로 이루어진 로마 주변 들판의 확장은 결국 이탈리아 반도 전부에 미치게 되었는데, 이 확장은 울타리를 친 마을들(vici. 로마 거리도 vicus라고 한다)을 건설하여 이에 농지들(pagi)을 할당함으로써 이루어졌다. 이 마을들은 마을 수장들(magistri vici)과 차등적 토지질서 및 농경 제례를 담당하는 농지 수장들(magistri pagi)의 지도 아래 제한적인 자치권을 누렸다. 이 마을들은 종종 요새(castella)화되거나 집회장소(conciliabula)나 시장(fora) 그리고 관청(praefecturae)의 역할을 하였다. 이러한 모든 마을은 로마의 조점적 토지질서의 하위 부분에 불과했다. 또한 로마를 본떠 만든 식민시들(coloniae civium Romanorum)이 추가되었는데(가장 오래된 것이 항구도시 Ostia이다), 자체방어책임(종종 해안 방어를 위해)과 독자적인 조점적 경계설정 십자(Limitationskreuz)[26]가 있지만 어떠한 정치적 자치권도 없었다. 이 모든 정주지는 평민계급을 늘려나가는 데 기여했다.

  이탈리아 반도가 로마에 복속하고 점점 더 로마화되는 과정에서, 특히 공화정 시대에는 자치시(즉 로마에 군사적 봉사 의무가 있으면서 자치권을 가졌던, 예로부터 자유로운 자치도시)와 라티움 식민지들이 중요한 역할을 하게 되었다. 후자는 원래 왕정 시대 이래 로마가 주도하던 라티움 연맹의 식민지였다. 기원전 340/338년에 로마가 라티움 도시들을 정복한 이래, 기존 및 장래의 라티움 식민지들은 자치권을 가진 종속적 자치시의 지위를 공유했다. 이 모든 이탈리아 자치시에 로마 시민권이 부여된 것은 기원전 90/89년의 동맹시 전쟁 종료 후였다. 지방자치를 기반으로 하는 거대 국가의 영토지배체제는 로마의 위대한 문화유산 중 하나이다.

---

26) 역주: 위에서 언급한 주축과 종축으로 이루어진 십자형 도로망으로 표현되는 종교적·천문학적 질서.

제4장

공화정
(기원전 510년경~기원전 27년)

제1절 귀족-평민 공화국

왕정의 전복은 그동안 대부분 통합된 에트루리아의 씨족들에 의해 증가된 귀족들의 작품이었다. 이제 이 귀족들은 타르퀴니우스 가에 의해 군사지휘권이 강화된 군주권을 손아귀에 넣게 되었다. 원로원의 각 가부장(pater)은 이제 다시 간왕(interrex), 즉 기존의 퀴리날리스 연맹 시절과 마찬가지로 국가 전체를 위해 왕이 될 수 있는 자가 되었으나, 이제는 새로운 모습의 권력을 지니게 되었다.

공화정 초기 정치체제에서 집정관(consul)들은 전쟁 시에 군사지휘권(militiae)도 포함하던 새로운 군주권(regia potestas)의 소유자로서, 매년 선출되며 동시에 조점적으로 수행하는 직책을 전임자로부터 지명받았다. 집정관들의 선출은 상응하는 권한을 가지는 간왕에 의해 주도되어야 했다. 이는 후대에 두 집정관이 사망하거나 사퇴하거나 집정관 체제로 새 출발이 필요한 경우, 항상 간왕에 의한 선거가 진행된 것과 완전히 일치하였다. 집정관 피선거권은 귀족들에게만 있었으나, 그들을 선출하는 켄투리아 민회에는 평민도 참여하였다.

쫓겨난 타르퀴니우스 가문이 에트루리아 방식으로도 지대한 영향을 미친 유피테르 의식(儀式)을 지키기 위해 새로 '희생의식 왕'(rex sacrificulus)과 '(희생의식) 여왕'(regina)이라는 성직이 만들어졌다.

그 외에 퀴리날리스 연맹의 옛 숲의 왕은 플라멘 디알리스(Flamen Dialis), 즉 평화를 위한 수많은 금기로 둘러싸인 유피테르 신관(神官)과 그의 부인인 플라미나(flamina)의 모습 속에 존속하였다. 이 둘은 대신관(pontifex maximus)의 감독을 받았다. 대신관이라는 명칭은 종교 의식으로 둘러싸인 티베르 강의 나무다리(pons sublicius)를 본 따 지어졌다. 대신관은 세계 최초의 전문 법학을 태동시킨, 새로운 도시 사제단을 이끌었다. 그들 옆에서 조점관들은 정무관직의 조점 규칙을 관장하였고, 외교신관단(fetiales)은 국제조약의 체결과 위반에 대한 종교 규율을 관장하였다.

타르퀴니우스 가의 추방으로 권력은 귀족들에게 넘어갔다. 왜냐하면 이제 매년 그들 중에서 선출되는 두 명의 집정관에게 통치권이 주어졌기 때문이다. 이로 인해 추방된 도시 군주들에 의해 그동안 후원을 받던 시민들은 상인들, 수공업자들, 도시에 정주하는 농부들의 지도계층과 함께 무방비 상태가 되었다. 그들은 기원전 493년의 분리, 즉 독립적인 공동체를 구성할 것이라는 협박으로 대응했다. 이 과정에서 귀족-평민 간에 타협점이 도출되었는데, 평민들은 자율성을 폭넓게 보장받았고, 자신들의 신성한 우두머리인 호민관들(tribuni plebis. 평민의 지휘관) 아래에서 광범위한 권력을 행사할 수 있게 되었다. 호민관들은 그들의 영역에서는 불가침의 권력을 행사했다. 호민관은 그 명령에 저항하는 귀족을 타르페이우스 절벽(Rupes Tarpeia 또는 Saxum Tarpeium)에서 내던질 수 있는 권리가 있었다. 자치 헌법의 다른 특징적 요소로는 도시와 신전 안찰관(aediles) 및 시장(市場) 심판관단(10인 심판관단, decemviri stlitibus iudicandis), 그리고 평민회 의결을 통해 자신들의 사안에 대한 법률적 규율을 만들 권리가 있었다.

제2절 공화정의 12표법

기원전 451/450년의 12표법은 매우 이른 시기의 인민 법률(Volksgesetz. 하나의 lex publica)이다. 아테네에서 프로타고라스의 친구인 페리클레스 치하에서 파르테논 신전이 건설된 것이 기원전 449년이다. 동시에 12표법은 로마 역사상 가장 중요한 인민 법률이다.

이 법률의 목표는 전통적인 조점 질서에서 평등한 사법(私法) 및 형법에 의해 귀족과 평민의 대립을 극복하는 것이었지만, 집정관직과 모든 고위 신관직은 귀족에게만 유보된다는 귀족의 통치우선권은 예외로 하였다. 재산법 전체에서 평등을 보장하는 큰 기준은 당시 무게를 쟀던 동괴(銅塊. 'aes') 형태의 '돈'이었다. 12표법상 시민들의 명망·위신('aes-timatio')은 예부터 내려오던 종교적 지위를 제외하고는, 돈으로 평가되는 재산에 따라 결정되었다.

12표법(表法)을 두 번의 입법행위(기원전 451년 10개 표 및 450년 2개 표)로 효력을 갖게 한 민회는 켄투리아 민회이었다. 이 민회에서는 현대의 '1인 1표' 원칙이 적용되지 않았다. 그 대신 재산소유 등급에 따라 투표가 행해졌다('금권정치'의 원칙, 즉 귀족과 평민을 동등하게 취급하는 재산의 크기에 따른 정치 참여). 그리하여 군대는 (시민 자신이 비용을 지불하는) 무장의 가치에 따라 조직되었다. 먼저 기병들, 그 다음 1급 중무장 보병들, 그 다음 2~5급 경무장 보병들 순이었다.[1] 투표가 과반수에 이르면 즉시 그 투표는 중단되었다. 이로써 이미 시민권을 취득했으나 재산이 없는 시민(proletarii)은 물론, 이보다 덜 가난한 계층도 사실상 투표에서 제외되었다.

인민 법률(lex publica)의 전신(前身)은 왕법(lex regia)[2]이었다. 왕법은 왕이 조점 전통에서 확립된 법에 구속됨을 표현했다. 반면 인민법률은 왕과 그의 후계인 정무관이 인민의 의사에 구속됨을 강조한다. 정무관은 인민에게 법안을 제안하며(따라서 법률이 rogatio라고도 불린다), 인민의 찬성은 정무관을 구속했다. 인민법률의 원칙이 적용된 가장 오래된 사례는 형식적 의미에서의 법률들(개별적인 규율들)이었으며, 이는 의례를 동반한 입양 및 쿠리아 민회(comitia curiata) 앞에서의 유언을 위해 이용되었다. 12표법은 일반적인, 즉 모든 시민에게 적용되는 규범을 시행했기 때문에, 로마법에서 최초의 실질적 의미의 법률이었다.

옛날의 이러한 인민의 행위능력은 군사조직으로 설명된다. 왜냐하면 인민(populus)은 동시에 그 조직별로 투표할 수 있는 군대이기도 하기 때문이다. 참고로 populari[3]라는 단어는 '휩쓸다'(verheeren)[3]는 뜻과 관련이 있다. 그래서 인민(populus)은 예전 헌법에서 이미 왕의 요청에

---

1) 역주: 이 순서대로 투표하였다.
2) 역주: 원뜻은 왕의 법률인데, 이하에서는 번역 관행에 따라 왕법으로 번역한다. 이 용어는 왕권법 이라는 뜻도 있다. 예컨대 126쪽.

응해 사령관(원래는 magister populi)을 선출했으며, 공화정기에는 모든 정무관을 선출했다. 국왕 그리고 나중에는 정무관이 성스러운 형사판결을 내린 경우, 판결을 받은 자가 '민회의 소집'(provocatio ad populum)을 신청한 때, 그 형사판결을 파기할 수 있는, 인민(populus)의 오래된 권리도 특징적이다.

   12표법을 지배하는 근본적인 긴장 관계는 다음의 사례에서 명확해진다. 기원전 451년에 12표법(첫 10개의 표 가운데 하나)에는 귀족과 평민 간의 혼인이 유효하다고 규정되었지만, 귀족 남성과 평민 여성의 결혼에서 출생한 자녀는 (귀족과 평민 중) 더 낮은 권리를 갖는 시민인 평민이 되었다. 서로 다른 신분 간의 결혼은 후손에게도 영향을 미친 것이다. 평민들은 이를 인식하고 12표법 제정 두 번째 해에(기원전 450년에 추가된 마지막 2개의 표 가운데 하나에서) 역으로 귀족과 평민 사이의 시민법상 혼인을 무효로 선언하고, 법률에 의해 도입된 도시 시민의 혼인을 평민에게만 허용된 혼인(Reservatrehe)으로서 요구하였다. 그러나 불과 5년 만에 그들은 더 나은 것을 생각해 냈다. 445년의 카눌레이우스 법(lex Canuleia), 즉 평민회 의결에 의해 위의 혼인 규정을 다시 폐지하였다. 당시 평민회 의결은 평민에게만 효력이 있었다[일반적 효력은 기원전 286년의 호르텐시우스 법(lex Hortensia)에 의해 비로소 인정되었다]. 하지만 이 경우 귀족에게 다

---

3)   역주: 어원은 "군대가 지나가도록 하다"는 뜻. De Vaan, Michiel(2008), "populus", in Etymological Dictionary of Latin and the other Italic Languages, Leiden Indo-European Etymological Dictionary Series 7, Leiden, Boston: Brill, p.480.

4)   역주: 어원은 "군대로 적을 패퇴시키다."

시 12표법상의 평민(즉 도시 시민의)의 혼인법을 허용하는 것이 문제되었으므로, 평민회 의결로 충분하였다. 결과적으로 이 평민회 의결의 제안자들이 옳았음이 증명되었다. 3세대가 채 지나지 않아 평민은 집정관직에도 선출될 수 있게 되었다. 이렇게 혼인을 통해 형성된 공동체에 의해, 평민들을 열등한 지위에 놓는 옛날의 계급적인, 조점으로 정당화된 제한이 그 설득력을 잃게 되었다.

12표법은 퀴리날리스 연맹의 소유물반환청구 모델을 기반으로 하였다. 이 모델은 원래 농경사회에 의해 지대한 영향을 받았지만, 이제는 대부법, 소송 및 집행법, 소유권법, 사적(私的)인 형벌규율 등 여러 분야가 도시화된 로마의 생활관계에 적용되었다.

12표법은 정치적으로 '법률들을 기초하기 위한 남자 10명'(decemviri legibus scribundis. 이하 10인 위원회)이 법률의 제정이 이루어진 두 해 동안만 활동하여 만든 것이다. 이 위원회의 이름을 숫자를 동원하여 군더더기 없이 정한 것은 전형적으로 도시적인 생각이었다. 이탈리아의 지역 행정 단위들(Gemeinden)은 나중에는 원칙적으로 남자 2인(duoviri) 또는 남자 4인(quattuorviri)에 의해 관리되었다.

전승된 바에 따르면 12표법 제정 첫 해의 10인 위원회는 이미 선출된 집정관이 의장을 맡았으며, 도시에서 임명한 위원회에는 두 명의 호민관이 위원이었을 개연성이 있다. 이에 비해 10인 위원회에 관한 사료는 심하게 왜곡되었다. 왜곡의 목적은 나중에 공화정 후기에 나타나듯이 '헌정 재건'(rei publicae constituendae causa)을 위해, 그 10인 위원회로부터 전쟁법에 따라 통치하는 10명의 독재관을 만들어 내는 것이었다. 그들의 사형 판결에 대해서 시민들은 실제로 민회소집권을 갖지 않왔다. 동시에 역사 서술은 10인 위원회를 '10명의 타르퀴니우스'(decem Tarquinios)로 만드는데, 이는 폭정을 종식시킬 수 있는 두 가지 치명적인 범죄 사이의 유사성으로 뒷받침된다. 이 유사성은 명확히 공화국 말기에 만들어졌다. 옛날에 타르퀴니우스 수페르부스(Tarquinius Superbus)의 아들이 최고 평판을 가진 부인 루크레티아(Lucretia)를 강간하고 그녀로 하여금 명예를 지키기 위해 자살하도록 몰아넣은 사건 때문에 왕정이 전복되었다. 이와 유사하게, 10인 위원회의 지도자인 아피우스 클라우디우스(Appius Claudius)가 처녀 베르기니아(Verginia)를 자신의 손아귀에 넣으려고 시도했기 때문에, 이야기의 엄격한 논리에 따라 그녀의 아버지는 그녀가 치욕을 당하지 않도록 그녀를 자기 손으로 죽일 수밖에 없었고, 이는 10인 위원회의 최후를 가져왔다는 것이다. 이 모든 것은 대단히 영향력 있는 이야기인데, 그만큼 꾸며진 이야기이다. 역사비평적 관점에서 보면, 집정관과 호민관이 2년 동안 부재했다는 것도, 추방된 에트루리아의 폭군들이 가졌던 권력을 10인 위원회 내 각 위원에게 같은 식으로 부여했다는 이야기도 신빙성이 없다.

  12표법의 정신적 창조자이자 해석자는 바로 신관들이었다. 그들은 현대의 법률전문가의 가장 오래된 선구자였다. 그리스를 포함한 유럽의 고대 선진 문명은 법률전문가라는 존재가 없었다. 또한 고대 중국에도 없었다. 신관들은 종교적 치유를 관장하고 이러한 맥락에서 효과적으로 행동할 수 있는, 공직자라는 의미에서의 사제는 아니었고, 오히려 종교 및 법률 문제 전문가였다. 로마에서 종교에 대한 권한은 원칙적으로 정무관만이 가졌다. 신관들의 관할영역은 종교와, 판결을 포함한 사법(私法)을 포괄하였다. 다른 법적 문제는 다른 전문가들이 담당했는데,

조점관들은 정무관과 민회의 법적 행위(입법, 선거, 민중 법원들)를 다루었고, 외교신관단(Fetiales)은 정착시기에서 유래하는 만민법(ius gentium)의 일부로서 국제조약, 전쟁선언 및 외교사절에 관한 법도 포함한 국제법을 담당하였다.

도처에서 유지되었던 종교와 법의 연결은 이 시대에도 여전히 확고하게 지켜진 조점적인 평화의 종교로부터 도출되었다. 신들의 평화(pax deum), 즉 초월적인 힘들 간의 평화 상태는 인간들 사이의 법적 평화를 요구하였다. 따라서 기원전 367/366년에 로마시 법정관직이 도입될 때까지 집정관의 일이었던 사법관할권도 여전히 정주지 원형 경계 내부 - 포메리움(pomerium), 즉 쟁기질 의식(儀式)에서 표시된, 정주지 원형 요새 영역 - 와 재판기일[dies fasti(재판하기 적합한 순수한 날들)]로만 한정되었다.

신관 법률가들, 즉 조점체제의, 진보를 위한 기술자들의 양식은 엄격하고 의례적이었다. 이에 상응하여 12표법에 대한 그들의 해석(interpretatio)은 형식적이었다. 소송들[이것들은 법률소송(legis actiones)이라 불렸다]에는 구두로 해야 하는 법조문이 있었는데, 법조문을 그대로 준수해야 했다. 그렇지 않으면 그들은 법[법률(lex)에 의해 확립된 법(ius)]을 준수하지 못하는 것이고, 이는 필연적으로 패소로 이어졌다. 법률소송(legis actio)은 이런 식으로, 정무관이 공표된 민회 법률의 텍스트에 구속된다는 생각을 생생하게 표현했다. 동일한 법률형식주의는 법률의 문구를 꼼꼼하게 준수해야 했던 사법(私法)상 행위에도 적용하였다.

6명의 위원으로 구성된 신관단에서는 매년 신관 한 명이 시민들에게 사법(私法)상 문제에 대한 법률 자문을 제공했다. 이 법률 자문은 회답(responsa) 형식으로 제공되었다. 이 상담은 무상이었고 지속적인 법 형성에 결정적인 역할을 했다. 이는 후대 로마에 법학이 형성된 단계에서도 계속되었다. 이로써 로마에서는 법률전문가들이 처음부터 도처에 있었다(Jhering). 그래서 나중에, 법은 매일 그것을 발전시키는 법률전문가(iuris peritus) 없이는 존재할 수 없다는 말이 나오게 된 것이다.

이 법률의 전체 텍스트 전체는 전승되지 않지만, 수많은 단편이 보존되어 전해지고 있다. 12표법의 가장 중요한 내용은 다음과 같다.

귀족과 평민의 동등한 혼인권(IV 3 대 VI 4, XI 1), 소비대차계약의 허용(II 16)과 최고이자율(VIII 18a: 8 1/3%) 그리고 도시 시민의 민사법 및 집행법(I 1-3, 6-8; III 1-7), 토지 유상취득의 경우 모든 제한으로부터의 해방(VI 1); 형법의 완화, 보통 절도는 그리스 모델에 따라 민사벌이 부과되는 불법행위가 된다(VIII 12-18). 결사의 권리 인정(VIIII 27), 특권 금지 (XI 1). 비용지출 및 부장(副葬)에 대한 여러 가지 금지사항(금니에 대한 명시적인 예외. X 8)은 이 법률의 금권적-시민적 근본 태도가 갖는 특징이다.

키케로의 청년 시절까지도 12표법 텍스트를 암기하는 것은 중요한 교육 방식이었다. 키케로는 이 법률을 필수적인 노래(carmen necessarium)라 부른다. 이것은 포괄입법이라는 이념과 12표법의 여러 세부 사항들(poena - 불법행위에 대한 민사벌, 그리스어로는 ποινή(poiné. 도리아어로는 poinā)과 마찬가지로 그리스의 영향을 받은 것이라고 볼 수 있다. 그리스에서는 (크레타 섬의 경우 증명됨) 법률이 사람들에게 쉽게 기억하도록 심지어 노래로 만들어 부르게 했다.

제3절 귀족과 평민의 대립 완화
: 신흥계층(nobilitas)과 새로운 평민계급

　기원전 367/366년 평민들은 집정관직에 취임하는 것이 허용되었다. 이것은 민회 의결, 즉 리키니우스 섹스티우스법(lex Licinia Sextia)에 의해 결정되었는데, 이 의결은 귀족 계급인 원로원에 의해 그들 전체의 권한(auctoritas patrum. 가부들의 권한)이라는 형식으로 승인되었다. 그럼에도 불구하고 이러한 진전은 조점 질서를 침해하는 것으로 느껴졌다. 그리하여 이를 완화하기 위해 같은 해에 사법(司法)을 위한 (처음에는 귀족들만 취임하는) 로마시 법정관(praetor urbanus) 직이 만들어졌다. 또한 조점 질서의 신인 유피테르 옵티무스 막시무스를 달래기 위해 그를 기리는 놀이들, 즉 로마의 축제(ludi Romani)[5]가 조직되었고, 이 행사들을 관장하기 위한 새로운 귀족 정무관직, 즉 고등안찰관 직(2인)도 도입되었다. 이런 관직 개방은 궁극적으로 원로원 가부(家父)들의 결단이었다. 관직 개방은 곧 귀족이 차지하는 모든 관직으로 일반화되면서 신흥계층(nobilitas)[6]이 탄생했다. 집정관직을 차지하는 것은 신흥계층이 되는 것을 의미했고, 그 직을 차지한 사람과 그 후손들은 관직을 통해 귀족의 일원이 되었다. 이런 과정은 정무관직의 신탁적 기본 이념의 논리가 작동했기에 가능했다. 즉 귀족이 속한 씨족의 카리스마를 갖지 못한 것

---

5)　역주: 종교적 의미를 지니는 축제로서 여러 게임을 했다.

6)　역주: 평민에서 귀족이 차지하던 관직에 올라간 계층.

을 관직과 함께 부여된 관직 카리스마로 대체한 것이다.

원래 도시에 정주하던 평민의 수는 두 가지 방식으로 증가했다. 한편으로는 귀족의 피보호민(被保護民)들, 즉 귀족 씨족 지역의 반(半)자유 농민들(12표법 VIII 21)은 평민 시민권을 얻어 계급 상승을 했고, 다른 한편으로는 로마의 확장 지역에 수많은 새로운 정착민들이 추가되었다. 이렇게 해서 이들의 귀족에 대한 관계는 이제 인민(Volk)의 귀족에 대한 관계에 해당하게 되었다.

이를 통해 로마 건국 시기로 거슬러 올라가 보면 평민의 성격이 변화했음을 알 수 있다. 그들은 애초에 그리고 여전히 12표법 시기에 도시의 자유 시민이었고, 특히 수공업과 상업에 종사하며 귀족의 질서 아래에서 보호받으며 살았다. 이와는 반대로, 애초부터 도시 주변의 농토가 기반인 귀족들은 그들의 토지를 가지고 피보호민들과 함께 오래된 정착 지구에서 정주하였으며, 왕정에 의해서 처음으로 도시에 거주하는 것이 장려되었다. 도시 주변 농토에 정주하던 자들을 포함하여 새로운 도시민은 모두 평민이 된다는 원칙에 따라, 이제부터 평민은 결과적으로 인민의 다수일 뿐 아니라, 바로 인민의 대표가 되었다. 따라서 귀족의 가부(家父)들 곁에서 왕정시대 이래로 원로원이 대표하던 지도적인 평민가문들이, 평민계급의 관직 특히 호민관직을 넘어 이제 국가 전체의 공직을 요구하게 된 것은 자연스러운 흐름이었다.

리키니우스-섹스투스 입법은 두 가지 사회정책적 조치, 즉 관대한 채무상환 규율(변제한 이자는 원본의 변제에 충당되고, 잔여 원본은 3번 나누어 변제한다)과 부유한 자들에 의한 공유지(公有地. ager publicus)의 이용 제한[토지점용 한도는 500모르겐(Morgen)[7]; 방목 한도는 큰 가축 100두, 작은 가축 500두)]을 내용으로 한다. 후자의 조치는 마을 정착지 또는 식민지의 틀 안에서 토지를 여전히 일반적이었던 소규모 개인 소유권(애초에 2모르겐)으로 제한함으로써 정착지를 위한 공간을 확보하였다. 기원전 396년 이웃한 에트루리아의 베이이(Veii[8])의 정복, 파괴, 합병으로 많은 토지를 확보해 이용할 수 있게 되었다(추정치는 최대 480,000모르겐에 달함). 따라서 500 모르겐이라는 한도는 법사학자들에게는 신뢰할 만한 것으로 통한다.

  이 두 법률도 평민회 의결이었지만, 그 조치들은 도시에서 쌓은 대규모 부(富)에 의해 이자거래와 함께 채권자로 그리고 공유지(公有地) 영역에서 투자자로 등장한 평민을 주로 겨냥한 것이었다. 사료는 법률에 의해 처벌받은 첫 번째 인물로 이 법률을 제안한 리키니우스 자신이라고 전하고 있지 않은가. 이에 따르면 지도적인 평민들의 부상에는 평민 집단에서 나타나는 자본력을 통제하려는 노력이 따른 것으로 보인다. 이자 수취를 제한하거나(기원전 347년 연리 8과 1/3을 4와 1/6로) 심지어 금지하는(기원전 342) 평민회 의결들도 같은 맥락이다. 기원전 286년에는 호르텐시우스 법[lex Hortensia. 이것은 독재관(dictator)에 의해 제안된, 평민회 의결에 의한 법률]이 평민회 의결에 귀족세력도 구속하는 완전한 법적 효력을 부여했다. 그때부터 평민회 의결은 최소한의 형식만을 요구하여 가장 간편한 입법 방식이 되었다. 그러나 모든 법안은 원로원에서 사전 심의되었기에, 전통과 단절시키는 급진적인 방식은 아니었다. 그다음 평민회

---

7)   역주: 두 필의 소가 오전 중에 경작할 수 있는 넓이, 약 2에이커
8)   역주: 에트루리아의 도시국가. 현재명 베이오(Veio). 로마의 북쪽 19km, 현재의 이졸라 파르네제의 옆에 있다.

의결은 특히 티베리우스 그라쿠스가 호민관직에 있었던 기원전 133년 이래로 혁명적 정치수단이 되었으며, 티베리우스 그라쿠스와 함께 호민관 직이 '민중'의, 즉 '귀족'(Optimates)의 주도권과 귀족특권에 반대하는 정치의 잠재적인 중심으로 자리잡게 되었다.

제4절 고전전 법학의 공화정(기원전 3세기 초~기원전 82년)

고전전(前) 법학은 로마법의 헬레니즘화, 즉 당시 그리스 철학의 침투로 인한 첫 번째 산물이다. 기원전 3세기로의 전환기 이래 그리스 사고와의 만남은 과거 조점에 의해 지대한 영향을 받은 로마법을 풍부하게 하고 심화시켰으며, 새로운 지도이념을 제공했다. 이 만남은 법과 종교에서 동시에 일어났는데 특히 미덕의 신들(Tugendgottheiten)에서 두드러진다. 무엇보다 피데스(Fides. 信義) 신에서 파악할 수 있는데, 이 신은 약속에 대한 페데스를 관장한다(기원전 250년경, 카피톨리움의 유피테르 신전 옆에 새 신전 설립). 신전 제식(祭式)의 피데스는 약속을 지키는 것의 힘이었다. 따라서 약속을 뜻하는 용어는 fidepromissio였는데, 여기서 promittere(즉 manum)는, (악수를 위해 손을) 내밀다는 뜻이다. 따라서 Fides 신의 사제는 손을 가리고 신에게 다가갔다!

로마법의 기본 특징, 즉 인간의, 의식적으로 조직된 평화 상태라는 특징은 유지되었다. 변화한 것은 정신적 기초들이었다. 종교의식을 통해 구성되고, 공간적으로 제한된 평화연맹들 대신에 이제 전 인류가 '법적 평화 안으로' 들어서게 되었다.

평화연맹들은 그들과 같은 공동체 아래서만, 동일한 유피테르 의식을 통해 보장되는 ius gentium(씨족들의 법)을 인정할 수 있었지만, 이제 전 인류는 그들의 도시국가 조직에 있어서 만민법(ius gentium:주해 12번.)이라는 법공동체로 파악될 수 있었으며, 이 만민법은 인류사회(societas humana)를 결속하는 역할을 했다. 이제부터 법의 문제는 항상 전 인류의 문제가 되었다. 로마의 퀴리테스 법(ius Quiritium)은 다수의 법들 가운데 하나의 고유한 시민법(proprium ius civile), 즉 로마라는 시민공동체가 만든 하나의 특별한 법이 되었다. 동시에 이 이론에서 모든 도시 국가들로부터 기대했듯이, 로마는 스스로를 인류의 열린 일부로 보았다. 로마의 시민들과 기타 로마에 머무는 사람들 및 로마의 시민들과 접촉하고 싶었던 모든 사람들에게 권리를 부여하고 법적 거래에서 서로 책임을 지도록 하는 만민법(ius gentium)을 준비해 놓고 있었다.

"왜 법이 효력을 가지는가"라는 질문에 대한 대답은 헬레니즘 시대의 철학, 정확하게는 윤리학에 의해 깊이 있게 탐구되었다. 자기 자신, 즉 자신의 '양심'에 대해 책임을 지는 태도에 대한 가르침인 윤리학은 그리스 철학에서 소크라테스 이래로 인간이 (불가피하게 의식적인 목표에 따라 이루어지는) 행위에서 추구해야 할 가치 이론으로 독립했다. 법윤리학은 윤리학의 특수한 경우로서 다음과 같이 질문한다. "왜 인간은 행동에서 법의 규율들을 준수해야 하는가?" "이런 의미에서 법은 왜 윤리적으로 가치 있는 것인가?" 헬레니즘 철학의 대답은 다음과 같다. "법은 이성적이며, 이성적 사고를 할 수 있는 존재인 인간은 이성의 권고를 따라야 한다." 이로 인해 또 다른 질문이 생긴다. "법을 이성적으로 만드는 것은 무엇인가?" 이에 연속적으로 두 가지 대답이 제시되었고, 이는 로마 공화정의 법학에 결정적인 영향을 끼치게 되었다.

첫 번째 답변, 즉 고전전 시대의 대답은 스토아 학파에서 나왔다. 스토아 학파는 다음과 같이 주장했다. 신의 원리들로 충만한, 범신론적 '자연'에 힘입어 법은 존재한다. 자연은 인간에게 인간이 자연에게 정신적으로 스스로를 맡기는 만큼 자연이 인간을 도시국가(polis^{WP}. 라틴어로는 civitas)에서 살아가도록 이끌었음을 이해할 수 있게 한다. 따라서 '인간에게 매 순간 무엇을 행하고 무엇을 행위하지 않아야 하는지를 알려주고자 하는 것'으로 율리아누스의 학설집에 수용되어 우리에게 전해지는, 이 철학의 최고 규범은 자연에서 도시국가의 삶으로 전환이 결정된 존재[9]로서의 인간을 다룬다. 그런 어떤 것을 구체적으로 말할 수 있는 이 '자연'은 현대 자연과학의, 과학(만능)주의적으로 마법이 풀린 자연이 아니라, 인간의 행복을 원하고 영혼이 깃든 것으로 여겨진 자연이다.

이 이론은 한 신화에서 더 자세히 설명된다. 옛날 한때 인류가 순진무구한 단계에서 살던 태초의 황금 시대에, 자연의 원리들은 사람들의 행태를 다음과 같은 방식으로 이끌었다. 즉 사람들이 곰곰이 생각하거나 강제될 필요 없이 세상의 과실들을 서로 알리고 제시함으로써 완전한 조화 속에서 서로 나누었다. 이 순수한 자연 상태는 사람들이 그들의 자유와 개성에 대한 의식을 갖게 되면서 끝났다. 이로 인해 도시국가들, 소유권, 혼인과 가족이 개인들과 특별한 것들에 대한 보호 형식으로서 형성되었다.

---

9) 주해 13번.

세상의 부(富)를 확고하게 분배하던 법적 형식들은 본래의 자연법에 대하여 역사적으로 필연적인 '추가'로 여겨졌으며, 두 가지 형식으로 효력을 가졌다. 첫 번째는, 로마의 퀴리테스 법(ius Quiritium), 즉 로마 고유의 시민법(proprium ius civile)처럼 곳곳에서 다른 법으로서, 두 번째는 모든 사람들에게 권리를 부여하고 '추가된 것'이라는 사고를 보편화시킨 만민법(ius gentium)의 일부로서 효력을 가졌다. 이제 두 가지 유형의 권리부여에는 보편적인 가해금지 원칙이 적용된다.

반면에 '시원 상태'의 공동체적 자연법은 권리를 가진 개인들 사이에서 신의를 관장하는 신 피데스(Fides)의 신뢰 원리에 의해 지배되는 만민법(ius gentium)의 거래법으로 계속 효력을 가졌다. 이렇게 조직된 재산 및 서비스의 거래에서, 섭리(Providenz)의 원리, 즉 세상의 모든 재화로서 물건들의 이점과 사람들의 능력은 모든 사람을 위해 존재한다는 원리는 소유 사회의 조건들 아래서도 유지되었다.

이러한 이론의 수용은 법을 관장하던 신관단을 평민들에게 개방하는 과정에서 이루어졌다. 이 과정의 초기에 두 명의 위대한 법률가가 있었다. 첫 번째로는 평민 출신 신관(pontifex)인 푸블리우스 셈프로니우스(Publius Sempronius. 304년 집정관. 동료시민들은 그의 영향력으로 인해 Sempronius Sophós= 현자 셈프로니우스로 부름)이다. 두 번째로는, 최초의 평민 출신으로 대신관(pontifex maximus)을 지낸 티베리우스 코룬카니우스(Tiberius Coruncanius. 280년 집정관, 최초로 법을 시민 교육의 한 형태로 가르치기 시작함)이다.

이 두 명의 위대한 법률가와 함께 '선인(先人)들'(maiores)의 법학이 시작된다. 키케로는 우리에게 그들의 시스템을 전하고 있는데,[10] 이 시스템은 고유 시민에 대한, 그리고 보편적인 권리부여를 보편적인 거래법으로써 결합시켰다. 또한 세네카는 선인들과 이 시스템을 떠받치는, 그들의 법에 관한 신념에 대해 다음과 같이 말했다. "'신실'했던 우리 조상들은 스토아 철학자들이었음을 기억하기를 바란다"(volo, ut memineris maiores nostros qui crediderunt Stoicos fuisse).[11]

키티온(Kition)의 제논(Zenon. 기원전 332~262), 즉 아테네의 스토아 학파 창시자는 셈프로니우스와 같은 시대 사람이다. 로마의 법 발전에 처음으로 결정적인 영향을 미친 것은 제논의 가르침이 아니라, 스토아 학파의 정신적 창시자로 불리는 안티스테네스(Antisthenes. 기원전 약 445~365)[12]의 가르침이었다. 그는 스토아 학파의 바탕이 되는 사상을 제공하였고 스토아 학파가 로마에서 성공하는 데 결정적인 아이디어를 제공했다. 즉 법의 보편적인 효력에 대한 인식의 기초는 신의 섭리가 의미하는 바가 무엇이었는지 올바르게 이해하는 것에 있다는 것이다. 즉 섭리가 지중해 지역의 인류에게 독립적이면서, 무역과 교류에 의해 서로 연결된 도시국가에서 함께 공동생활을 하며 살아가는 것을 올바른 생활 형태로 인식하도록 했다는 것이다.

이를 계기로 선인들(조상들. maiores)의 시민법(ius civile)에서 유효한 해답을 찾았다.[13] 이로써 도시국가(그리스의 polis와 로마의 civitas)를 위한 모

---

10) de officiis III 17, 69.
11) epistulae morales ad Lucilium 110, 1.
12) 주해 14번.
13) Cic. de off. III 17, 69; I 7, 20-23.

범적인 로마의 법은 고유한 법(ius proprium)과 만민법(ius gentium)으로 구분한다. 고유한 법은 도시국가의 시민에게만 한정되고 그들에게 권리를 부여하며(그러나 이는 모든 도시국가에서도 마찬가지이다), 만민법은 모든 인간에게 권리를 부여하며 그들에게 신뢰원칙에 따라 행동할 것을 요구한다.

기원전 2세기 초에는 최초로 후대에 근본이 되며, 제정기까지도 '법의 요람'[14]으로 간주된 12표법 주석서가 법학자 섹스투스 아일리우스 파이투스 카투스[Sextus Aelius Paetus Catus(즉 賢者[15])]의 펜으로부터 나왔다. 이 주석서는 두 창시자가 가르친 내용, 즉 그들의 법률 자문에서 주장했던 것에 체계적인 형태를 부여한 것이다. 그 이후로는 이 시민법(ius civile)에 대한 해설들이 뒤따랐다. 이 해설들은 외형상 12표법 해석에서 벗어났는데 그중에는 『시민법 주석』(Commentarii iuris civilis)도 있었다. 이는 카토(Cato)란 이름을 가진 자와 관련이 있는데, 그 내용에 따르면 기원전 195년에 집정관을 역임했고 이 전통의 중요한 법학자였던 감찰관(censor) 카토와 분리해서 생각할 수 없다. 물론 이 주석서는 그의 아들인 마르쿠스 포르키우스 카토 살로니아누스(M. Porcius Cato Salonianus)가 완성한 것으로 추정되는데, 그는 왕성한 법률저술가로 활동했으며 기원전 2세기 중반에 집정관직 수행 중 사망했다.

키케로가 선인들(maiores)의 법에 대해 말하기를, 그 법에는 '한 도시국

---

14) 역주: "cunabula iuris"(Pomp. l. s. enchirid. D.1,2,2,38).

15) 역주: WP 참조.

가의 모든 효용과 역할이 담겨 있'고 그것을 떠받치고 있는 '영광스러운 철학'에 힘입어 그 범주들에서는 등장하는 모든 법적 문제가 논의될 수 있을 뿐만 아니라, 심지어 '우리들의 이 시민법'(hoc nostrum ius civile)과 비교했을 때, 스파르타와 아테네의 법을 포함한 다른 법들은 '기초가 없고 우스울 정도'(inconditum ac paene ridiculum)라고 생각된다[16]고 했다.

하지만 시민법의 두 측면, 즉 권리를 부여하여 자기 이익을 실현하게 하는 측면과, 의무를 부여하여 타익적 기여를 하게 하는 측면을 병립시키지 못하고, 결과적으로 권리와 의무가 모두 자익(自益)을 중시하는 방향으로 결정되었다. 동료시민(Mitmensch)의 법적 이익을 내가 맡게 되는 긴밀한 관계에서 그 법적 이익을 고려해야 하는 후대의 의무는 아직 없었다. 사법(私法)에서는 신의의 여신 피데스(Fides)와의 조화를 유지하기 위해 약속을 충실하게 지키는 것으로 충분했다. 정무관에게도 그 책임 영역에 속하는 동료시민들을 위한 복지정책에 대한 의무도 없었다.

그러나 고전전 법학의 마지막 두 세대에서 변화가 나타나기 시작했다. 이 변화는 체계를 근본적으로 재조정하는 방식으로 이루어졌다. 책임을 기초지우는 모든 가까운 관계들에서 이제 이타성이 우선시되었다. 이러한 변화는 또 다른 두 명의 당대 법학을 주도한, 위대한 법학자인 푸블리우스 무키우스 스카이볼라(Publius Mucius Scaevola. 기원전 133년 집정관)와 그의 아들 퀸투스 무키우스 스카이볼라(Quintus Mucius Scaevo-

---

16) de oratore I 43, 193-45, 200.

la. 기원전 95년 집정관)의 주도로 이루어졌다. 두 사람은 법률가로서 창립자들이 전통적으로 담당했던 관직에 따라 'Pontifex maximus'(대신관)라는 별명(cognomen)으로 불렸다. 두 사람은 가치들의 새로운 가중치 부여가 더 올바르고 타당하다는 점에 대해서 선조들만큼 확신을 가졌다.

매도인은 더 이상 거래협상에서 물건의 하자를 자기의 이익을 위해 숨길 수 없게 되었다. 오히려 물건의 가치와 관련된 정보를 매수인에게 공개해야 했다. 이제 호민관은 그 직무수행을 위임한, 재산 없는 시민들을 돌보고 공화국의 재원, 즉 주택 건설을 위해 공유지(ager publicus)와 국고(aerarium) 사용의 의무를 지게 되었다. 티베리우스 그라쿠스가 기원전 133년 호민관으로서 이러한 내용을 담은 토지법을 통과시킬 때 당시 집정관이었던 대신관 푸블리우스 무키우스 스카이볼라의 지원을 받았다. 심지어는 그의 법에 반대하는 호민관 옥타비우스를 '직무태만'으로 민중이 끌어내리는 데에도 도움을 주었다. 이는 "국민의 복지에 저항하는 자는 더 이상 진정한 호민관이 아니다"라는, 쉽게 남용될 수 있는 헌법적으로 위험한 모토를 따르는 것이었다. 티베리우스가 재선을 위해 노력할 때, 그의 반대자들은 이것이 '왕정 추구죄'(crimen regni), 즉 독재정권 수립이라는, 사형이 마땅한 시도로 해석했다. 그들이 주도한 비상조치에서 티베리우스는 살해되었지만, 의결된 토지법에 기초한 주택지는 계획대로 실현되었다. 원로원에 푸블리우스 무키우스가 출석하여 그의 당파가 주도권을 가졌기 때문이다.

이 사건으로 로마의 정치세력이 두 파로 분열되기 시작했으며, 양쪽의 갈등은 반복되어 무수한 폭력과 희생을 초래했다. 결국 티베리우스를 지지하는 법학은 바로 다음 세대에 절정을 이루는 성과에도 불구하고, 완전히 다른 기초에서 자익을 우선시하는 새로운 법학에 의해 해체되는 결과를 불러왔다.

가까운 관계들로부터 신탁적 책임성을 도출한 법사상을 최초로 설파한 사람은 타르소스(Tarsos)의 안티파테르(Antipater)였다. 그의 제자인 쿠마이(Cumae)의 블로시우스(Blossius)는 푸블리우스 무키우스의 집에 손님으로 초대받아 티베리우스 그라쿠스의 가장 친한 친구이자 조언자가 되었다. 안티파테르는 기원전 155년 카르네아데스(Karneades)가 아테네 철학자 사절단의 일원으로서 로마에서 행한 획기적인 내용의 연설에서 깊은 인상을 받았다. 반면, 사절단에서 스토아 학파를 대변한, 카르네아데스의 스승인 바빌로니아의 디오게네스는 그렇지 못했다. 카르네아데스는 로마인들이 스스로를 당시 세상의 주인으로 만들었던 자익을 법이라는 수단을 통해 정당하다고 설명하는 능력을 자세히 조명하였다. 그리고 만약 로마인들이 진정으로 공정하기를 원한다면, 추가로 획득한 모든 것을 포기하고 '티베르 강변의 갈대지붕의 초가'로 돌아가야 한다고 일갈한 것은 유명하다.

당시 주도적인 법학자로서 카르네아데스의 비판이 자신을 겨냥한 것이라고 느낀 감찰관 카토는 사절단에게 신속히 귀환하라고 명령했다. "법이 자익을 우선시하면, 법은 법에 따라 행동하는 자들을 현명한 사람이지만 좋은 사람처럼 보이지 않게 만든다. 반면 정의는 이것을 따르는 사람들에게는 좋은 사람이지만 어리석은 사람으로 보이게 한다"는 강렬한 논증은 이제 더 이상 무시할 수 없었다. 때문에 안티파테르는 법적으로 허용되면서 유익한 것과, 다른 한편 인간적으로 행실 바른 것과의 간극을 그대로 두지 않았던 것이며, 이는 생생한 예시들을 고려할 때 납득할 만한 것이었다.

만약 누군가에게 황동반지를 금반지로, 또는 붕괴위험 있는 집을 튼튼한 집으로 매도할 줄 아는 사람은 큰 이득을 얻기에 자익 추구에 능하여 영리하게 보이지만, 인간적으로는 행실이 바르지 못하고 부당하게 행동한 것이다. 이 예들은 명확함에서 타의 추종을 불허했다.

이에 대해 두 가지 반박할 수 없는 명백한 증거가 있다. 안티파테르는 이 긴장을 해소시켰다. 키케로는 안티파테르가 자신의 완고한 스승 디오게네스와 펼친 토론 내용을 소개했는데, 이것은 원칙적으로 오늘날까지 유효하다. 즉 가까운 관계에서 어떤 사람의 손에 맡겨진 이익은 상대방과의 연대를 의무화할 수 있고, 그 이익의 보전을 위해 수탁자로서 책임을 지게 할 수 있다. 매도인이 매수인에게 목적물의 진정한 품질에 대해 알리지 않으면, 매수인은 매도인에게 책임을 물을 수 있다는 것이다.

이 새로운 가르침은 초반에 큰 반향을 일으켰다. 티베리우스 그라쿠스의 조언자인 푸블리우스 무키우스 스카이볼라는 자신과 뜻을 같이 하는 두 동지인 유니우스 브루투스(Iunius Brutus) 그리고 마니우스 마닐리우스(Manius Manilius)와 함께, 여러 문제로 논쟁하였던 수많은 토론에서 이 새로운 이론을 확립했다. 이 세 사람은 모두 원수정의 2번째 세기에 과거를 돌아보는 로마법학사에서 '시민법의 토대를 다진 사람들'(qui fundaverunt ius civile)로 기록되었다. 그것이 뜻하는 바는 자익과 타익 사이에서 새로운 가중치가 부여된, 고전전의 시민법, 즉 자익을 더 우대하던 전대(前代)의 체계와 달리 훗날 제정기의 문헌을 통해 계속 직접적으로 영향을 미치던 법을 기초했다는 것이다.[17] 키케로는 고전전 법에 대한 그 첫 번째 스승인 조점관 푸블리우스 무키우스 스카이볼라에게서 처음 배우면서 전대(前代)의 법체계에 대한 진가를 알게 되었고, 『연설가에 대하여』(De oratore)라는 대담 형식의 저서에서[18] 그 법체계를 기리는 기념비를 세웠다.

이 저서에서 다음과 같은 사항이 대단한 전문지식을 가지고 논구되었다. 앞서 언급한 대로 이전의 '시민법'(Ius civile)은 스토아 철학에서 영감을 받은 12표법 해석에 기초한다. 따라서 해답 없이 방치한 법률문제가 없었을 뿐만 아니라 사상적으로 확고함과 품위를 갖추었다. 이에 비해 "우리의 시민법 이외에 모든 다른 (도시국가의) 시민법은 기초가 없고 우스울 정도"이다. 키케로는 이 말을 한 화자가 그의 생애 마지막 해(기원전 91년)[19]에 발언하도록 했다. 이 화자는 다름 아닌 조점관 리키니우스 크라수스(Licinius Crassus)의 사위로, 당대 가장 유명한 연설가였다. 그는 연설가로서뿐만 아니라, 법정책가로서도 키케로의 본보기였다. 즉 두 사람 모두 자익(自益) 우선으로의 회귀를 원했다. 비록 철학적으로 많은 것을 요구하며 등장하는 수사학의 도움으로 뒷받침된 새로운 수단으로 정당화되었지만 말이다. 하지만 당장의 미래는 기초를 다진 세 사람의 기여가 있었기에 가능하였다.

기초자 세 명의 업적을 다음 세대에서 완성하는 영광은 세 명 중 주

---

17) Cic. Laelius I 1.

18) I 43, 193-45, 200.

19) 역주: Lucius Licinius Crassus는 기원전 140년에 출생하여 91년 사망함.

도적인 인물이었던 푸블리우스 무키우스의 아들에게 돌아갔다. 아들인 대신관 퀸투스 무키우스 스카이볼라(Q. Mucius Scaevola p.m.)는 아버지에 필적할 만한 공을 세웠다. 그는 새로 비중 조정을 한 시민법(Ius civile)을 18권(두루마리)에 달하는 저서『시민법에 관하여』(de iure civili)에서 체계적으로 요약하고 남아 있던 의문점을 해소시켰다. 제정기(帝政期)에 많이 읽히고 모방되고 발췌되고 주석이 달리게 된 이 저서를 통해 안티파테르의 가르침이 계속해서 이어지게 되었다. 프리츠 슐츠(Fritz Schulz)**WP**는 당연하게도 이를 '유럽 법학의 기본서'라고 불렀다.

  대신관 퀸투스 무키우스 스카이볼라의 저작에서는 고전전 법체계의 재조정을 법체계의 양 측면으로 분명하게 인식할 수 있다. 키케로는 기원전 86년 조점관(P. Mucius Scaevola)의 사망 이후 대신관에게 법학수업을 들었다. 대신관의 신조를 존경함에도 조점관의 가르침을 여전히 따랐던[20] 키케로는 자신이 승인하지 않은 새로운 관점의 핵심으로, 가까운 관계에서 손에 맡겨진 이해관계에 대한 책임을 요구하는 '신의성실'(Bona Fides)이 약속을 성실히 지키는 것으로 만족하는 신의(Fides) 대신에 인간 사회의 최고 힘으로서 등장했다는 점을 증언한다. 키케로는 이런 과정의 증거로서, 모든 거래관계의 해석에 있어 기준이 된 신탁소권(actio fiduciae) 문언의 표현 변화를 인용한다.[21] 이미 플라우투스(Plautus)[22]가 널리 알려진 것처럼 인용했던, 이전의 구두 문언

---

20) Cic. Laelius I 1.
21) de off. III 17, 70.

은 다음과 같다. '나는 너와 네 신의 때문에 실망하거나 손해를 입지 않기를'(uti ne propter te fidemve tuam captus fraudatusve sim). 이 문언은, 주관적이어서 이중적으로 인식되는 신의(Fides)로 하여금 약속 불이행에 대해 책임을 묻게 했다. 반면 새로운 문언은, "선량한 사람들 사이에서 선량하게 행위되어야 하며 손해를 입히지 않아야 한다"(ut inter bonos bene agier oportet et sine fraudatione)로 규정되어, 거래참여자들의 관계가 인간의 선량한 행위와 태도를 요구하는 객관적인 원칙의 적용을 받도록 하였다.

이 객관적 원칙은 안티파테르가 정식화했듯이,[23] 계약체결 협상이라는 가까운 관계에서 매매 목적물에 관한 정보 그 자체를, 이를 알고 있는 매도인이 매수인에게 공개해야 할, '공동체적 의무가 있는 유익함'(communes utilitates)으로 인정할 것을 요구하였다. 따라서 이를 중대하게 위반하는 매도인(예컨대, 집에 대한 철거 명령이 있음을 숨기는 경우)은 객관적인 원칙으로 격상된 '신의성실에 따라 행해져야 한다는 요청'(oportet ex fide bona)을 위반했다는 이유로 패소판결을 받았다. 키케로는 이 결정을 그 이전의 시민법(Ius civile) 관점에서 더할 나위 없을 정도로 강하게 비판했다.[24] 대신관 퀸투스 무키우스 스카이볼라는 매수인으로서 (안티파테르에 의해 정식화된 것에) 상응하게 행동하여 자신에게

---

22) Bacchides 413.
23) Cic. de off. III 13, 52.
24) de off. III 16, 66.

부동산을 판 매도인에게 매매 목적물의 가치가 매도인이 요구하는 가격보다 100,000HS[세스테르티우스(Sestertius^WP)] 더 높다는 사실을 알렸는데, 이에 대해 키케로는 카르네아데스의 구분에 따라 수미일관하게 비판했다. 즉 이것은 '선량한'지만 '어리석은' 사람의 일 처리로, 무키우스가 자신의 이익을 이해하지 못하고, 오히려 자신에게 제공되는 이익을 챙기는 것이 허용됨에도 이를 거부하는 것이라고 말했다. 그러한 신조를 실천하는 것은 어떤 면에서도 모범적이지 않다고 강조했다.[25]

권리부여 측면에서도 새로운 가중치가 부여되었다. 즉, 자익(自益)에 관한 의사가 고전전 시대 옛 법학자들의 이론과는 반대로, 자익 추구를 허용하는 고려로부터 해방된다. 옛 체계에서는 토지 매수인이 그 토지 속의 보물(매장물)을 알지 못해도 그 보물에 대한 소유권이 인정되었지만, 이제는 매장된 사실을 알아야 할 뿐만 아니라 그것을 넘어 유체적 점유취득도 요구하였다.[26]

동일한 엄격 해석을 퀸투스 무키우스 스카이볼라는 유명한 쿠리우스 사건(causa Curiana)에서 권리를 부여하는 법개념을 대변하는 변론가로서 주장하였다. 그의 상대였던 변론가 루키우스 리키니우스 크라수스(Lucius Licinius Crassus)는 보수적이며 옛 법률가들을 주도하는 조점관인 장인[27]의 법률자문에 따라[28] 다음과 같은, 선입견 없는 판단에 따

---

25) de off. III 15, 62-64.

26) 주해 15번.

27) 역주: 루키우스 리키니우스 크라수스는 퀸투스 무키우스 스카이볼라의 딸인 무키아와 혼인하여 슬하에 두 딸을 두었다고 한다.

르면 자명해지는 견해를 주장했다. 선순위 상속인으로 지정된 자가 성숙기에 도달하기 전에 사망하는 경우를 위해 차순위 상속인을 지정한 사람의 의사는 (이 법적 분쟁에서처럼) 선순위 상속인으로 지정된 자가 출생조차 하지 못한 경우에 차순위 상속인으로 지정된 자가 직접 상속인이 될 수 있다고 해석될 수 있다는 말이다. 오늘날 독일 민법 제2102조의 해석 규정도 리키니우스 크라수스(Licinius Crassus)와 그를 자문한 법률가들의 견해처럼 결정한다. 의사해석이 기본 원칙이므로(독일 민법 제133조), 이 규정은 대신관 무키우스의 권위 없이는[29] 법전에 담기지 않았을 것이다. 무키우스는 그 아버지를 추종하여[30] 이러한 자연스러운 해석을 부인했는데, 차순위 상속인의 개념은 선순위 상속인의 존재를 요구한다는 대단히 형식적인 논거에 기반했다. 심판인들은 옛 견해를 따랐다. 그들 앞에서 무키우스는 이 새로운 이론, 즉 자익에 관련된 법[31]에 있어서 어떤 것을 규율하는 의사는 엄격하게 법 개념에 구속된다는 생각을 관철시킬 수 없었다. 비록 자신에게 이 이론이 체계 재조정의 틀에서 그렇게 중요했음에도 말이다.[32] 왜냐하면 고전전 법학의 새로운 이론에서는 인간의 공동생활에서, 생생하고 불가피하게 의미 있는

---

28) Cic. pro Caecina 24, 69.
29) 역주: 즉 무키우스의 반대견해가 존재하지 않았더라면 의사해석의 원칙만으로 족했을 터인데, 그 반대견해로 인해 이를 부인하는 조문을 일부러 두게 되었다는 취지이다.
30) Cic. de oratore I 57, 244.
31) 역주: 엄격법(ius strictum)으로서 시민법(ius civile).
32) 주해 16번.

것을 향하는 정신은 더 이상 자기이익에 유익한 것이 아니라, 가까운 관계들에서 자신을 드러내고 신탁적 의무를 발생시키는 동료시민(동포)적 관계(mitmenschliche Verhältnisse)의 유익함에 도움이 되어야 하기 때문이다.

제5절 고전 법학의 공화정(기원전 82년~27년)

I. 고전적인 고시(告示)

고전 법학은 자기이익 우선이라는 원칙의 혁신을 가져왔다. 이 혁신은 술라의 복구(원)체제와 관련하여 고전 법학의 법 이론을 대변하는 고전적인 고시를 통해 효력을 발휘했다. 이 고시는 매년 로마 광장(Forum Romanum) 내 법정관 업무단(業務壇. tribunal) 바로 옆에서 공표되었다. 고시는 한편으로는 시민법상 소송 방식서들, 다른 한편으로는 형식적인 시민법을 지원·보충·수정하기 위한 구제조치들('司法행정조치들. Gerichtsverwaltungsakte')을 확정했다. 모든 분쟁절차는 원칙적으로 소송 방식서들에 의해 임명되고 지시받는 심판인 앞에서 진행되었다. 명예관법[33]의 이러한 조치들은 이 정무관이 명시적으로 개입을 약속하는 것에서 알 수 있다[예: iudicium dabo(나는 법정을 열어주겠다) 또는 animadver-

---

33) 역주: 법정관은 명예관이라고도 불리는 정무관 가운데 하나이므로, 이처럼 법정관의 고시에 의해 형성된 법을 일컬어 명예관법이라고 한다.

to(내가 신경 쓰겠다)].

고전 법학의 성공은 고전 법학에 의해 관철되고, 로마법에 의해 지속적으로 지켜진 다음의 법문으로부터 분명하게 확인될 수 있다. 매매계약 당사자들이 다시 고전전 시대의 전기 법학처럼 서로 상대방으로부터 과도한 이득을 취하는 것이 허용된다는 것, 즉 매도인이 물정을 모르는 매수인에게 아주 비싸게 물건을 파는 것이 허용되고, 매수인이 물정을 모르는 매도인한테서 물건을 무척 싸게 사는 것이 허용된다는 것이다.[34] 왜냐하면 이제 매매대금과 매매목적물에 대한 합의만으로 양 당사자에게 각기 유효한 채무가 발생하기 때문이다. 양측이 소송의 형식으로 채무 불이행에 대한 책임을 지게 하는 힘이 있었던 '신의성실'(bona fides)은 그 울림이 큰 명칭임에도 불구하고 이 사실에는 전혀 변화를 주지 않았다. 왜냐하면 이는 고전전 시대 신법학의 동일한 이름을 가진 사회적 신뢰원칙과 관계가 없었으며, 고전 법의 고시에 따라 정무관에 의해 보장되는 인간적 신뢰(fides humana), 즉 인간의 계약충실 자격요건이었기 때문이다. 이러한 의미의 신의성실은 약속을 지킬 것을 요구하였고, 그 이상은 요구하지 않았다.[35]

이러한 전환은 체계적으로 잘 다듬어진 법 이론에 의해 가능하게 되었다. 이 이론은 기원전 153년에 로마에서 카르네아데스가 한 대단한 비판 연설에서 주장된다. 그는 법철학적 지도사상을 체계적으로 전개

---

34) 주해 17번.
35) 주해 18번.

할 수 있고 이목을 집중할 수 있는 효과가 큰, 법의 암시적인 기원신화로 뒷받침하였다. 즉 모든 법은 주로 권리를 가지는 주체들, 즉 개인과 도시국가들의 이익을 위해 설정되었는데, 이전에는 힘에 의해서만 그들에게 귀속되었던 것이 이제는 그들이 평화로운 법 질서하에서 누릴 수 있게 되었다는 것이다.[36]

고전적인 고시가 발효된 헌법정치적 시점과 그 고시가 그 당시 이미 시행된 형태로 준비된 상태였다는 사실은 내적으로 일관성 있는 발전의 결과였다. 새로운 고시의 발효는 그다지 극적이지는 않은 행위였으며, 퀸투스 무키우스 스카이볼라의 법학이 반영된 고전전 시대의 고시를 다른 고시로 대체한 것일 뿐이었다. 이 고전전 시대의 고시는 기원전 82년에 그가 사망하면서[그는 같은 해에 술라에 의해 로마에서 쫓겨난 마리우스(Gaius Marius)[37] 파당(派黨)의 마지막 희생자 중 한 명이었다] 보호자를 잃게 되었다. 이러한 고시 대체 과정은, 술라가 주도한, 특히 형사사법에 근본적인 변화를 가져온 많은 법률들과는 달리, 국가적 행위가 필요하지 않았다. 새로운 고시의 실정적 효력은 이러한 전환 시대의 실정법에 남겼던 흔적들에서 간취할 수 있는데,[38] 그 효력을 위해서는 재판관할권에 의해 공포되는 것으로 충분했다. 그러나 이는 새로운 고시가 술라가 추구한 공고화(Konsolidierung[39])에 매우 중요한 기여를 했다는 사실을 바

---

36) 주해 19번.
37) 주해 20번.
38) 주해 21번.
39) 역주: 원로원 중심의 체제 공고화.

꾸지 못한다.

당시 술라는 특히 추방공고(proscriptio[40])를 통해, 마치 전쟁에서 승리하여 법의 구속을 받지 않고 그 추종자들에게 많은 자의를 허용한 적대적인 전쟁 지휘관처럼 그 반대파들의 생명과 재산을 처분했다. 이미 행해졌고 또 앞으로 행해질 이러한 유형의 조치들은 모두 로마에 엄청난 부의 재분배라는 결과를 가져왔다. 이 조치들을 아직 같은 해인 기원전 82년의 법률은 공화정을 복구하기 위해 도입된 독재의 합법적인 행위로 격상시켰다.

키케로는 이 법률에 대해 날카롭고 매우 타당한 비판을 하면서도, 그것을 '한 시대'의 법률로 인정했다.[41] 그러나 이 시기에 곳곳에서 극도로 무법한 폭력이 허용되었다는 사실은 숨길 수 없었다. 이제 고전 법학은 자신을 부정하지 않고도 이 모든 폭력행위의 결과들을 평화를 위해 수용하고 법적 관계로 전환할 수 있었다. 고전 법학은 비교하는 논거 하나를 가지고 그렇게 할 수 있었다. 이 이론에 따르면 법이 폭력적으로 성립되고 주장된 재화분배의 현 상태에 대해 뒤를 돌아보지 않고 법적 효력을 부여함으로써 인간을 폭력 상태로부터 평화로운 상태로 이전시켰던 것과 마찬가지로, 인간들이 폭력 단계로 되돌아간 시기에도 같은 일이 일어날 수 있었다. 키케로는 재산의 강제적 재분배를

---

40) 역주: 고대 로마에서 무법자로 선언되어 재산이 몰수되어 추방되는 사람들의 이름을 게시한 것을 말한다. 이름이 게시된 자를 죽이거나 배신한 자에게는 포상금이 주어졌고, 그들을 숨겨주는 자에게는 가혹한 처벌이 내려졌다. 그들의 아들과 손자는 공직과 원로원 출마가 영원히 금지되었다.

41) 주해 22번.

유효하게 만든 '법률'을 회고하면서, 그것이 비록 혐오스러운 것이긴 하지만 '한 인간의 법률'이 아닌 '시대의 법률'이었다는 점에서 '변명의 여지'가 있다고 말함으로써, 자신이 그렇게 생각하고 있음을 내비쳤다.

이로써 키케로가 고전 법학의 대변자로서 폭력의 결과들이 효력을 갖게 한 것은 그가 그 법을 인정하기 때문이 아니었다. 그 시대 이후에는, 이미 효력이 있게 된 폭력으로 무엇이 형성되었더라도, 이것을 법이 제재하는 경우에만 평화가 있을 수 있다는 기본원칙을 적용해야 한다는 것이다.[42]

II. 라리사의 필론의 회의주의

회의주의적인 법학에 의해 창안된 '고시'가, 폭력이 만들어 낸 것을 이제 합법화하기 위해 준비하고 있었던 역사적 경위를 우리에게 알린 사람은 이 역사적인 과정 속 중심인물 모두와 아주 긴밀한 관계를 맺었던 키케로이다. 키케로의 청년시절 초기, 조점관 무키우스(Mucius Augur)와 그 사위 크라수스(Crassus)는 새로운 (고전전) 법학에 의해 자기이익 '추구'와 이타적 의무의 관계에서 이루어진 비중 조정(Umgewichtung)이 법과 헌법에 치명적이며 잘못된 전개였다고 키케로에게 확신시켰다. 조점관 무키우스는 기원전 117년에 집정관을 맡았으며 법 분야에서 키케로의 첫 번째 선생이었다. 크라수스와 함께 기원전 95년 집정관을 맡았던 퀸투스 무키우스 스

---

42) 주해 23번.

카이볼라(Q. Mucius Scaevola)는 조점관 무키우스 사망 이후 키케로의 두 번째 선생이 되었다.[43]

동시에 조점관과 크라수스는 키케로에게 대신관 퀸투스 무키우스 스카이볼라(Q. Mucius Scaevola p.m.)의 저작과 인격에서 법학이 얻은 높은 도덕적인 위신을 감안할 때, 과거의 법학으로의 회귀는 있을 수 없다고 가르쳤다. 사람들이 다시 자기이익(이기심)을 첫 번째 자리에 두기를 원하면, 완전히 새로운 기초 위에서 법학을 철저히 혁신해야 하는 문제가 생긴다고 가르쳤다.

그런데 이러한 가능성이 제공되었다. 기원전 155년 연설로 큰 소동을 일으킨 철학자 카르네아데스는 그 이후에 라리사(Larissa)의 필론(Philon)이라는 학문적 손자를 얻었고, 그는 아테네에서 완전히 새롭고 중요한 일을 시작했다. 그는 아카데미의 초대 교장으로서 아리스토텔레스를 모방해 수사학을 교육과정에 포함했다. 동시에 그는, 옛적에 사람들을 폭력이 가득한 자연 상태에서 벗어나게 하고 법에 의한 평화의 축복을 설득했던 웅변술에 비교할 수 없는 가치를 부여하였다. 키케로는 기원전 106년 1월 초에 태어나 이 결정으로부터 시작된 자세한 사태전개에 대해서 명확한 그림을 그려 주는 힌트를 우리에게 제공한다.

키케로의 저서 『연설가에 대하여』(De oratore)를 보면, 키케로는 연설가 크라수스로 하여금 생의 마지막 해인 기원전 91년에 배석한 그의 장인 조점관 무키우스에게 먼저 유쾌하고 편안한 어조로 사람들에게 법을 가져

---

43) Cic. Laelius I, l.

다준 것은 어디서나 연설가였음[44]을 설명하게 한다. 그리고 완전히 다른 생각을 가진 장인의 법학에 최고의 경의를 표하기 위해서는[45] 곧바로 법을 상응하게 개혁할 필요성[46]이 있음을 주장하도록 한다. 이는 겉으로 보기에만 모순적이다. 왜냐하면 조점관도 그가 마지막으로 옹호했던 법학이 아무리 효율적이고 칭찬받을 만한 것이라도 그 법학으로의 회귀는 있을 수 없다는 것을 알았기 때문이다.

키케로가 등장시킨 크라수스는 제3권에서 라리사의 필론이 철학자로서 수사학을 성공적으로 가르치기 시작했지만, 그의 결정에 대한 정당성 부여는 여전히 무척 불충분했다는 점을 지적한다.[47] 키케로는 이로써 크라수스가 뜻한 바가 무엇인가는, 앞 부분에서 크라쿠스가 미래를 바라보는 말을 함으로써 암시하도록 했다. 즉, 만약 라틴어로 연설을 가르치는 사람들이 등장한다면 이들은, 그가 감찰관(censor)으로서 로마에서 추방한, 교양 없는 라틴어 연설가들(rhetores Latini) 대신 지금까지 청소년 교육을 맡긴 그리스 선생들(magistrii)보다 선호되어야 할 것이다[48] 'Graecis erunt anteponendi'(그들은 그리스 선생들보다 더 선호되어야 한다). 키케로 자신도 이미 그러한 선생을 몸소 체험했었다. 이 덕분에 키케로는 청년기에 일종의 강의 노트인 『발견·구상론』(De inventione. 기원전 85년)을 저술하였다.

---

44) de orat. I 7, 33-10, 43.

45) de orat. I 43, 191-45, 200.

46) de orat. I 41, 185-42, 190; II 33,144.

47) de orat. III 28, 100.

48) de orat. III 24, 93-95.

이 책은 사람들한테 법 상태로 들어가자고 설득한 신화적 연설자로부터 시작하는데, 크라수스가 아쉬워했던 정당화를, 로마법을 개조하여 수사학의 새로운 위치에 적합한 형태를 로마법에 제공하려는 크라수스의 계획이 이미 실현된 어떤 법질서를 통해 인식할 수 있게 한다. 이것은 아마 아테네에서는 불가능했을 것이다. 왜냐하면 로마와 견줄 만한 영향력 있는 법학이 있었던 적이 없기 때문이다.

하지만 필론의 결정적 역할은 동시대 사람 모두에게 잘 알려져 있었다. 새 시대를 여는, 그의 로마 강의들이 이를 보여 준다. 그는 로마에 적대적인, 미트리다테스(Mitridates)[49] 추종자들에 의해 아테네에서 추방되어 로마에 망명한 88년부터 강의를 시작했다. 필론의 강의는 키케로를 비롯하여 언어상 어려움 없이 그를 이해할 수 있는, 즉 이전에 이미 로마에서 활동하고 있던, 원칙적으로 로마 출신인 그리스어 교사들(doctores Graeci)의 도움으로 모든 사람들의 경탄을 자아냈는데, 이 본질은 그에 대한 추종이었다.[50] 키케로는 주저없이 그에게 동조했고[51] 나중에 자신이 연설가가 된 것은 필론의 아카데미 학파 덕분임을 밝혔다.[52] 처음부터 그의 곁에는 세르비우스 술피키우스 루푸스(Servius Sulpicius Rufus)가 있었는데, 세르비우스는 필론의 웅변술을 배워서 크라수스의 계획을 실현하였다. 키케로에 따르면 이로써 세르비우스는 그때까지 로마가 배출한 법률가 중 가장

---

49) de inv. I 1, 2-2, 3.
50) Plutarch, Cicero 3, 1.
51) Brutus 89, 306.
52) De oratore 3, 12.

위대한 법률가가 되었다. 키케로가 이를 계속 반복해 언급할 수 있었던 것은,[53] 그의 시야에서는 그 어떤 다른 로마의 법률가들도 거의 혼자만의 힘으로 그러한 창립작업에 성공하지 못했기 때문이다.

이러한 업적을 위한 하나의 조건은 필론의 로마 강의들에서 비롯되었다. 즉, 그는 많이 비판받은[54] '2권으로 된 책'(즉 당시 두루마리 2개)에서 회의주의를 결정적으로 완화했고, 이를 통해 그 개념들을 학문적으로 쓰일 수 있도록 만들었다.

그는 회의주의자로서, 스토아 학파가 자신들의 개념으로 근본적으로 '진리'를 파악할 수 있다고 생각했던 것처럼 '사물들'은 '파악할 수 있는' 것이 아니라, 오히려 인간에게 외부적으로 드러나는 '사물의 본성'에 따라 파악할 수 있다는 입장을 고수했다.[55] 그로 하여금 이런 확신에 이르게 한 것은 "감각에 의한 경험들의 명료함(Evidenz)과 일치함(Homologie)"[56]이었다. 이는 인간적 척도에 기반한 인식론으로서, 인간이 외적 특징에 따라 정의한 사물들을, 이미 존재하는 것을 발견하든 새로 만들어진 것이든 재인식할 수 있다는 점으로도 안정적으로 질서 잡힌 환경을 구축하기에 충분하게 하였다. 로마에서 회의주의적으로 정의된 법에 실정적 효력을 부여하게 된다는 점에 의해, 이 이론은 필론이 자신에게서 배운 장래의 로마 출신 연설교사들과의 경험으로 이 이론을 확립했음을 보여 주었다. 이들 연

---

53) Cic. Brutus 41,151-42, 155: de legibus I 5, 15; de officiis II 19, 65; Philippica IX 5, 10.
54) Cic. Lucullus 4, 11-12.
55) Sextus Empiricus, Pyrrhon. Hypothes. I 235.
56) Numenius, fragm. 79.

설교사들은 필론에게, 크라수스가 제시한 요구사항을 충족시켜야 하고, 따라서 그들의 제자들이 수사학을 연설기술에 의해 정당화된 로마의 법질서 틀에서 가르쳐야 한다는 것을 명확히 했다. 이것은 새로운 형태의 법이지만, 명백히 로마의 법으로 인식될 수 있어야 하고, 따라서 이전의 법과 같은 범위와 세분화를 갖춰야 한다는 것이다. 인간의 기준에 따른 필론의 새로운 인식론과 함께 이제, 크라수스가 91년에 아테네 필론의 아카데미에서 아직 부족하다고 생각한 것[57]을 실제로 달성할 수 있게 되었다. 당시 필론의 스승들은 연설가들이 정치철학자(politici philosophi), 즉 '도시국가(Polis)의 철학자'가 되어야 한다는 지도이념에 관해, 이를 아는 것이 연설가의 장비에 속한다고만 설명했고, "그 의미와 본질도 그에 속하는 분류와 개념도 제시하지는 않았다"(neque vim neque naturam eius nec partis nec genera proponunt)고 한다. 그리하여 필론의 스승들은 짧게만 다룬 채 내버려두고 마느니 차라리 침묵하는 편이 더 나을 뻔했다는 것이다. 그러나 그렇지 않았기 때문에 사람들은 그들이 이것을 할 수 없어서 내버려둔 것(inopia reticere)이라고 인식한다는 것이다. 만약 침묵했다면, 가령 아테네에서는 이렇다 할 법학이 없어 그러한 시도를 할 수 있는 조건이 모두 결여되었기 때문에 그들에게 침묵을 명했을지 모르는, 스스로의 통찰력 있는 판단에 기초해서(iudicio) 제쳐둔 것이었다고 인식할 것이라는 것이다.

이는, 기원전 88년 이래 로마에서 한 강의들에서 절정에 이른 '정치철학자(philosophus politicus)로서의 연설가'에 관한 필론의 가르침에 특별히

---

57) Cic. de oratore III 28, 109-110.

로마를 위해 세공된(완성된) 신화, 즉 모든 연설가는 도시국가 세계의 모범적인 정치가일 뿐만 아니라, 무엇보다도 '오르페우스'(Orpheus)였다는 신화가 강하게 투입되었던 때에 비로소 변했다. 오르페우스의 말이 갖는 힘은 한때 사람들에게 원칙적으로 도처에서 법 상태로의 전환을 설득했지만, 그의 말이 지속적인 효력을 가져 실제로 법 상태로의 전환을 가능하게 만든 것은 로마의 조상들뿐이었다. 이것은 오르페우스가 야생(자연 상태)에 있는 자들을 불러 모아 그들에게 정비된, 많은 장점을 보여 주는, 실질적으로 로마의 과거법을 개정하는 것을 의미하는 새로운 법체계를 눈앞에 제시할 수 있었기 때문에 가능했다. 동시에 이 신화는, 로마에서 일반적으로 관철된 연설가 교육에 의해, 키케로가 『세스티우스 변호 연설』(pro Sestio 42, 19. 기원전 56년)에서 언급한 대로, 곧 교양인들의 공동자산이 되었다.

필론을 따르는 어떤 연설교사의 라틴어 연설을 모범으로 하여 키케로가 기원전 85년경에 쓴 글인 『발견·구상론』에는 새로운 법체계가 두 가지 동등한 버전으로 제시되어 있다. 하나는 이제부터 법정관의 고시에 의해 보장되어야 할 효력의 관점[58]을 고려한 것이고, 다른 하나는 시민적 정의의 윤리적 측면[59]을 고려한 것이다. 후자는 카르네아데스가 처음 가르친 이러한 시민적 정의(iustitia civilis)[60]가 실정법의 준수 이상은 요구하지 않음을 분명히 하기 위한 것이다. 이 시스템 초안은, 신화적 연설가, 즉 정치철

---

58) Cic. de inv. II 22, 65-68.
59) Cic. de inv. II 53, 160-54, 162.
60) Cic. de rep. III 6,9; III 12,21.

학적 연설가(orator politico-philosophicus)의 원형이 그 저작 『발견·구상론』의 모두(冒頭)에서 한 연설에서 사람들을 법 상태로 이행하도록 움직였던[61] 논거들에 대한 설명이었음을 유념해야 한다.

키케로는 그 저서 『수사학의 분류체계』(Partitiones oratoriae)에서 같은 법체계를 그 분류 및 구분과 함께[62] 다시 서술하면서 그 기원이 '우리 아카데미의 중심부로부터'(e media illa nostra Academia)라고 언급한다.[63] 압축적인 이 교본에서 키케로는 아들과 함께 그리스어로도 공부하곤 했다.[64] 이 책은 『발견·구상론』과 마찬가지로 키케로 자신의 독자적인 작품이 아니라, 법정책적·헌법정책적으로 책임 있는, 필론의 웅변술과 로마의 법 현실의 만남을 완벽하게 두 가지의 동행하는 언어로 기록한 것이다. 크라수스가 강령적으로 발표한 방법이 예고했고 그 흔적을 따라 세르비우스가 실현한 것은 최종적으로, 키케로가 상세하게 기술하듯이 대상에 대한 크라수스의 방법에서의 정의, 하위분류(Unterteilungen)와 구성(Gliederungen)으로써[65] 필론이 기원전 91년에 아테네에서 제시한 내용에서 크라수스가 아쉬워 한 바를 정확히 채워 넣었다.

이러한 준비기간을 고려할 때, 세르비우스와 그의 조언자 아퀼리우스 갈루스(Aqulius Gallus. 필론의 추종자들 중에서 중요한 인물이지만, 저작가로서

---

61) Cic. de inv. I 2, 2-3.
62) Part. orat. 37, 129-131.
63) Part. orat. 40, 139.
64) ibid. I 2.
65) Cic. de oratore I 42, 190; Brutus 41, 152.

는 활동하지 않은 유명한 법학자)가 전환의 해인 기원전 82년 이래로 새로운 법이 국법상 실정적 효력을 가질 수 있게 한 것은 놀랄 일이 아니다. 이 해에는 마리우스파의 마지막 테러 행위로서 퀸투스 무키우스 스카이볼라의 암살과, 결코 이보다 덜한 테러라고 할 수 없는 보복을 가져온, 내전에서 승리한 술라의 로마 입성이 이루어졌다.

두 사람이 십중팔구 이미 같은 해 말에 자발적 망명 후, 다시 안전해진 로마로 돌아왔을 때, 두 사람은 로마를 위해 결정적인 것, 즉 철저하게 검토된 고전적인 고시 텍스트를 가지고 왔다. 전승된 바에 따르면, 이 고시 텍스트는 소(小) 쉬르테[66]의 케르키나 섬[67]에서 아퀼리우스 갈루스의 도움으로 세르비우스가 저술한 수많은 기본 글들 가운데 하나에 속했을 개연성이 크다. 이 텍스트의 중요성을 감안할 때 이 점은 거의 확실한 것으로 볼 수 있다. 이 고시 텍스트의 독자성은 세르비우스가 나중에 그 텍스트를, 자기보다 20년 더 젊은 열성적인 공화주의자이자 나중에 카이사르를 살해한 마르쿠스 유니우스 브루투스(Marcus Iunius Brutus)에게 짧은 주석과 함께 헌정했다[68]는 점에서 확인할 수 있다. 이 주석서는 실무상 적용을 목표로 하지는 않았지만, 그 대신 서문(praefatio)에서 고시의 중요성과 생성조건들에 대해 설명한 것이 확실히다. 망명에서 돌아오면서 가져온 이 준비작업 덕분에 그 이후로, 넓게 파악된 전체 민사법 질서를 고시의 관점에서

---

66) 라틴어명 Syrtis Minor는 현 아프리카 튀니지 동부의 만. 길이와 너비 모두 100km 정도이다.
67) 현재 영문명 Kerkennah, 독일어명 Kerkena. 마리우스가 술라에 의해 로마에서 쫓겨났을 때 기원전 88년부터 87년의 겨울을 난 곳으로 알려져 있다.
68) Pomponius ibid. §44.

생각할 수 있게 되었다. 왜냐하면 키케로가 세르비우스의 법학에서 고시는 섭리를 믿는 조점관의 법학에서 12표법이 점했던 것과 같은 위치를 차지한다고 강조하는데,[69] 고시는 관할 사법 정무관에 의해 실행된 경우에만 이 임무를 맡을 수 있었기 때문이다.

이는 실제로도 일어났다. 게다가 이는 다시 한 번 강조하는 바, 술라의 포괄적이고 성공적인 시도를 보충하는 것으로서 일어났다. 술라가 공화정을 재건하기 위해 기원전 82년부터 기원전 79년까지 한 독재(dictatura rei publicae constituendae causa)에 의해 승인된 모든 잔학에도 불구하고 특히 형사법을 강화한 헌법합치적 법률들로써 공화국의 기초에 새로운 견고함을 부여하였다. 고시는 이런 식으로 전체 사법(私法)의 실현에 적용되면서, 형사절차를 규율하는 법률과 짝을 이루는 것으로 등장한다. 이는 한편으로는 극적으로 불가피한 것과 다른 한편으로는 어떤 면에서 일상적으로 보이는, 법 상태의 보장이 병존하게 된 것을 의미한다.

III. 새로운 시작

기원전 80년, 세르비우스와 아퀼리우스 갈루스의 친구인 젊은 키케로는 처음으로 자신의 명성을 확립하는 중요한 연설을 했다. 이 연설은 인상적인 방식으로 새로운 시작을 선언했다. 그 연설 내용은 반대자들을 추방공고(proscriptio)하던 술라의 측근이 제기한 살인죄 고발

---

69) Cic. de legibus I 5, 15.

을 물리치기 위한 것이었다. 이 사건은 술라가 새로 조직한 심판인단이 투입된 살인사건 관할법정(Quaestio de sicariis)에서 고발되었다. 키케로는 그 연설의 맨 처음에는[70] 그 독재관(술라)의 '평화확립계획'(pacis constituendae ratio)[71]을 옹호하였다. 키케로의 논증 방식은 그의 근본적인 생각을 설명해 준다. 즉 폭력이 만들어낸 것은 그대로 유지되어야 한다. 그러나 배심법정은 다시 시작하는 법의 세계에 속한다. 어떤 고발인이 자신의 양심을 위해, 자신이 추방공고의 통치 아래 잔인한 방식으로 부를 축적한 재산의 상속인이 될 수 있던 사람[72]을 형사소송절차를 통해 제거하고자 하는 경우에는, 이 배심법정을 이용할 수 없다.

고전적인 고시도 같은 것을 선언했다. 당시에도 고시는 폭력을 끝내기 위해 발효되었지, 그 결과를 되돌리기 위한 것이 아니었다. 기원전 57년의 또 다른 연설에서 키케로는 그 사이 일반교양의 일부가 된 연설가의 신화를 다루었다. 즉 군중에게 도시국가를 세우게 하는 큰 합의(conventio)를 이루도록 설득하여 평화를 가져온 인물은 연설가라는 것이다. 미래를 내다보는 그의 말은, 모든 분쟁을 법정으로 가져가게 함으로써 실제

키케로

---

70) Cic. pro Sext. Roscio Amerino 1, 2.
71) ibid. 8, 22.
72) 주해 24번.

로 폭력의 종식을 준비하는 고전적인 고시를 특징적인 방식으로 중심에 놓는다.[73] "우리는 폭력을 제거하고자 한다. 그 때문에 법, 즉 법 전체가 포함되어 있는 배심법정들이 효력을 가지는 것이 필요하다"(Vim volumus exstingui; ius valeat necesse est, id est iudicia, quibus omne ius continetur).[74]

신화적인 시작에 있어서 사법권에 의해 보장된 법이 폭력상태의 결과들을 승인함으로써 폭력상태를 종식시켰듯이, 이 관점에서는 술라 이후에도 평화라는 이익을 위해 폭력의 결과를 법이 승인했다.

---

73) Cic. pro Sestio 42, 92.
74) 주해 25번.

제5장

원수정

제1절 지배의 기초

'원수정'(기원전 27~기원후 250년경)이라 불리는, 아우구스투스의 헌정 창출은, 티베리우스 그라쿠스의 호민관직(기원전 133)으로부터 시작되어 종국에는 군사적으로 변한 '로마 혁명'의 시대를 종식시켰다. 로마 혁명의 결과는 평민파(마리우스, 카이사르)와 과두파(寡頭派. 술라, 폼페이우스) 지도자들 사이에 피비린내 나는 내전의 연속이었다. 아우구스투스는 마르쿠스 안토니우스와 클레오파트라와의 결전을 이집트 여왕에 대한 로마의 전투라고 의미를 부여했고 결국 승자가 되었다. 그의 권력의 중추세력(der harte Kern)은 군대였고, 궁극적으로는 혁명의 근원이었다. 이는 초기에 채택되어 카이사르의 양자(아우구스투스)에게 부여된 지배자 호칭이 보여 준다. 'Imperator Caesar divi filius'(명령권자 카이사르, 신격화된 자의 아들)에서는 특히 제국의 최고 군사지휘권에 대한 개인적 권리가 표현된다. 실제로 그는 제국의 모든 군인들에 대한 최고 명령권자였다. 비무장화되어 로마가 통치하는 이탈리아에서 그는 근위병들을 지휘하였다. 군대가 주둔하는 속주들은 원칙적으로 황제에게 종속되어 있었다. 이 속주들은 제국의 국경에 위치했는데, 예컨대 '쾰른'이 주도(州都)인 후대의 하(下) 게르마니아(Germania inferior)[1]가 그러했다. 원로원에 할당된 속주들은 원칙적으로 군대가 없었다.

카이사르가 그의 '시원 조상'인 베누스/아프로디테를 가리킨 것처럼, 그 뒤의 아우구스투스도 스스로 여전히 의신(醫神) 아폴로와 특별한 관계를 맺은 것으로 보았다. 아폴로의 보호는 트로이 전쟁에서 아이네아스(Aeneas)에게는 디오메데스(Diomedes)한테 부상을 입어 궤주(潰走)하다가 그 아버지 제우스에게 도움을 청해야 했던 아프로디테가 받은 보호보다 더 강력한 것으로 드러났다. 아우구스투스의 어머니가 신전에서 잠을 자는 동안 아폴로에게서 임신한 것이라는 소문이 있었다. 아우구스투스는 안토니우스와 클레오파트라에 대한 악티움 전투(기원전 31)에서의 승리에 감사하는 의미로 자신의 집 옆 팔라티움 언덕에 대형 아폴로 신전을 건립하게 했는데, 후에 그 신전 안에는 중요한 법학도서관이 들어서게 되었다. 그는 자신의 문민 지배를 그의 우월한, 그의 인격과 본성에 기초한 권위(auctoritas)로 정당화했는데, 이 권위는 자연법적인 근거를 대는 방식으로 자신에게 지배자의 소명을 부여하였다. 이 권위는 기원전 27년 재건된 공화정(Res publica restituta)의 설립 행위를 합법화했으며, 이에 따라 지속하는, 법에 대한 최종 책임을 정당화했다. 이 책임은 특히 향후 법률가들에 의한 모든 법 형성이 원수의 권위

---

1) 역주: 85년부터 4세기에 제2 게르마니아(Germania Secunda)로 개칭될 때까지 라인강 서안과 북해를 연한 지역으로서 현재의 룩셈부르크, 네델란드 남부, 벨기에 일부, 독일의 노르트 라인-베스트팔렌 주의 라인강 서부 지역을 포함한다.

로부터(ex auctoritate principis) 이루어졌다는 점으로 나타났다.[2] 이 권위는 '아우구스투스'[3]라는 호칭에 의해 고취되었는데, 이 호칭은 원로원이 공화정을 새로 세운 자에게 깊이 생각한 동기부여와 함께 수여하였고, 그의 공로와 그 자신에게 조점적 축복을 약속하는 것이었다. 이 별칭(cognomen[4])이 선언하는 것과 이 권위(auctoritas)가 부여하는 특성 사이의 불가분의 관계에서, 조점적 요소와 고전전의 자연법적 요소가 전례 없는 위엄(최고권력)으로 융합되었다.

한 사람을 이처럼 특별하게 치켜세우는 것에 대한 사상적 전제는 키케로가 창안했다. 키케로는 마르쿠스 안토니우스에 맞서는 자신의 '필리피카이'(Philippicae)에서, 카이사르의 유산을 승계하고 자신이 주도해 모집한 군대와 함께 로마에 등장한 청년 옥타비아누스를 그의 훌륭한 덕성으로 인하여 신들의 부름을 받아 공화정의 숙적에 대항하여 공화정을 구하려고 온 젊은이로서 열렬히 환영하였다. 마치 그가 『국가론』(De re publica)에서 스키피오 아이밀리아누스가 피살되지 않았더라면 상당히 높은 곳의 부름을 받아(kraft höherer Berufung), 티베리우스 그라쿠스가 일으킨 소요 뒤 로마의 여러 관계에 도움을 줄 수 있는 정치가로 묘사한 것처럼, 그는 이러한 정치가들이 있을 수 있다는 생각을 겨우 19살에 불과한 옥타비

---

2)   주해 26번.
3)   주해 27번.
4)   가족 내에서 사용하는 praenomen, 씨족명인 nomen 다음에 보통 붙이는 이름으로서, 씨족 내 가족명을 가리킨다.

아누스에게 적용하였다. 그것도 아우구스투스는 그 본성이 조점관, 즉 유피테르 옵티무스 막시무스의 해석자라고 말함으로써 그러하였다. 키케로가 나중에 제2 삼두정치에서 성공을 거둔 아우구스투스와 안토니우스 간의 잠정적인 타협의 희생양이 되었다고 해서 이 맥락이 의문시되지 않는다. 왜냐하면 다시 무법적인 폭력상태로 회귀한 이 시기에 안토니우스는 맨 먼저 키케로를 추방공고할 것을 주장했으며, 옥타비아누스가 오랫동안 완강히 거부하자 자신이 요구한 것을 옥타비아누스가 수용하는 대가로 자신의 가까운 친척 한 명을 추방공고에 올릴 준비까지 했었기 때문이다. 훗날 아우구스투스는 자신과 자신의 헌정질서 구축은, 그렇게 일찍 시작된 자신의 경력 초기에 키케로가 자신을 공화정을 수호하기 위해 신의 부름을 받은 정치가로 격상시킨 덕분임을 결코 잊지 않았다고 전해진다.[5]

키케로로 하여금 이러한 인간상이 가능한 것으로 인정하도록 한 철학자는 아스칼론의 안티오코스(Antiochos von Askalon)였다. 간단명료하게 말해, 그는 스토아 철학을 아카데미에서 가르쳤다. 이를 통해 인간은 '자연'에 따라 공화국에서 살도록 정해졌다는 스토아의 사상과 플라톤의 철학자 왕, 즉 철학이 인도한 군주라는 개념을 결합시켰다. 이러한 결합에 힘입어 키케로는 아우구스투스에게 공화정의 회복(res publica restituata)이라는 헌법이념을 전할 수 있었다.[6]

물론 이러한 타협은 순수한 스토아 철학과는 조화될 수 없는 것이었다.

---

5) 주해 28번.
6) 주해 29번.

즉, 스토아 학파는 최상의 헌법은 민주적, 귀족적 및 군주적 요소가 공화주의적 방식으로 혼합된 것이라고 가르쳤다. 즉 인민(Volk)이 법률을 제정하고 정무관직을 선출하며, 정무관직의 권한을 부여받은 자들이 의회와 법정에서 활동하며, 책임통치권은 한시적으로만 그리고 오직 통제 가능성과 함께 양도된다. 스토아 학파는 또한 헌법에서 '현자'(賢者) 한 사람, 즉 모든 작위와 부작위에 있어서 신적인 '자연'에 의해 인도된 사람이 왕이 된다면, 이는 그 헌법에 도움이 될 것이라고 가르쳤지만, 즉시 덧붙이기를 그런 인물은 스토아 학파 자신의 세계 해석에 있어서는 상상 가능하고 실제할 수 있으나, 지금까지 그런 인물은 존재하지 않았음이 증명되었다고 하였다.[7] 스토아 학파는 공화정을 뜻하는 혼합된 정체는, 모든 행위 상황에서 옳은 것을 항상 불완전하게 인지할 뿐이고 오히려 권력의 임무가 나누어진 경우에 옳은 것에 더 근접할 수 있다는 인간의 불완전한 본성을 고려하기 때문에 가장 좋다고 보았다.[8] 반대로 1인 지배는 로마의 황제 시대에 알려진 극적(劇的)인 예들이 보여 주듯이, 통제가 불가능한 악한 손에 넘어갈 위험에 빠진다.

그러나 전반적으로 아우구스투스의 헌법 창설이 성공할 수 있었던 결정적인 요인은 그 헌법의 기본 이념인 '공화정의 재건'(res publica restituta)이 헌법 창설과 함께 그리고 헌법 창설 안에 결합된, 안전한 사법(私法)질서의 보장을 통해 중요한 실체를 가졌다는 것이다. 그것은 자유주의적인, 외

---

7) 주해 30번.
8) 주해 31번.

부세계에 열린 시민사회의 생활 조건들을 새로 만드는 것 이상도 이하도 아니었다. 물론 시민사회의 정치적 금치산이라는 희생과 함께 하지만 말이다. 제국의 중심, 즉 로마 인민(populus Romanus)의 공화국은 원수(princeps)의 보호를 받게 되었다. 이탈리아와 속주의 정치생활은 지방자치 수준에서만, 즉 여전히 도시국가들(civitates)로 남아 있는 예전의 자유로운 도시국가들에서만 존재했다. 이 도시국가들에게 '공화국'이라는 명칭은 독립이 안 되었기 때문에 이런 용어 사용의 부적절함을 강조하면서 부여되었다.[9] '탈정치화된' 공화정의 법학과 사법(司法)은 제국 전역에서 이동의 자유를 보장한 자유주의적 사법 체계를 유지했다. 어쨌든 키케로는 이 사법의 질서에 다음과 같은 의미를 부여했다. 즉, 키케로는 특히 기원전 47년 피비린내 나는 내전의 단계에서 많은 사람들이 법질서를 완전히 파괴하려고 했을 때, 어떤 의미에서는 대단히 정확하게 아우구스투스와 그에 의해 촉발된 긴 문화적·경제적 재개화(再開花)를 예견했으며, '파괴된 공화국'에는 기대를 걸지 않으나 '제한되고 약화된 공화국'에는 큰 기대를 건다고 선언했다.[10] 따라서 『학설휘찬』에까지 수용된 생각, 즉 인간은 본성상 외부세계에 열려 있는, 서로 교류하는 공동체에서 살도록 정해졌다는 생각도 시민사회적 의미로 한정된 효력을 유지했다.[11]

기원전 27년 헌법창설에 지대한 영향을 끼친 아우구스투스의 권위

---

9) 주해 32번.
10) 주해 33번.
11) 주해 34번.

(auctoritas)는 기원전 23년 법률로 상세히 규율된(ausgestalt) tribunicia potestas, 즉 관직 없는 호민관 권력에 이미 실정법상 근거를 가지고 있었다. 그때부터 이 호민관 권력에 따라 통치의 햇수가 계산되었다. 이 형성력 있는(ausgestaltend) 법률은 하나의 위임법률[lex de imperio 통치권(고권(高權)에 관한 법률]이었고, 나중에는 lex regia(왕권법)로도 불렀다. 이 법률은 일련의 개별권한 외에도 원수에게 종교적인 것들과 세속적인 것들의 이익을 위해 필요하다고 보이는 모든 것을 실제로 행하거나(facere) 법적으로 효력을 발생시킬(agere) 수 있다는 일반 조항이 포함되어 있었다. 원수정의 헌법 이론은 이것을 로마 인민이 자신의 입법권을 아우구스투스에게 행사하라고 양도했다는 식으로 해석했다.[12]

역사적으로 이러한 통치의 정당화는 기원전 133년 호민관으로서 그리고 적법한 국민투표로써 친(親)민중적 조치, 특히 대규모 정착 정책을 통해 상황을 안정시키려고 시도했던 티베리우스 그라쿠스의 호민관 원리(ratio tribunatus)와 연관된다.[13] 그는 토지(ager publicus)에 대한 자신의 이익을 옹호하던 반대자들로부터 왕권을 노리는 죄(crimen regni)라는 비난을 받았고, 비상사태 선포하에서 수많은 지지자들과 함께 타살(打殺)되었다.

원수정의 새로운 점은, 원수는 궁극적으로 더 높은 권위에 의해 위임을 받은 자로서 그의 의사가 법률적 효력을 위해 더 이상 국민투표를

---

12) 주해 35번.
13) 주해 36번.

필요로 하지 않았다는 것이다. 처음부터(기원전 23년부터) 계속 원수의 뜻이 곧 법의 효력을 가진다(quod principi placuit, legis habet vigorem)는 원칙이 적용되었다. 아우구스투스 이후부터는 황제의 법적인 결정은 더 이상 특정한 형식이 요구되지 않았고 형식적인 법률(leges publicae)이 아니더라도 실질적으로 법률의 효력을 가지게 되었다는 것을 의미한다. 이러한 법률적 규율은 원수의 칙법(constitutio principis)[14]이라고 한다. 'Constituere'(확립하다, 제정하다), 'constitutio'(확립, 제정)는 자연법적으로 영감을 받은 고전전 법학에서 법률가의 해석에 의한 법 명제의 확인을 의미했다. 이 'constituere'는 원수의 손에서는 실질적으로 입법이 되었다.[15]

재건된 공화정에서는 원수가 다른 모든 자들과 같이 한 명의 시민이라는 원칙은 형식적으로 제한 없는 입법권에 의해 근본적으로 깨졌다. 예컨대 시민이 정무관직에 선출되는 경우 우선권을 요구하지 못한다는 원칙은 지켜지지 않았다. 이 원칙은 자발적 준수에 의해서만 효력을 가졌을 뿐이며, 특히 그 준수를 감시할 기관이 없었기 때문이었다.

황제 셉티미우스 세베루스와 카라칼라의 일반화된 진술이 이를 대변한다. "우리는 법으로부터 면제되지만 그 법에 따라 산다"(Licet < ... > legibus soluti sumus, attamen legibus vivimus).[16] 원래는 원수가 새로운 법

---

14) Inst. 1, 2, 6.
15) 주해 37번.
16) Inst. 2, 17, 8.

률들로부터 면제된다는 점이 분명하게 그 법률들의 문구에 포함되었다. 따라서 자녀가 없는 아우구스투스는 자녀가 없는 것에 대한 법률적 불이익을 도입했지만, 자신은 원수로서 면제되도록 했다(동시에 자신의 완전한 권력에 기초하여 아내 리비아에게도 동일한 특권을 부여했다). 이 경우와 관련하여 "원수는 법률들로부터 면제된다"(princeps legibus solutus)는 중대한 결과를 가져온 원칙이 전승되었는데, 이 경우에는 자발적인 법률 준수에 대해 말할 수 없었다.[17]

원수는 법률로부터 면제된다는 원칙과 그가 '원하는 것'이 법률이 된다는 원칙의 결합으로부터 근대 주권론의 절대주의적 사고방식(보뎅. Bodin[WP])이 생겨났다. 이에 따르면 주권자는 언제든지 법을 바꿀 수 있는 사람이며 이러한 의미에서 법에 구속되지 않는 사람이다. 그리고 이것은 원칙적으로 군주에게도 적용된다. 그러나 근대주권론에는 원수정과 달리 결정적인 것이 결여되었다. 즉, 근대주권론은 주권자가 한편으로는 재건된 공화정과, 다른 한편으로는 그 공화정에서 학문에 의해 지도되고 독립적인 재판권에 의해 보호되는, 시민사회의 법을 보장하도록 하지 못했다.

이 질서에 하나의 객관적인 효력이 부여된 것은, 신탁유증의 도입과 같이[18] 황제의 칙법들에 의해 도입된 원칙에 반하는 규율들이, 관념상 그리고 소송법상 마치 재건된 공화정의 질서 밖에 있는 것처럼 취급되

---

17) 주해 38번.

18) 주해 39번.

고 있는 점에서 나타난다.

오늘날 현대 언어에서 'Constitution'은 구체적인 법 규율의 확립이 아니라 '헌법'을 뜻한다. 독일어 단어 Verfassung은 어의(語義) 차용 번역어이다. 이런 의미로 발전한 것은 부분적으로 입헌국가들의 헌법이 군주들에 의해 선택되었다는 점, 따라서 형식적으로는 군주의 법률이었다는 점으로 설명된다. 그러나 그보다는 제헌 국회가 헌법제정권력(pouvoir constituant)으로서 절대주의적 통치자의 권리들을 이어받았다는 것에 의해 설명된다. 이 헌법은 새로운 시작이었다.

이에 반해 시험과 검증을 거친 제도로의 복귀를 의미하는 공화정의 재건은 동시에 로마라는 세계 제국(imperium Romanum)을 법질서로 안정화하는 것을 의미하였다. 따라서 아우구스투스와 그의 후계자들이 장악한 고권(高權. imperium)은 군사적 지휘권과 정치권력의 측면에서 중요한 명령권뿐만 아니라 일차적으로 법의 효력을 원하던 최고 국가권력의 표현이었다. 따라서 제정기(帝政期)에 고전전 시대의 소송방식서들의 추가로 확대된 고전적인 고시[19]는 평화가 확립된, 원로원의 (특히 공화정식으로 통치되는) 속주뿐만 아니라 직접 황제에 의해 통치되는 변경(邊境)의 속주들에서도 효력을 가졌다. 그리하여 아우구스투스는 속주들의 총독(또는 전임집정관·집정관대행. proconsul)에 관해 명시적으로 상급고권(imperium maius)을 확인했다.

---

19) 주해 40번.

제2절 원수정의 원로원

제정기의 원로원은 형식적으로는 집정관직처럼 헌법상 외형적으로 재건된 공화정의 일부이다. 원로원은 제국행정의 일부가 되었는데, 특히 제국행정이 공화주의 전통을 지속하고 있던 부분에서 그러했다. 이는 무엇보다도 제국 내륙에 위치하던 군대가 없는, 소위 원로원의 속주들에게 해당되었다.

원로원이 실제로 국가 권력의 중심이었을 때, 즉 공화정에서는 원로원 의결들(senatus consulta)은 원로원에 의해 통치되는 과두정의 통치행위, 특히 매년 선출되는 정무관들에 대한 방침 결정이자 구체적인 행위지침이었다. 이는 본래적 의미의 입법행위는 아니었다. 원로원에게는 누군가를 법률규정으로부터 면제할 권한이 인정되었다. 반대로 유명한 원로원 최종 의결(senatus consultum ultimum)인 "집정관들은 공화국이 어떤 손해도 입지 않도록 유념해야 한다"(Videant consules ne quid res publica detrimenti capiat)는 의결은 법질서를 바꾸는 규범이 아니라, 비상사태를 선언하고 그 해소 시까지 법적 질서를 일시적으로 정지시켰다(최초는 티베리우스 그라쿠스에 대항하여, 그 다음에는 가이우스 그라쿠스에 대항하여). 제정기에 원로원 의결[20]은 완전한 법의 효력을 얻었다. 하지만 실질적으로 원로원은 이제 사실상 황제의 도구로 기능했으며 편안하게 다룰 수 있는, 민회의 후신(後身) 역할을 했다.[21] 그리하여 정무관 선출

---

20) 주해 41번.

은 바로 민회의 후신으로 이양되었다. 마침내 원로원 의결은 '원로원에 대한 황제의 연설'(oratio principis ad senatum habita), 즉 공식적으로 황제의 입법 형태[22]가 되었다.

제3절 고권 아래에서 법의 계속형성과 제정기의 법학파

I. 황제가 법의 계속형성을 위임한 것이 사법에 대해 가지는 의미

원수정의 법치국가적 실질은 법학에 의해 기초되고 지도된 독립적인 법질서를 인정한 사법(私法)문화에서 드러난다. 이 법질서는, 그것을 정당화하면서도 열었던 독특한 방식으로 공화정기의 양 법학과 연결된다. 원수정기에 무엇보다도 사법(私法)을 다루는 두 학파가 연달아 성립한다.[23] 먼저 사비누스 학파가 성립했는데, 원수의 특별권한(Ausnahmegewalt)과 친숙한 고전전 법학을 따랐다. 그 다음에 공화정 말기의 세르비우스의 전통을 계승하고 공화국 재건(res publica restituta) 계

---

21) 주해 41번.
22) Inst. 1, 2, 5.
23) Inst. 3, 23, 2.

획을 강력하게 구현한 프로쿨루스 학파가 생겨났다. 후자의 맥락을 상징적으로 보여 주는 것은 아우구스투스가 공화정의 연단(演壇)에 있던 세르비우스 술피키우스 루푸스의 입상(立像)[24]을 자신의 연단 쪽 – 2세기 후반까지도 거기에 있었다 – 으로 가져왔다는 사실이다. 원로원은 한때 키케로의 요청에 따라 그 입상을 포룸 로마눔에 세우게 했다. 세르비우스는 건강이 좋지 않았음에도 공화정을 위해 사신으로 마르쿠스 안토니우스에게 갔고 도중에 사망한 것을 기리기 위함이었다.

원수는 원수정의 헌법적 타협에 상응하게 두 학파를 지원했다. 팔라티움 언덕(Palatium)에 아우구스투스가 건립한 아폴로 신전 안에 설치된 법학도서관은 두 학파의 전승에 기여했다. 무엇보다도 원수는 규칙적으로 두 학파의 수장에게 황제의 고권에 기초해 법을 계속적으로 형성할 권리(ius respondendi ex auctoritate principis[25])를 부여했다.

이 지원책은 동시에 두 전통을 새 헌정에 매우 근본적이며 효과가 크도록 통합하는 것이었다. 그리하여 양 학파는 자기 학파의 전통에는 원칙적으로 없는 원칙에 종속되었다. 그것은 법적으로 생산적인 의사의 원칙인데, 여기서 의사는 잠재적으로 모든 곳에서 법적 평가의 대상이 되었다. 이로써 원수의 권위에 의한(ex auctoritate principis) 법의 발전(계속 형성)은 원수가 원한 복원된 공화정이라는 결과를 낳았다. 공화정의 재건이 아우구스투스의 의지에 따른 행위였던 것처럼, 이제 법의 발전

---

24) 주해 42번.

25) Inst. 1, 2, 8.

원인도 그의 의지와 일치하게 되었다. 고전적 고시의 창조물들을 체계화하는 데서 이 영향은 곧바로 드러나게 되었다. 법정관은 그때부터 황제의 법 효력에 대한 의지와 일치하여 행동했기 때문이다. 그러나 같은 영향은, 공화정의 재건이 사법(私法)까지 포함했기 때문에, 한편으로는 법률행위 이론과 다른 한편으로는 법적으로 평가된 개인의 의사가 점점 더 뚜렷해지는 중심적 지위에서도 보인다.

전통적으로 수도(즉, 로마)의 법학자들이 제공한 감정의견인 회답(回答, responsa)은 원수의 권위(auctoritas principis) 부여에 의해 감독을 받았던 것은 결코 아니다. 오히려 그 감정의견들은 계속 자유로운 상태로 오로지 법학자들의 전문적인 판단에 맡겨졌다. 그러나 법의 계속형성을 황제의 고권(高權. 통치권) 아래 둔 것은 새로운 법 형성에 – 새로운 형성이 이루어지는 법질서 자체와 마찬가지로 – 정확성을 향한 추가적인 방향설정과 타당성에 대해 새로운 최고의 기준을 부여했다. 이때부터 법률 명제의 법학적 타당성은 더 이상 그 명제가 해당 (각 학파에 따라 고전적-형식적 또는 고전적-자연법적) 법이론과 일치하는가에 의해서만 결정되지 않게 되었다. 추가적으로 그 명제가 개인 의사를 모든 차원에서 지원했던, 원수정의 지도이념과 일치하는가에 따라 결정되었다. 그 법 명제들은 직접적인 효력을 황제가 권한을 부여한 법률가들로부터 얻었고, 새로운 의견은 그 법률가의 이름과 결합되어 전해졌다.

황제의 권한 부여에 힘입어 제공된 회답은 이중적인 효과가 있었다. 법률가의 회답은 개별 사건에서 심판인을 구속했을 뿐만 아니라 문헌을 통한 토론에서 구속력이 있는 법적 의견으로 취급되었다. 법률가들의 회답이 일치하는 것은 실정법, 즉 우리가 그 법에 따라 생활함으로써 우리가 적용하는 법(ius quo utimur)을 만들어냈다. 회답권을 가진 법률가들은 iuris consultus 또는 iuris peritus나 iuris prudens라 불렸는데, 초보부터 높은 수준에 이르는 기타 법률가인 iuris studiosus와 구별되었다.

학파의 주도와 황제의 수권(授權)에 의한 회답권(ius respondendi)의 결합은 드물지 않게 여러 명의 학파 수장이 동시에 존재했던 이유를 설명해 준다. 그 밖에도 황제가 고안한 새로운 질서는, 공화정 체제에서라면 그 사회적 신분 때문에 회답권을 가진 법률가(iuris consultus)가 될 수 없었던 사람들을 그 지위에 오를 수 있게 해주었다. 따라서 회답 실무가 이루어진 장소가 귀족의 대규모 개인주택에서 황제가 제공한 공공장소로 이동하게 된 것도 특징이다. 즉 이러한 장소는 대중에게 가르치고 법률자문을 제공하는 사람들이 있는 장소(stationes publice docentium vel respondentium)라고 불렸으며, 그 가운데는 아마도 아우구스투스가 건립한 팔라티움 언덕의 아폴로 신전 앞도 포함되었을 것이다. 신전에는 법학도서관도 있었다.

II. 사비누스와 사비누스 학파

사비누스(아우구스투스와 티베리우스 시대)는 대신관 퀸투스 무키우스 스카이볼라(기원전 95년 집정관 역임)를 소환함으로써 자신이 창설한 학파에 고유한 정신적 특징을 부여했다. 그의 주요 저서인 『시민법 주해』(De iure civili)는 다양한 측면에서 무키우스의 18권으로 된 『시민법 주해』에 의존했다. 따라서 사비누스가 이 학파의 진정한 창설자로 여겨진다. 풍부한 저서를 낸 카시우스(카이사르 살해자의 고귀한 가문에서 나온 인물)는 사비누스의 제자로서 학파에 외적인 명성을 더했다. 이 학파는 그의 이름을 따 Cassiani라고도 부른다. 이 학파가 섭리를 따르는 고전전의 자연법을 소환한 것은, 원수의 예외적 권력 자체가 섭리를 따르는 자연법에 의해 정당화되었다는 사실로 인해 본질적으로 촉진되었다. 대부분의 큰 논쟁은 통상 '사비누스와 카시우스'로 거슬러 올라간다. 하지만 그들이 개별적으로 언급되거나 카일리우스 사비누스(Caelius Sabinus)와 야볼레누스 프리스쿠스(Iavolenus Priscus)와 같은 후대 계승자들이 주장한 것으로 보고되는 경우에도 전형적으로 사비누스 학파의 특별한 견해가 다루어지고 있는 것이다.

III. 프로쿨루스와 프로쿨루스 학파

프로쿨루스는 세르비우스가 세운 공화정 말기의 법학을 이어갔다. 그 학파의 시작은 법학자 네르바(Nerva)로 거슬러 올라간다. 그의 아들은 동일한 학파의 법학자로서 그를 이어받았고, 황제 네르바의 아버지였다. 프로쿨루스 학파는 이미 존재하던 사비누스 학파에 대해 방어적인 성격을 갖고 있었다.

세르비우스(및 그의 제자 다수)와 프로쿨루스 사이에는 독자적이고 혁신할 준비가 되어 있던 라베오(Labeo)가 중재자의 위치에 있었다. 라베오는 세르비우스의 체계의 중요하고, 부분적으로는 그의 견해를 철회하는 것을 포함하는 지속적인 발전들(철저히 세르비우스의 형식주의를 완화한 것들)을 이룩하였다. 라베오는 세르비우스 제자의 아들이었으나, 그 자신은 트레바티우스(Trebatius)의 제자였다. 트레바티우스는 세르비우스의 큰 제자그룹에 속하지 않았고, 잘 알려지지 않은 퀸투스 코르넬리우스(Q. Cornelius)의 가르침을 받았다. 트레바티우스에서 시작하는 독자성을 대변하는 것 가운데 하나는, 키케로가 청년이던 트레바티우스에게 자신의 『토피카』(Topica)[26]를 헌정(獻呈)했는데, 이 저서에서는 공화정의 양 전통, 즉 고전전 법학과 세르비우스의 고전 법학에서 뽑은 수많은 법적 사례들이 설명되고 있다는 점이다.

프로쿨루스 학파의 특별한 견해에 대해서는 전형적으로 '네르바와 프로쿨루스'라는 문구가 쓰였다. 그러나 여기에서도 두 학자가 개별적으로 거명되거나 페가수스(Pegasus)와 같은 후계자가 거명되는 경우 이 학파의 견해가 다루어지는 것을 의미한다.

IV. 학파 대립의 다섯 가지 예

1. 매매–교환 논쟁

사비누스 학파: 물건 교환(Tausch)은 매매처럼 신의성실(bona fides)이라는 사회적 신뢰원칙에 힘입어 효력이 있는 교환(Austausch)[27] 계약이

---

26) 역주: 키케로 저, 성중모 역, 『토피카』, 아카넷, 2022. 참조.
27) 역주: 독일어 Tausch는 법률용어로서 물건을 대상으로 하는 것인데, 우리 민법상 교환으로 번역되어 있다. 독일어 Austausch는 강학상 사용되는 용어로서 넓은 의미에서 물건 및 서비스를 포함하는 재화와 금전의 교환 또는 재화들의 교환을 뜻한다.

며 따라서 매매를 뜻하는 매수(emptio), 매도(venditio)라는 명칭을 써도 된다. 근거: 상호 유익한 계약은 거래법적 신뢰원칙에 의해 지배되는 자연법의 힘으로 유효하다.

프로쿨루스 학파: 매매, 즉 상품과 돈의 계획된 교환만이 법적 의미에서 채무법상 매매이며, 따라서 양 당사자에게 각기 권리를 부여하는 이쪽저쪽의 채권(obligatio[28] ultro citroque)으로서 당사자들의 합의에 의해 성립될 수 있다. 근거: 매매는 수익취득의 규율형상(Regelungsfigur) 및 도구로서 도시시민 문명의 발명품이며, 이 점은 매매를 가능하게 하는 돈과 다르지 않다. 급부의 가치관계가 돈에 의해 정해지는 경우에만 그 계약은 법적 보호를 정당화하는 합리성 수준에 도달한다.

이 논쟁은 계약법 전체에 영향을 미쳤다. 사비누스 학파는 자연법적 신뢰원칙에서 거래에 유용한 모든 계약이 소구(訴求)할 수 있다는 점을 도출하나, 그것을 위해서는 상호간의 이익보호도 요구한다. 이에 반해 프로쿨루스 학파는 소구할 수 있는 계약형태의 수가 제한됨(numerus clausus; 계약법정주의)을 주장하는데, 이 계약법정주의의 틀에서 모든 교환계약의 반대급부는 금전이어야 한다는 원칙에 따라야 한다고 가르쳤다. 이러한 교환계약은 과도한 이득취득, 즉 합의에 의해 결정된, 시장가격과 매매가격의 차이 내지 한편 사용··용익임대차 차임, 임금 또는 도급의 보수와 임차목적물의 사용··용익 가치, 노동의 가치 또는 제공된 재료로 만든 완성물 가치의 차이도 분명하게 허용한다.

---

28) 역주: 저자는 여기서 obligatio를 그 반면인 채권으로 설명하고 있다.

2. 가공

사비누스 학파: 타인의 재료로 새로운 물건을 제작하는 것(가죽으로 만든 신발, 청동으로 만든 조각상 등)은 특별한 효과가 없다. 재료 소유자가 가공물의 소유자이다. 근거: 소유자에게 귀속하는 재료가 목적물의 동일성을 결정한다. 이 재료에는 인간에게 유용한 모든 가공의 가능성이 포함되어 있다. 따라서 재료는 어떤 형상을 가지든지 동일하게 유지된다.

프로쿨루스 학파: 새로운 물건의 제작자가 소유자가 된다. 근거: 제조된 물건은 인간에게는 새로운 것이며 이전에 존재하지 않았으므로 무주물이다. 그것을 최초로 점유하는 제작자가 그것의 소유자가 된다. 독일 민법은 프로쿨루스 학파를 따른다. '새로운 동산'의 제작자가 소유자가 된다. 독일 민법(제950조)에서는 '가공 또는 변형의 가치가 재료의 가치보다 현저하게 적지 않은 한'(예를 들어 가죽으로 신발을 제작하는데, 재료 가치가 50이고 노동의 가치가 30인 경우, 법관은 차이가 현저한지 여부를 결정해야 한다)이라고 하는 아주 명료하지는 않은 제한을 하나 둔다.

3. 권리능력과 행위능력의 시기(始期)

사비누스 학파: 권리능력은 최초로 숨을 들이쉴 때부터 시작된다. 이유: 출생 전에는 독립되지 않은 모체의 일부(pars ventris)였던 아이는 출생과 함께 모체에서 분리된다. '영혼을 얻는 것'(Inspiration)으로 생각된 최초의 들숨으로써 신성한 공기에 포함된, 생명을 주는 이성을 공유하며 영혼(anima)을 들이쉼으로써 생명체(animal)가 되기 시작한다.

프로쿨루스 학파: 권리능력은 최초의 외침으로 시작된다. 이유: 인간 사회는 언어를 통해 형성된다. 아이가 자신에게 주의를 끌게 하는 최초의 외침으로 인해 새로운 인격체와 의사소통을 원하는 의식(animus)이 주위에 인식될 수 있게 된다. 이에 반해 신체적으로 정의된, 인간의 개체성은 이 시각(視覺)에서는 살아서 태어나는 것을 전제로 임신과 함께 시작된다. 따라서 바로 출생하려는 사람을 뜻하는 태아인 남아(nasciturus) 또는 태아인 여아(nascitura)는 살아서 태어나는 경우를 위해 이미 사전효를 가지고 권리들을 취득할 수 있다. 특히 상속할 수도 있다(오늘날에도 그러하다). 그리하여 의사소통을 극도로 제한하는 장애를 가지고 태어난 경우, 가령 귀머거리나 맹인인 경우에도 자연인으로서 법인격을 가지지 못하지는 않는다. 인간을 정의하는 몸(corpus)과 의식(animus)은 사회적 상호작용과 의사소통을 위해 설계되었다. 이러한 장애로 인해 사회적 상호작용과 의사소통이 매우 어렵게 되지만 완전히 불가능하지는 않다.

⟨1⟩ 제한된 행위능력

사비누스 학파: 사람이 법적으로 유효하게 거래를 통해 재산을 취득할 수는 있지만 아직 의무를 부담할 수 없는 이 지위는 구체적인 개인이 '자연'에 의해 결정된 성장과정에서 의미 있는 말을 아직 할 수 없는 유아기(infantia: 어원적으로 말을 못하는 상태)를 벗어나자마자 시작된다. 이는 많은 예외가 있지만 만 7세경에, 즉 더 일찍 일어나기도 하고 더 늦게 일어나기도 한다. 이유: 이 시기에 '자연'은 인간에게 동물 세계에서

벗어나는 이성의 첫 번째 단계를 부여하고, 이 이성을 통해 인간은 자신의 독립성을 위해 필수적인, 자기 이익에 관련된 법적 형식들을 이해할 수 있다.

프로쿨루스 학파: 이 단계는 항상 만 7세로 시작된다. 이유: 인간의 법질서는 역법(曆法)에 따라 행위능력의 시작을 결정하는데, 법질서는 규칙적 명확성을 필요로 하기 때문이다.

〈2〉 형식적으로 제한되지 않은 행위능력

사비누스 학파: 이는 구체적인 성숙기, 즉 각 개인에 따라 더 일찍 또는 더 늦게 나타나는 성적 특징과 함께 시작된다. 이유: 성적 성숙기 도달과 함께 '자연'이 개별적인 인간을 하나의 사회적인 존재로 만든다. 사회적 존재로서 그는 자신에게 의무를 부과하는 상당히 높은 가치들에 의해 규정된, 자신의 동료시민(Mitmenschen)들과의 다양한 관계를 파악할 수 있다.[29]

프로쿨루스 학파: 행위능력은 12세 또는 14세에 (즉 남성의 경우 획일적으로 2년 늦게) 시작된다. 이유: 성숙기가 중요하지만 인간에 의해 만들어진 법은 일률적이어야 하며 수많은 개인적인 차이들을 고려하지 않고 행위능력의 시작을 명확하게 정해야 한다.

---

29) 주해 43번.

〈3〉 실질적으로 제한되지 않은 행위능력

당사자가 '미성년'으로 인해 불이익을 받는 모든 거래에 대해 정무관에 의한 '원상회복'(in integrum restitutio) 조치를 얻지 못할 때 시작된다. 이는 오래된 법률인 플라이토리우스 법(lex Plaetoria. 기원전 193~192)에 의하여 만 25세부터 일어난다. 이 법률은 미성년자로부터 과도한 이득을 취한 것을 이유로 원상회복과 더불어 형사절차를 도입했다. 피해자에게 손해를 배상할 벌금을 부여한 형사절차가 이 법률에 필요했던 이유는 정무관이 선택한 '원상회복'은 25세 미만의 남녀(minor viginti quinque annis)에게 손해를 끼쳤던 자가 (미성년자의 채무이행을) 소구한 경우에만 미성년자를 보호했기 때문이다.[30]

이 25세라는 나이는 선인(先人)들(maiores)의 법적 믿음에 포함된, 비밀로 여겨진 '경험칙'을 역법에 따라 실정화한 것으로서 가장 오래된 것이다. 이 경험칙에 따르면 인간의 생애에서 대략 7년마다 어떤 중요한 일이 벌어진다. 처음 두 번의 7년에는 먼저 자기 이익의 이성(理性) 형태, 그 다음 이타적 사회성의 경향을 부여한다. 이어서 인간이 이 두 가지 서로 모순되는 이성 능력을 올바른 방식으로 절제하고, 그리하여 자기 책임하에 행동할 수 있는 기본적인 능력이 인간에게 부여될 때까지 두 번의 7년이 뒤따른다.[31]

---

30) 주해 44번.
31) 주해 45번.

여기서 7-13-19-25라는 놀라운 순서는 로마인들이 (아마도 피타고라스의 영향으로) 옛날부터 종교의식에서 순차적으로 도래하는 기간들을 계산할 때도 사용했던 방식, 즉 전 단계의 마지막 기간을 다음 단계에[32] 포함시키는 방법에서 나왔다. 1은 수를 세지 않고 각 대상, 이 경우에는 기산일(起算日)을 결정한다. 이에 따르면 기간의 마지막 날은 항상 새로운 기간의 첫날이었다. 두 번의 3일이라는 기일에 초대된 자는 5일째에 와야 하고, 6일째에 와서는 안 된다.

4. 대물변제

금전 채권자가 채권의 만족을 위해 금전 대신 물건을 수령한 경우 어떤 효과가 있을까?

사비누스 학파: 채권은 변제로 소멸된다. 이유: 필요를 충족시키고 최상의 자연적 재화 분배를 추구하는 질서에서 변제는 채권자를 만족시키는 것을 뜻한다. 따라서 무엇을 채권의 만족으로 인정할 것인지 결정하는 것은 채권자 소관이다. 그리고 그를 만족시키는 것은 변제이다.

프로쿨루스 학파: 채권은 소멸되지 않는다. 이유: 변제는 합의된 급부계획의 정확한 실현을 요구한다. 물론 급부계획에서 벗어나는 것에 대해 동의한 후에도, 다시 변제를 요구하는 자는 법정관법상의 항변에 부딪히게 되는데, 이 항변은 그의 행위, 즉 사실(factum)을 [자연적 형평

---

32) 역주: 역자의 보충임.

(naturalis aequitas)에 의거하여] 평가하고, 그의 모순된 (따라서 악의적인) 행태를 비판하며 소송을 기각한다.

5. 악취물(res mancipi)에 속하는 동물

소유권 양도를 위해 악취행위(握取行爲. mancipatio^{WP})가 필요한 동물은 무엇인가?

사비누스 학파: 송아지, 말, 노새 및 당나귀 등 출생 시부터 악취행위가 필요한 동물에 속한다. 이유: 법 규칙은 자연적 사실에 기반을 두고 있다. 신성한 자연은 이 동물들이 우리에게 봉사하길 원한다.

프로쿨루스 학파: 비로소 길들인 때, 즉 짐을 싣거나 수레를 끄는 가축이 되는 경우에 그러하다. 이유: 법 규칙은 문명적인 사실관계에 질서를 잡는다. 사람들은 이러한 동물들을 길들여 가축으로 만듦으로써 이 동물들이 그들에게 봉사하도록 만든다.

V. 서로 대립하는 학설들의 공통 원칙

이러한 논쟁들 및 기타 논쟁들은, 오늘날 역사법학파 전통에 따라 거의 철두철미하게 여전히 신뢰하듯이, 학파들이 가능한 한 적은 노력으로 특별한 견해를 통해 자신의 특색을 나타낼 목적이 있었던 것이 아니다. 오히려 이 논쟁들은 학파 간 논쟁이 공화정의 전사(前史)로 설명되는 일관된 원칙을 가지고 있다. 프로쿨루스 학파는 도처에서 세르비우스의 전통에 따라 형식적이고 규칙적인 법을 원한다. 사비누스 학파는 섭리를 따르는 고전전의 자연법을 받아들이며 이 자연법 분야에서는 어디서든지, 의미를 갖는 원리에 의해 지배되는 법을 대변한다.

따라서 프로쿨루스 학파는 징표를 가진 개념들을 도처에서 가르친다. 이 징표들이 현실에서 존재하는지에 대해서는, 그 징표들이 이전에 인간들에 의해 상응하게 확정되었기 때문에, 사람들이 분명히 긍정적 또는 부정적 판단을 내릴 수 있다. 이에 반해 사비누스 학파는 의미를 갖는 자연원리들을 가르친다. 이 원리들은 인간에 의해서가 아니라 인간을 위해서 만들어졌고, 또 이 원리들은 어떤 상태가 주어진 의미 기준에 다소 부합할 수 있으므로, 예를 들어 관계들이 다소 합당할 수 있다고 하는 것처럼 원칙적으로 기계적인 포섭이 아니라 평가적인 접근만을 허용한다. 이러한 대립이 도처에서 증명될 수 있다는 것이 로마 사법의 매력과 내재적 생산성의 근거이다.

제4절 학파간 융합

I. 프로쿨루스 학파 입장

1. 켈수스(도미티아누스 치하)

켈수스(Celsus)는 문명화된 법질서의 정의라는 이념에 자연법 요소를 수용한다. 이것이 바로 그의 유명한 언명의 핵심적인 생각이다. 법은 선(善)과 형평(衡平)³³의 기예(ius est ars boni et aequi)이다. 이 관점에 따라 그는 타당하다고 보이는 모든 것을 원칙적으로 고전전 법에서 수용할 수 있었다. 켈수스의 같은 시대 사람인 네라티우스(Neratius) 및 그 후 파피니아누스(Papinianus. 150~212년경)에게서도 동일한 것을 관찰할 수 있다. 파피니아누스는 케르비디우스 스카이볼라(Cervidius Scaevola)의 제자인데 예리한 통찰력과 강인한 성격으로 고대 로마 법률가를 통틀어 가장 위대한 사람으로 통했다. 그는 황제 셉티미우스 세베루스(Septimius Severus)의 친구로서 그의 후계자인 아들들³⁴에 대한 일종의 후견인으로 선임되었고, 동생 게타를 살해한 카라칼라에 의해 처형당했다. 파피니아누스는 카라칼라의 행위를 국가이성(Staatsraison)의 원리에 따라 정당화하는 것을 거부했다. 오히려 그는 그런 행위를 정당화하는 것보다 형제를 죽이는 것이 더 쉽다고 천명했다. 물론 이는 황제를 낙인찍는 말이다. 그 배후에는 그가 법률가로서 정리한 이론, 즉 품격있는 사람에게는, 행하는 것이 도덕적으로 불가능한 것이 있다는 가르침이 있다.³⁵ 바로크 시대의 시인 그리피우스(Gryphius)는 『파피니아누스』³⁶(1659)라는 비극을 썼다.

---

33) 역주: 여기서 'aequi'를 저자는 'Rechtsmäßiges(합법적인 것)'으로 번역하나, 역자는 '형평'으로 번역하였다. 전자도 충분히 가능한 번역이나, 역자는 단어 자체에 초점을 맞추었고 또 저자가 위 '로마법의 지도적 사고들'의 모두(冒頭)에서 '공평한 규율들'(gleiche Regelungen)로 번역했음을 참고하였다.

34) 역주: 카라칼라와 케타.

35) 주해 46번.

2. 울피아누스(군인 황제 치하. 3세기 초)

울피아누스(Domitius Ulpianus)는 223년 황제의 친위대(praetoriani)에 의해 살해된 인물로서『학설휘찬』에서 약 40%의 단편이 채택되어 가장 자주 대표되는 법학자이다. 모든 생명체의 생물학적 자연법 이론, 켈수스의 방법론의 수용 그리고 같은 시대의 율리우스 파울루스(Julius Paulus)와의 대립을 감안하면 그는 후기 프로쿨루스 학파로 자리매김 될 수 있다. 파울루스와 울피아누스는 한번도 서로를 인용하지는 않았지만, 동일한 저작물, 즉『법학제요』(Institutiones)와 고시(edictum)뿐만 아니라 사비누스의『시민법』(ius civile)에 대한 대(大)주석서를 저술했다. 울피아누스는 다양한 견해들을 조정하는 재능이 있었다.

II. 사비누스 학파 입장

1. 율리아누스(하드리아누스 치하) 및
가이우스(마르쿠스 아우렐리우스 치하까지도 포함)

세르비우스(Servius)의 저작을 집중적으로 연구한 율리아누스(Iulianus)는 두 가지 획기적인 업적을 이루었다. 첫째로, 그는 하드리아누스의 위임을 받아 고시를 편집했다. 이로써 고시는 두 학파에게 구속력 있는

---

36) 역주: 원명은『용감한 법률가 또는 죽어가는 아이멜리우스 파울루스 파피니아누스: 비극』
 (Großmütiger Rechtsgelehrter oder Sterbender Aemilius Paulus Papinianus: Trauerspiel).

형태를 갖추게 되었다. 이 입법에 가까운 업적으로 인해 유스티니아누스는 율리아누스를 자신의 선구자로 여겼다. 둘째로, 율리아누스는 그가 이끈 학파의 자연법적 기본 사상을 유지한 채로 프로쿨루스 학파의 제도적 법이론의 주요 제도는 법형상(Rechtsfigur), 예컨대 매매와 급부교환계약의 경우 대가는 금전이어야 한다는 원칙과 가공(加工) 등을 수용했다. 율리아누스에게서 배웠고 그를 자주 인용한 사비누스 학파의 가이우스(Gaius)는 이에 입각해서 상당히 영향력 있는『법학제요』를 저술할 수 있었다. 명확하고 체계적으로 정리된 형상론(Figurenlehre)에 의해 의사론적 인격주의(Personalismus)가 유스티니아누스의『법학제요』에 영향을 미쳤고, 이것과 연결되는 근세의 입법들에는 지금까지 영향을 미치고 있다.

2. 파울루스(군인 황제 치하. 3세기 초)

파울루스는 그가 가르친 규범적 자연법, 율리아누스의 방법론 수용 및 같은 시대의 울피아누스와의 대립을 감안하면 후기 사비누스 학파로 자리매김할 수 있다. 파울루스와 울피아누스는 고전 시대의 회답권을 가진 법학자 중 마지막 두 거장이었다. 이는 그뒤 고전후 시대에 명의를 도용한 책『파울루스 견해록』(Pauli Sententiae) 및『울피아누스 견해록』(Ulpiani Opiniones)에도 여전히 영향을 미쳤다. 이 책들은 파울루스와 울피아누스의 저서가 아니지만, 두 학파가 고전후 시대에 미친 영향을 시사한다. 판단, 견해를 뜻하는 Sententiae와 Opiniones는 고전 시대에 회답권을 가진 법학자들의 구속력 있는 법적 견해를 나타내는 용어였다.

III. 절충설

학파 간 융합은 완전한 일치로 이어지지 않았지만, 지속적으로 광범위한 상호접근을 이루어냈다. 융합을 상징적으로 보여 주는 것은 특히 율리아누스 이후에 등장하는 절충설이다.

가장 유명한 절충설(media sententia)은 가공에 관한 것이다. (앞에서 언급했듯이, 애초에 가공을 부정하는 견해와 긍정하는 견해가 있었는데, 이 두 견해가 절충되었다) 새로운 물건이, 예를 들어 금괴로 만든 조그만 조각상의 경우처럼 가공된 재료를 되돌릴 수 있는 형상으로 보존한 경우 사비누스 학파의 이론이 적용된다. 이 경우 물건의 동일성이 유지되므로, 소유권 취득효과가 있는 가공이 인정되지 않는다. 그러나 예를 들어 포도로 만든 와인이나 가죽으로 만든 신발처럼 되돌릴 수 없는 경우에는 인간의 가공으로 새로운 물건이 만들어졌기 때문에 프로쿨루스 학파의 이론이 적용된다.

다른 절충설은 계약 이론에 관한 것이다. 이 절충설의 관점에서는 프로쿨루스 학파가 반대급부가 금전이어야 한다는 원칙을 따르는 급부교환계약들만이 소구가 가능하다고 본 것은 타당하다. 하지만 이 절충설은, 어떤 종류의 순수한 교환계약도 모두 교환의 한쪽 당사자가 먼저 이행(履行)한 경우, 예컨대 1필의 토지와 교환하려는 은제 혼합용 단지를 이미 양도한 경우, 소구할 수 있어야 한다는 점에서는 사비누스 학파를 따른다.

이러한 선(先)이행에 의해 성립하는 계약, 즉 현대에는 '무명(無名)요물(要物)계약'(Innominatrealkontrakt),[37] 이에 반해 고대에는 'Synallagma'

이라 불리는 계약에 기초하여, 선이행을 받은 상대방에 대한 이행청구를 위해 '전가문(前加文)이 붙은'(prascriptis verbis) 소권이 부여되었다. 먼저 이행한 자는 추가적으로 급부목적 부도달 또는 법적 원인 소멸로 인한 부당이득반환청구를 할 수 있었다(condictio ob rem 또는 condictio causa data causa non secuta. 독일 민법 제812조 제1항 제2문).[38] 이로부터 채무불이행을 이유로 한 계약해제와 손해배상청구를 선택할 현대적인 권리가 발전했다. 율리아누스가 이끈 후기 사비누스 학파의 전통은 선이행이라는 요건과 관련하여 소유권 양도를 요구했지만, 켈수스에서 시작되는 후기 프로쿨루스 학파는 상대방에게 점유를 제공한 것만으로도 충분하며, 이는 타인의 물건으로도 가능하다고 보았다.[39] 이 점에서 마지막까지 두 학파의 전통은 구별된다.

Ⅳ. 『학설휘찬』에 남아 있는 모순들

유스티니아누스 시대에 두 학파의 전통 사이에는 여전히 해결되지 않은 문제들이 많이 남았다. 따라서 유스티니아누스의 법전화의 명시적인 목표는 이러한 '내부 싸움'(proelii interni), 즉 유스티니아누스가 가르친 학파 간 다툼을 『학설휘찬』에 채록된 개소(個所)들에서 최종적으

---

37) 고전 법의 관점에서 법상 인정되는 계약 유형이 아닌 계약(그래서 이름이 없는, 즉 무명계약)으로서 한쪽 당사자가 상대방에게 먼저 이행한 경우(이런 의미에서 요물(要物. 물건이 인도됨)이라는 뜻.
38) 주해 47번.
39) 주해 48번.

로 제거하는 것이었다. 이는 발전된 법학을 기반으로 하여 이루어지는 모든 법전화 작업의 전형적 목표이다. 유스티니아누스는 자신의 목표를 완전히 달성하지는 못했다. 조화시키려고 무척 노력했지만 여러 모순들, 즉 『학설휘찬』 단편들의 진술 속에 논쟁 속의 모순들이 남아 있다. 이로써 유스티니아누스 황제는 문명법과 섭리를 따르는 자연법 사이에 서 있으면서, 동시에 실용적인 방식으로 정의를 추구하는 법질서의 팽팽한 긴장을 로마법에 남겼다.

제3부
사람(人) – 재산 – 소송에 의한 보호

고전 법 및 고전전(前)의 예외와 태초의 정주기(定住期)를 통한 지속적인 영향

제6장
사람(人)

제1절 법체계에서의 사람 개념

I. 개념의 기원

'persona'이라는 개념 및 단어는 고전 법학에서 '사람'(Mensch)을 가리킨다. 이 표현은 그 문화인류학적인 의미로 인해 중요한 지위를 갖는다. 이것은 동시에 두 가지, 즉 사회적 정체성과 사회적인 역할 연기(演技)를 의미한다. 사람은 그의 얼굴을 통해 다른 사람들에게 인식된다. 사람은 다른 사람들과 대화할 경우 자신의 얼굴을 그들 쪽으로 돌린다. 고전전(前)의 자연법 시대에는 인간을 '머리'(caput)로 표현했는데, 이는 동일한 생각을 영혼이 깃들어 있는 인간의 신체에 적용한 것이다. 이런 생각에서 '머리'는 우리가 타인에 의해 인식되는 형상을 뜻했다[1](caput, cuius imago fit, unde cognoscimur). 이로써 머리(caput)가 법에서 사람의

---

1) Paulus 3 quaestionum D 11, 7, 44.

지위²를 나타내는 비교적 오래된 전문용어들도 설명된다. capitis de-minutio maxima, media, minima와 같은 법률용어는 사람의 법적 지위(두격. 頭格)의 감소 등급을 대·중·소로 나눈 것인데, 순서대로 자유와 시민권의 상실, 시민권 상실, 가족에서의 지위 변경 등을 가리켰다. 또한 호구조사에서 이 법적 지위 조사대상이 되었던 무재산(無財産) 자유시민(capite censi)을 지칭할 때도 사용되었다.

이에 비해 '사람'(persona)이라는 개념은 원래 극장계에서 비롯되었고, 그리스어[πρόσωπον(prósōpon)]를 기원으로 하여, 사람은 '가면'을 의미한다. 이것은 법질서를 인간의 창조물로 파악하는 고전 법이 상정하는 법형상(Rechtsbild)의 특징이다. 철자의 강한 변형은 이 단어가 에트루리아를 통해 전해진 데 기인한다. 머리(caput)와 사람(persona)이라는 두 용어는 같은 대상을 가리키지만, 그들은 본질적으로(von Natur aus) 의미 있는 존재와 공생(共生)에서 두드러지는 형상 사이의 관계로 이해할 수 있다.

"'그녀는' 지하의 여신 프로세르피나(Proserpina),³ '네 머리에서 가면을 벗겨낼 것이다'(personam capiti detrahet illa tuo)"(Martials 3, 43)와 "모든 세상은 하나의 무대이며, 모든 남자들과 여자들은 배우일 뿐이다, 그들은 등장하고 퇴장한다"[셰익스피어의 『당신이 원하는 대로』(As You Like It) Ⅱ, 7]라는 문장이 이를 잘 나타내고 있다.

2) 주해 49번.
3) 역주: WP 참조.

II. 이 개념의 의미

 법은 인간, 즉 사람들(Personen)을 위해 창조되었다. 이를 『법학제요』 체계의 3요소, 즉 사람, 재산 및 소권(訴權)을 뜻하는 persona, res, actio 가 보여 준다.

 본질적으로 모든 인간은 언어능력과 이성적 판단능력을 가진 존재로서 사람이다. 이는 노예에게도 동일하게 적용된다. 고전 법의 속성이론(Attributenlehre)에 따르면 누군가를 인간으로 만드는 것은 본인 자신의 육체(corpus)에 대한 지배와 판단이 가능한 의식(animus)[4]이다. 노예들이 자연에 반하여(contra naturam) 타인의 점유와 지배를 받는다고 하더라도 이것을 빼앗기지 않는다. 다만, 이는 노예 스스로가 점유와 소유권을 취득할 수 없게 할 뿐이다. 이런 의미에서 그들이 '시민의 임무'(civilia officia)을 수행하지 못하는 것은 판단력이 부족하기 때문이 아니다. 그들은 사실 판단력이 있다고 여겨지나, 이성에 얽매지 않고 선조들의 의사를 근거로 한 '관습법'(mos maiorum) 때문이다. 따라서 세르비우스가 강조하여 가르쳤듯이, 노예들은 유효한 행위를 할 수 있으며 심지어 다른 사람의 채무를 자신이 인수할 수도 있다.[5] 노예는 법정에서 해명하지 않아도 되며 − 만약 그래야 한다면 이는 '시민으로서의 의무'(civile officium)가 될 것이다 − 책임질 재산도 없다는 점 때문에 채권자가 재산적

---

4) 주해 50번.
5) Gaius III 179.

손실을 보게 된다는 점에 대해서 세르비우스는 논박하지 않았다.

종종 일어났듯이, 노예가 자신에게 관리운용을 위해 맡겨진 특유재산(peculium)을 관리하면서 채무를 부담한 경우, 세르비우스는 고시에서 부여할 것을 약속한 소권 방식서를 다음과 같이 분명하게 구분한다. 채무를 권리의 근거로 언급하고 어떤 사람(Person)에 대한 소권으로 만드는 방식서 부분에서는 노예가 채무자로 언급된다. 왜냐하면 노예는 법이성(ratio iuris)의 규율에 따르면 스스로 채무를 부담한 자이기 때문이다. 반면, 심판인에게 판결을 내릴 것을 명하는 방식서 부분에서는 해당 건에 피소된 '주인'을 대상으로 했고, 주인은 특유재산의 법적인 권리자로서 그 관리를 노예에게 맡긴 이전의 행위를 이유로 사실에 기하여(in factum) 책임을 졌다.

세르비우스의 경우 노예의 채무부담능력이 정당화될 수 있었던 이유는 이성적인 인간으로서 노예에게는 자신의 신체에 대한 박탈할 수 없는 자유권이 여전히 남아 있기 때문이었다. 따라서 그가 극단적인 경우에 절망으로 인해 스스로를 해친 경우, '주인'은 고전적인 고시의 법에 따라 이를 모든 사람에게 허용된 행위로서 수용해야만 했다. 그리하여 노예의 채권자에 대해 주인은, 불가피하게 지출한 치료비에 대해 마치 노예가 특유재산의 일부인 것처럼 주인의 책임한도를 결정하는 특유재산의 가액에서 공제할 수 없었다.[6]

고전 법에서 보장된 자연인의 중심적 지위는 소유물반환청구 모델

---

6) 주해 51번.

의 확장으로 이해될 수 있다. 평화로운 원(原)정주지(Ursiedlung)의 *ven은 법적으로 질서가 잡힌 인류의 인격체(Person)가 된다. 이 새로운 모델의 사람(人)은 '법적 자기주장'과 '폭력 금지'라는 상호보완적인 원칙에 따른다. 즉, 법적 수단에 의해 보장된 '자기주장'은 폭력에 의한 자기주장에서 해방되어 있기 때문에 실질적 자유의 활동공간을 확대한다.

이 확장된 모델은 하나의 '실용적인', 즉 행위를 지도하는 가치들을 포함하는 윤리를 바탕으로 한다. 이 윤리는, 사람의 모든 의식(animus)에 맹아적으로 내재되었다가, 사람들을 문명으로 이끄는 설득과정에서 발현되는 여섯 가지 행동원칙을 구분한다. 하지만 인간의 법에서 그것은 다섯 가지이다. 이 중심에는 '소유물반환청구(vindicatio) 모델'과 언어적으로 연관된 '소유물반환청구'(vindicatio)의 가치가 있다. 소유물반환청구는 자신의 권리들을 방어하고 다른 사람과의 접촉에서 '보답하는'(vergeltende) (교환하거나 처벌하는) 활동을 함으로써 자신을 주장하는 것이다. 이에 앞서 pietas(특히 부모와 자녀 간의 사랑)와 gratia(감사)가 있으며, 그다음에는 우월한 자에 대한 존경(observantia)과 사람들이 과거, 현재, 미래에 대해 말하는 모든 것에 대한 진실성(veritas)이 따른다. 후자(veritas)는 약속을 지킬 의무, 즉 약속을 이행하거나 실현할 인간적 신뢰(fides humana)를 기초로 한다.

이 법윤리를 실정적 규율 형태로 구현하는 것은 고전적인 고시의 과제이다. 이 다섯 가지 가치의 앞에는 신법(ius divinum)의 기본 가치인 종교(religio)를 두었다. 이것은 알 수 있는 것과 예견할 수 있는 것을 초월하고 다양한 실정적인(positiv) 종교들에서 표현되는 것에 대한 숭배감정[7]이다.

현행법에서도 자연인은 그 중심에 있다. 독일 민법 제1편 제1장 1절 '자연인…,' 제1조 "사람의 권리능력은 출생과 더불어 시작한다" 및 헌법 제1조 제1항 "인간의 존엄성은 침해할 수 없다," 제2항 "그것을 존중하고 보호하는 것은 모든 국가 권력의 의무이다," 제2조 제1항 "모든 사람은 다른 사람의 권리를 침해하거나 헌법합치적 질서나 도덕률에 위반하지 않는 한, 그 인격을 자유롭게 발현할 권리를 가진다," 제2항 "모든 사람은 생명과 신체가 완전할 권리를 가진다. 개인의 자유는 침해할 수 없다," 제3항 "이 권리들은 법률에 의해서만 침해될 수 있다," 제3조 제1항 "모든 사람은 법 앞에 평등하다," 제2항 "남성과 여성은 평등하다," 제3항 "누구도 성별로 인해 … 차별받거나 우대받아서는 안 된다."

오늘날 모든 사람은 필연적으로 권리의 면에서도 인격을 가지며, 따라서 법적인 권리 능력이 있다. 그럼에도 이 개념이 불필요한 것은 아니다. 이 개념에 내포된 요청, 즉 모든 사람은 법에 의해 사람으로서 인정받아야 한다는 것은 그것이 현재 충족된 것으로 보인다고 해서 중요하지 않은 것은 아니다. 그러한 견해는 경험들이 가르쳐 주듯이 경솔하다.

인격(Persönlichkeit)은 사람(Person)의 형식적인 권리능력과는 달리 인간의 도덕적 및 사회적 의미를 나타낸다. 이는 현행 법질서에서 하나의 과제, 즉 그 과제의 조건들이 '인격을 자유롭게 발현할 권리'[8]로서 헌법

---

7) 주해 52번.
8) 독일 기본법 제2조 제1항.

으로 보장된 과제를 나타낸다.

III. 법인

공법적 및 사법적 단체는 경제생활에서 큰 역할을 하며, 종종 사법상 주체인 자연인보다 더 큰 역할을 한다. '법인'이라는 개념은 19세기에 이르러서야 관철되었는데, 그 전에 프랑스에서 보존된 '도덕적 인격'(persona moralis)이라는 표현에 대항하여 등장했다. 고전 법학자들은 조심스럽게 "자연인 대신 기능하다"(personae vice fungi)라고 말했는데, 그들에게는 오직 인간에게만 인격(人. persona)이 있다고 생각했기 때문이다. 반면에 오늘날 독일 민법 제3조는 "모든 자연인은 소비자이다"라고 규정하고, 제14조는 "사업자는 자연인 또는 법인 등이다"라고 정의한다. 고전전 시대의 이론은 지방자치단체(Gemeinde)와 조합(Gesellschaft)의 법인격을 단체법적으로 정당화하면서, 그들의 구조에 대해서 유기체와 유사하며 따라서 행위능력 있는 단체(corpus ex distantibus)로 설명했다. 이에 반해 고전 법 이론은 그들을 여러 개별 인격의 집합(universitas singulorum)으로, 즉 인위적으로만 행위능력을 부여받을 수 있는 어떤 사고형식으로 해석했다.

사비니는 그 의제설과 함께 고전 법의 견해에 합류한 반면, 오토 폰 기르케의 실재적 단체 인격설은 고전전의 이론에 부합했다. 브린츠[WP]의 목적재산설은 유용한 보완을 제공했다.

IV. 인격 개념에서의 평등 원칙

인격 개념에는 성별 차이가 없다. 인격은 성별과는 무관한 사람을 의미한다. 이것이 어떤 사상가의 업적임을 보여 주는 생생한 예가 하나 있다. 고전전의 법에는 여자를 상속법에서 불리하게 다루는 이론이 유입되었다. 그리스 자연철학 이론에 기초하여, 여자는 혈족관계가 아니라 '자궁의' 관계, 즉 동일한 출산장소에 터를 잡은 친족관계로 연결된다고 주장되었다. 이 이론은 이미 아이스퀼로스(Αἰσχύλος Aischýlos)의 「오레스테이아」(Ορέστεια)[9]에게 영향을 미쳤다. 오레스테스는 어머니를 죽였지만 혈족을 죽인 것은 아니었다는 이유로 무죄 판결을 받을 수 있었다. 로마에서는 이런 자궁만의 친족관계라는 이유로 상속법상의 불이익이 정당화되었다. 즉, 법정상속 순위에서 숙부와 남자조카가 상속받는 경우에는 고모와 여자조카는 할아버지 다음에도 추가로 상속받지 못했다.[10] 그러나 딸들은 아버지의 씨앗으로 창조된 생명체인 '혈족'(consanguin)으로 통했다. 그럼에도 딸은 아들과 달리 명시적인 거명 없이도 상속에서 배제될 수 있었다.[11]

고전 법은 그 생물학적이고 이성적인 자연이론 및 모든 사람을 위해

---

9) 역주: 아이스퀼로스의 비극 3부작으로서 『아가멤논』, 『제주(祭酒)를 바치는 여인들』, 『자비로운 여신들』이 포함되어 있음. 살해된 아버지 아가멤논의 복수를 위해 어머니 클뤼타임네스트라를 죽임.
10) Inst. 3, 2, 1 이하.
11) Inst. 2, 13, 1.

만들어진 문명법으로서 도처에서 남녀평등을 실현했다. 고전 법은 터무니없는 혈통이론은 폐기하였지만, 그에 기초한 법규는 (당시 세계에서는 유용한 실정법인) 조상들의 관습법 – 이는 그 자체로서 자연적 이성에 얽매이지 않는다 – 으로 견지했다. 비로소 유스티니아누스가 기독교적 관점으로 이 법의 마지막 흔적들을 폐지함으로써, '인간 번식에서 두 성별 모두가 자연적 과제를 동일하게 수행한다는 이유'(quia utraque persona in hominum procreatione similiter naturae officio fungitur)[12]를 근거로 독일 연방헌법재판소에서도 유지되었을 법한 상속법을 창조했다.[13]

V. 형식적 인격 개념의 가치

여기서 푸흐타(Puchta)의 평가 하나를 원문으로 인용한다.[14]

"…법은 평등을 향해 나아가는 특징이 있다. 평등은 사물에 대한 법적 견해에는 엄격하고 차가운 인상을, 부드러운 상상 및 유희하는 감정의 쾌락에는 불편한 느낌을 줄 수 있다. 법에서 인간 존재의 다면성이 색깔 없는 인격 개념으로 응축된다. 법은 풍부한 외부 자연(Reichtum der äuβeren

---

12) 주해 53번.
13) Inst. 3, 2, 36; 2, 13, 5.
14) Puchta, Geschichte des Rechts bey dem römischen Volk mit einer Einleitung in die Rechtswissenschaft, Cursus der Institutionen I, 5. Aufl, besorgt von Rudorff, 1856, 19면.

Natur)을, 평등하게 만드는 물건 개념으로 단조롭게 만들며, 사람들 사이의 무한하고 다면적인 교류 전체에 대하여 법에서는 청구권과 채무 같은 개념으로 충분하다. 그러나 법은 그 과실(果實)들에 따라 평가되고자 한다. 이 차갑게 느껴질 수 있는 덮개 아래에서는 따뜻한 삶이 모든 다양한 형태로, 방해받거나 억압받지 않고 지원과 보호를 받으며 움직인다. 열광적인 감정에게 무척 다양한 존재의 풍요로움을 빼앗은 강도(强盜)로 등장하는 것은 바로 개성의 소멸을 막는 요소이다. 법질서는, 숲의 무성한 혼돈 속에서 서로 질식시키겠다고 위협하는 나무들과 덤불들을 정리하고 밝히는 지성(知性)에 비교될 수 있으며, 그[=지성의] 활동은 때때로 유치한 불만을 불러오는 것을 피하지 못한다."

제2절 노예제

I. 노예제의 기원

12표법 시대에 노예제는 여전히 귀속(Gehörigkeit)에 더 가까운 성질을 가졌다. 노예는 'servi'('봉사하다'는 뜻의 'servire'에서 파생)라 불렸으며, 가(家)경제 내에서 가자(家子. 가부권에 복속하는 자식)들과 다를 바 없이 일했다. 이들도 '자유롭지' 않았고 노역의무가 있었다. 그들이 가(家)에서 할 일이 없었을 경우에는, '예속상태'로(인 채로) 세 번(즉, 매번 기한을 정해) 팔릴 수 있었다.[15]

노예제의 합법성에 대한 논란은, 모든 인간이 본래 자유로운 존재라는 인식과 함께 시작되었다. 이 논의는 사람들이 호메로스로부터 알고 또 로마에서 오랫동안 지배적이었고 상대적으로 관대한 가내 노예제에 더해 대규모 노예제가 '플랜테이션'(대규모 농장경영)과 광산업 및 수공업에 등장함에 따라 심화되었다. 도시노예와 농촌노예의 차이는 매우 크게 벌어지게 되었다. 도시노예들을 농촌으로 내모는 것은 도시노예들에게는 가혹한 벌이었다. 노예제는 그리스인과 야만인(아리스토텔레스)의 구별에 의해, 단순하게 비하적인 분류(예컨대 이미 호메로스는 그리스어로 '인간 족류'(族類). Andrápodon)[16]에 의해, 혹은 농업설비를 '말할 수 있는 도구'(instrumentum vocale. 노예), '말할 수 있는 것에 준하는 도구'(instrumentum semivocale. 가축) 및 '말할 수 없는 도구'(instrumentum mutum. 쟁기, 수레)로 분류함으로써 정당화하는 것이 시도되었다. 공적 언어에서 '정치적 올바름'(political correctness)을 추구하는 오늘날에는 이러한 용어들(Sprachformen)에 숨어 있는 가치판단 및 정당화에 대해서 우리는 더욱 섬세하며 때로는 과민한 귀를 갖고 있다.

II. 고전전(前)의 견해

노예는 인간의 교류사회(menschliche Verkehrgesellschaft)의 구성원이다. 스토아 철학자 크리시포스가 노예의 법적 지위를 '평생 임금노동

---

15) XII tab. IV 2.
16) Inst. 3, 23, 2. 참조.

자'(mercenarius perpetuus)로 규정한 것은, 처음에는 신의(Fides)에 의해, 나중에는 신의성실(Bona Fides)에 의해 지배되는 고전전 시대의 노무계약과도 일치했다. 이 계약은 고전 시대의 그것과는 달리, 대가가 금전이어야 함을 요구하지 않았으므로, 주인의 의식주 제공이 근소하게 보일지라도 노무에 대한 대가로 분류될 수 있었기 때문이다. 그러나 고전 시대의 노예는 그런 유형의 권리를 주장할 수 없었다. 노예는 소유권에 종속되어, 자연법에 합법적으로 부가된 것들 – 이것들은 시민법(Ius civile)으로 간주되었다 – 에 참여하지 못했으며, 따라서 법정에 출두할 능력도 인정되지 않았기 때문이다. 반대로 법이성은 그에게 자신의 지위를 파악하고 자신을 주인의 재산 중 일부로 이해할 것을 요구했다. 이런 방식으로 고전전 법학은 도망간 노예는 자신을 주인으로부터 '도둑질'한 것이며, 따라서 그 노예를 선의로 점유한 사람에 의해 점용취득될 수 없음을 정당화할 수 있었다.

고전전 시대 전기(前期)의 이론은 노예 주인이 해상위험 발생 시 배의 하중을 줄이기 위해 값비싼 말 대신에 노예를 바다에 던지는 것에 대해, 노예 자신이 이성적인 인간으로서 '이해'할 것을 기대하기도 했다.[17]

당시 팽배하던 소유권의 엄격성은 전쟁법적 어원에서 잘 드러난다. 즉 'servus'는 이제 '봉사하다'(servire)가 아니라 전쟁에서 살해할 권리를 배제하는 '보호하다'(servare)에서 유래되었다고 해석되었다.[18] 이로

---

17) 주해 54번.
18) Inst. 1, 4, 3.

써 노예제의 기원이 전쟁과 연결되었으며, 이는 가(家)에서 태어난 노예의 중요성에도 불구하고 현실적으로 부정할 수 없었다. 또한 이는 어떤 사람도 노예가 되는 불행을 당할 가능성이 있음을 의미했다.

III. 고전적 견해

법적 형태로서 노예제도(servitus)의 기원은 무법 상태에 살던 개인들이 국가 상태로 공동으로 진입하는 시기, 즉 '대협약'(Große Conventio)과 맞아떨어진다. 왜냐하면 자연 상태에서 폭력적으로 다른 사람에게 점유되었던 사람들이 그때부터 다른 사람의 소유로 넘어갔기 때문이다. 이는 그들의 전체적인 인격을 포함하는 것이었다.

이로부터 두 가지 법리가 도출되었다. 첫째, 노예는 점유의 대상이므로, 자신의 점유자를 위해서 점유를 획득할 수 있을 뿐이고, 노예는 그에 대한 점유가 지속하는 동안에는 결코 자신을 위해 점유를 취득할 수 없었다. 증여나 유언에 의해 노예에게 재산이 출연(出捐)된 경우 그 소유권 취득은 노예의 주인에게 일어난다. 노예에게 맡겨진 특유재산[19]의 관리와 관련해 발생한 소유권취득의 경우에도 동일한 법리가 적용된다.

---

19) 역주: 주인이 노예에게 영업을 통한 재산증식을 위해 관리를 맡긴 재산. 법적으로는 주인의 재산이었으나, 실질적으로는 노예의 재산으로 인정되기도 하였다. 주인의 노예의 거래상 채무에 대해 특유재산 가액 한도로 변제할 책임을 부담하였다. 채권자는 주인으로 상대로 특유재산소권(actio de peculio)으로써 소구할 수 있었다. 아래 188쪽 참조.

두 번째 원칙은 노예는 그 지위로 인해 자신의 재산을 돌볼 시민적 의무(civile officium)로부터 차단되었다는 점에서 도출된다. 그는 타인, 즉 그의 주인을 위해서만 재산을 돌볼 수 있었으며, 이것은 이성을 지닌 존재로서 원칙적으로 제한 없이 이루어졌다. 이러한 제한이 권리의 취득 효과에만 적용되었다는 사실은, 세르비우스의 학설에 따라 노예가 완전한 효과를 가지는 채무를 스스로 부담할 수 있었다는 점으로부터 알 수 있다(Gaius III 179). 고전적 점유의 경우에는 노예가 스스로 점유를 취득할 수 없다는 것은 자연주의적으로 정당화되었다. 즉 고전적이고 순수하게 사실적인 개념인, 노예에 대한 주인의 점유는 노예 자신이 취득하는 모든 것을 필연적으로 포함하며, 따라서 그것에 대한 점유를 성립시켰다. 노예가 도망갈 경우 그에 대한 점유 그리고 이와 함께 그 주인한테 유리한 법적 효과도 끝이 난다. 야생동물은 도망가면 그에 대한 소유권도 끝나는 반면, 도망간 노예는 지적(知的)으로는 법질서에 완전한 참여를 하는 이성적인 인간으로서 – 따라서 노예는 특유재산의 관리인으로서 매우 가치가 있기도 했다 – 주인의 소유권으로부터는 벗어날 수 없었다.

이에 반해 고전전 이론에 따르면 주인의 자주점유뿐만 아니라 용익역권자의 자연법적 점유는 자기 자신에 대한 절도로 규정된 노예의 도망으로 인해 영향을 받지 않았다.[20]

---

20) 주해 55번.

IV. 노예 정책

한편 기원후 10년, 실라누스 원로원 의결(Senatusconsultum Silanianum)이라는 테러법이 제정되었다. 즉 살해된 주인과 한 지붕 아래에 있었던 모든 노예는 목숨을 걸고 주인을 구하려고 했음을 증명하지 못하면 처형되었다. 이 잔인한 규범의 효력에 대해서는 한번도 의문이 제기되지 않았으며, 이 규범은 오히려 반복적으로 세심하게 논의되었다.[21] 기원후 61년, 이 규정이 적용되어 거의 400명의 노예가 처형되었을 때, 사비누스 학파의 공동 창립자인 가이우스 카시우스 롱기우스(G. Cassius Longius)는 곧 이것을 오래된, 즉 확실히 고전전의 관습법이라고 옹호했다. 이 테러법을 이렇게 강조하면서 관습법으로 분류한 것은 실라누스 원로원 의결에 기존의 관습법을 확인하는 역할을 부여했던 것인데, 믿을 만하다. 고전전 시대 전기(前期) 법의 자익(自益) 영역은 '인도주의'에 기초한 의무가 존재하지 않았기 때문이다.[22]

다른 한편 황제들, 특히 입양된 황제들(마르쿠스 아우렐리우스, 안토니누스 피우스)은 원수정을 처음부터 각인한, 자연법적 인도주의적인 경향(Vorzeichen) 아래 노예 보호법을 발전시켰다. 즉 자신의 노예를 학대한 자는 그들을 매도해야 했다. 이 규정은 타당하게도 인법(人法)으로 분류되었다.[23] 게다가 신탁유증에 의해 해방된 노예(이하 해방된 노예)는 아우구

---

21) 역주: 후에는 살해된 자의 처 소유 노예에게도 적용되고, 처벌될 노예의 매각도 금지된다.
22) 주해 56번.

스투스 이래로 자신의 주인을 상대로 자유를 부여할 것을 소구할 수 있었다(V 4, 제3부 제7장 제1절 VIII 1 참조). 결국 마르쿠스 아우렐리우스는 노예들이 '자신의' 돈으로 자유를 살 수 있도록 허용했다(V 4 참조).

V. 해방 형식[24]

1. 호구조사에 의한 해방(manumissio censu)

노예 해방은 '손으로부터'의 해방으로 생각되었다. 손은 인적 지배를 상징했기 때문이다. 로마에서 노예 해방은 초기부터 중요한 역할을 했다. 가장 오래된 형태는 아마도 호구조사에 포함시키는 것이었을 것이다. 호구조사를 위해서는 일찍이 별도의 정무관직으로 감찰관(Censor. 호구총감으로도 번역됨)직이 창설되었는데, 호구조사는 5년마다 모든 시민들 및 그 권리들을 대상으로 하여, 희생제물을 바침으로써 정화(淨化)하는 정결례(淨潔禮. lustratio)라는 의식(儀式)에 의해 이루어졌다. 주인이 시민의 호구 조사에 등록시킨 노예는 호구조사 정결례의 거행으로 자유를 얻었다. 일부 법학자들은 주인의 등록만으로도 충분하다고 봤다. 이것은 법률효과를 권리자의 의사에 따르게 한 것이며, 법률효과를 어느 정도 세속화하면서 의식에서 분리하였다. 호구조사에 등록되

---

23) Inst. 1, 8, 2.
24) Inst. 1, 5 pr.-§ 3.

지 않은 시민은 노예로 팔렸다. 이러한 태고의 양 법규에서 호구조사는 자유를 부여하고 보장할 뿐만 아니라 자유의 조건이기도 한 하나의 우주였다.

2. 권장(權杖)에 의한 해방(manumissio vindicta)[25]

이 방식의 해방 행위는 정무관 앞에서 이루어지며, 노예는 *ven, 즉 자유인인 동료 시민이 막대기(권장)를 노예 신체에 댐으로써 상징적으로 '수여'(Belehnung) 받았다. 막대기(vindicta)를 몸에 대는 것은 기사 작위 수여의식처럼 자유 부여를 의미한다. festuca로도 불리는 이 막대기는 소유물반환청구 모델에서 자유인인 공동체 구성원이라는 지위의 오래된 상징이었다. 원고가 소유물반환청구한 목적물에 대는 막대기는 사법(司法) 정무관 앞에서 소유물반환청구(vindicatio)를 할 권리를 상징하였다. 이 매우 오래된 해방 행위는 나중에는 간소한 형식만을 요구했다. 주인은 예컨대 목욕탕에 가는 정무관에게도 노예의 해방을 요청할 수 있었다.

---

25) Inst. 1, 5, 1.

3. 유언에 의한 해방(manumissio testamento)[26]

유언으로 해방된 노예는 직접 유언의 효력, 즉 피상속인의 사망으로 인한 상속 개시, 지정상속인의 상속 승인에 의해 자유로워졌다. 해방은 예컨대 재산관리정산의 보고를 조건으로 부여될 수 있었다. 상속인이 정산보고의 수령을 거부하면 조건이 성취된 것으로 간주되었다.[27]

이러한 유언에 의한 해방에 대해 제정(帝政)기에는 해방할 수 있는 노예의 상한을 정하는 법률들이 있었다. 사람들은 해방할 노예들의 이름을 원 형태로 기록하여 이를 회피하려 하였다. "자유가 부여됐는지 의심스러운 경우 자유를 우대한다"(favor libertatis)라는 로마의 원칙 덕분에 '상한을 초과하는 자들'을 가리는 것은 어렵거나 불가능했다. 이런 방향의 모든 시도는, 자유가 우대되어야 한다는 원칙을 침해하지 않을 수 없었다. 그러나 마지막에는 그런 식으로 해방된 노예 가운데 누구도 자유를 얻지 못한다고 결정되었는데, 그 유언처분 전체는 법률의 취지와 목적의 좌절을 시도하는 것이므로 무효화되었다.[28] 실제로 둥근 원의 형태로 해방할 노예를 기록하는 것은 해방된 노예 수의 상한을 정한 법률문구가 적용될 수 없도록 만들었고, 이는 라틴어 전문용어인 fraus legis(법률의 침해)에 의해 포착되나, 그의 번역인 'Gesetzesumgehung'(탈

---

26) Inst. 1, 5, 1.
27) 독일 민법 제162조 1항 참조.
28) Gaius I 46 참조.

법행위)에 의해 포착되지는 않는다.

4. 사망 원인의 무방식[29] 요청(manumissio fideicommissi)[30]

상속인 또는 신탁수유자에게, 상속으로 취득한 노예 또는 다른 노예를 해방하거나 어느 누군가에게 일정한 급부를 하라는 무방식의 요청은 아우구스투스 이래로 자연법적인 모델과 확신에 따라 이행되어야만 했다.[31] 그러나 통상 적용되는 법원리들(ius ordinarium)에 저촉하지 않도록 하기 위해, 집정관 앞에서의 특별한 법적 절차가 마련되었다. 이처럼 무방식의 요청에 의해 해방된 노예는 여기서 소구(訴求)할 수 있었는데, 이로써 비상심리절차(extra ordinem)[32]에서 소구할 수 있는 권리를 가진 법인격(Person)으로 인정될 수 있었다. 고전전 시대의 원칙에 따르면 신탁유증(fideicommissum)은 일종의 사후 위임이었다.

---

29) 역주: 위 3가지 해방형태처럼 호구조사, 권장, 유언이라는 방식을 사용하지 않는다는 의미.
30) 역주: 저자는 그 내용을 고려하여 본문과 같이 번역했다. 원문을 중시하면 '신탁유증에 의한 해방'으로 번역할 수 있다.
31) Inst. 2, 23, l.; Inst. 2, 24, 2.
32) 역주: 이 소송절차(cognitio extra ordinem)는 로마 제정기에 도입된 새로운 재판절차로서 이 재판절차는 종래 법정관이 주도하는 법정(法廷)절차(in iure)와 사인(私人)인 심판인이 주재하는 절차(apud iudicem)로 나뉘어진 정규 소송절차(in ordinem)를 대체하게 되었다. 비상심리절차에서는 정규 소송절차의 2분적 구조가 제국의 정무관 앞에서의 절차로 일원화되었고, 당사자주의와 구두주의 대신 직권주의와 서면주의가 우세하게 되었다.

5. 친구 사이의 해방(manumissio inter amicos)[33]

무방식의 해방은 자연법적인 또는 자연적인 자유를 가져왔다. 노예라는 형식적·법적 지위를 없애지는 않았다. 그 대신에 사법(司法) 정무관은 무방식으로 해방된 노예를 그 자연적 자유상태로 보호했으며, 해방한 주인에게 소유물반환청구를 위한 법적 수단을 부여하는 것을 거부했다. 기원후 19년에 제정된 것으로 보는 유니우스 노르바누스법(lex Iunia Norbana)에 의해 무방식으로 해방된 노예들에게 라티움 식민지의 시민 지위가 부여되었다(Latini Iuniani). 이로써 그들은 권리를 취득할 수 있게 되었다.

6. 노예 '자신의' 돈으로 자유를 사는 것

노예가 그 주인으로부터 자신의 자유를 사줄 중개자를 찾은 경우, 그것도 노예 자신이 번 돈을 그 중개자에게 제공하는 경우, 마르쿠스 아우렐리우스의 규율에 따르면 노예는 그 중개자를 비상심리절차에서 제소할 수 있었다. 이 규율은 노예가 얼마나 사실상 독립적으로 경제활동을 했는지 보여 준다. 중개자를 통한 방법이 성공한다는 것은 노예가 자유를 사기 위해 지속적으로 돈을 따로 모은다는 점을 주인이 전혀 알아채지 못했음을 전제한다. 고전 법 및 고전전 법의 규율에 따르면 돈

---

33) Inst. 1, 5, 1.

의 소유자는 주인이었다. 이런 형태의 해방을 인정하는 것은 법체계에는 반하지만, 인간적인 법이었다. 이 법에 대해 원수정기의 법률가들은 "우리는 눈을 질끈 감고 이 법을 적용한다!"[34]고 말했다.

VI. 해방된 노예[35]

해방된 노예는 평민법상의 시민권을 취득했으나, 해방되기 전(前) 주인[=두호인(斗護人). patronus]에게 종속된 상태로 남아 있었다. 상호부조할 의무를 발생시키는 두호(斗護)관계가 성립하였다.

두호인은 해방한 대가로 선물, 특히 노무제공 형태의 선물을 기대하였다. 기원전 2세기 말에 루틸리우스 루푸스(Rutilius Rufus)의 자연법적인 고시 이래로 이런 선물은 해방된 노예가 가진 노동력의 절반까지만 허용되었다. 2개의 모델이 있었다. 해방된 노예는 두호인에게 (최대 절반의) 노동시간을 제공하거나, 일종의 조합적 구성의 틀에서 독립적으로 일을 하되 그 수입의 최대 절반을 두호인에게 제공해야 했다. 이 모델에서 두호인은 자신에게 약속된 노무 지분을, 해방된 노예는 자신의 노동력을 출자하였다. 결과적으로 이러한 질서는 해방된 노예를 경제적으로 반자유인으로 취급한 셈이다.

그러나 고전적인 고시는 해방된 노예의 자유를 진지하게 받아들였

---

34) 역주: Ulpianus 6 disputationum D. 40, 1, 4, 1.
35) Inst. l, 5 pr. - § 1.

고, 해방된 노예의 인격에 대한 모든 경제적 권리를 두호인으로부터 박탈했다. 해방된 노예는 더 이상 경제적으로 활용될 수 없는 시봉(侍奉) 노역(operae officiales)만을 부담하였다. 하지만 고시는 이에 대한 보상으로 두호인에게 해방된 노예의 유산 절반에 대한 권리를 보장해 주었다.

제3절 혼인

I. 공찬식(供饌式) 혼인(confarreatio)

로마 최고(最古)법에서의 성스러운(종교적) 혼인을 의미하는 confarreatio는 로마에서 가장 오래된 빵인 far를 함께(con-) 섭취하는 의식에서 유래하였다. 이 혼인 형식은 로마의 씨족들(gentes)이 라티움에 정착한 시기로 거슬러 올라가며, 나중에는 순전히 귀족을 위한 혼인형태로 계속 남아 있었다. 여전히 아우구스투스에 의해서도 최고 사제직을 위한 혼인형태로 규정되었다. 결혼식에는 10명의 증인과 대신관직, 즉 퀴리날리스 연맹의 옛 판관왕으로 잔존하는, 유피테르를 기리는 신관(flamen Dialis)이 함께 해야 했다. 신랑 신부는 희생양의 가죽으로 연결된 두 의자에 앉았다. 그들의 결혼에는 마을(Siedlung)의 '불과 물'이 주어졌다. 추방 시에는 같은 '불과 물'이 추방된 자에게서 박탈되었다(interdictio aqua et igni). 공찬식 혼인은 원래 이혼할 수 없는 혼인형태였다. 나중에는 이혼을 가능하게 하기 위해 사람들은 혼인 해소 행위를 거행하는 디파레아티오(difarreatio)를 만들어 냈다. 남편을 위한 '이혼 사유'

인 '영아(嬰兒) 살해(Kindestötung), 몰래 포도주를 마시는 행위, (포도주 보관소) 열쇠를 훔치는 행위'는 실제로 범죄의 구성요건이었다.

뒤의 2가지 태고적(太古的) 구성요건은 애초에 포도주가 종교의식적 형태로 쿠리아 민회 법률(lex curiata)의 가장 오래된 입법형태로 지속하는, curiae(co-viriae= 남자 공동체)의 전사(戰士) 공동체들에서 음용되었고 이에 따라 금기시된 봉인장치에 의해 보관되었던 것과 관련이 있는 것으로 추정된다. 이 입법형식은 종국에는 30개의 쿠리아에 의해 부여된, 최고 군사지휘권의 확인(lex curiata de imperio) 및 유언과 입양(arrogatio)의 형태로서 지속적으로 중요한 의미를 가졌다. 두 법률행위는 특히 전쟁 참전을 앞둔 시점에, 그것도 조점법적(兆占法的)으로 일찍이 의식(儀式)화된 형태로 행해질 가능성이 높았다. 이때 쿠리아들은 30명의 선도리(先導吏. Lictor)로 대표되는 것으로 충분했는데, 선도리가 지닌 가는 나뭇가지 묶음(fasces)은 전투 능력 있는 시민들의 통일된 의지를 상징했고, 다른 한편 전쟁 상황에서 이 나뭇가지 묶음 한가운데 꽂힌 도끼는 전투 능력 있는 시민들이 그들이 선출한 야전 지휘관의, 전장에서만 효력 있는 명령권에 복종함을 보여 주었다.

신랑 신부는 가족들의 비용으로 또는 새로운 취락(마을)의 경우에는 취락공동체 비용으로 정착했으며, 그들은 이 취락의 구성 단위 – 이는 그 재산법적 측면에서 가(家. familia)라고 불리기도 했다 – 에 있어서 평등한 권리를 가졌다. 따라서 이 의식(儀式)적인 혼인에서 부부는 가부(家父. pater familias)와 가모(家母. mater familias)라고 불렸지, 공동재산이 없는 혼인에서처럼 단순히 남편(vir), 아내(uxor)로 불리지 않았다는 것도 이 공찬식 혼인(confarreatio)으로 거슬러 올라간다. 그들 사이의 평등은 특히 남편이 아내를 마치 자신의 노예처럼 팔아서 그녀로부터 벗어나려고 시도했을 때 벌어지는 일에서 드러난다. 왕법 (lex regia), 즉 고(古)시기의 조점관(鳥占官)법에 따르면 남편은 호모 사케르(homo sacer)[36]로 간주되어 신들의 손아귀에 떨어지게 되고, 더 이상 공동체의 일원이 아니게 되었다. 가산(家産)에 대한 그의 몫은 공동체에 귀속하게 되고, 나머지 절반은 아내에게 남게 되었다.

남편은 군대로 인해 그 존재를 인정받는 적극 시민(Atktivbürger)으로서 자신의 가(家)를 외부에, 특히 정무관 앞에서 대표하였다. 이로 인해 아내는 자신의 권리를 스스로 행사할 수 없었으며, 그러한 한 manus, 즉 남편의 보호권력 아래 놓여 있었다. 따라서 그 목적에 따르면 부부 두 사람에게 귀속하는 가산(家産)은 가(家)의 지배자인 가부(家父. pater)에 따라 patrimonium(말 그대로 아버지의 것)이라 불렸고, 반면 matrimonium(말 그대로 어머니의 것)은 두 당사자에게 결혼생활과 혼인을 가리켰다.

---

36) WP.

II. 12표법상 혼인

1. 기본이념

12표법은 모든 시민을 위해, 즉 귀족(씨족 귀족)인지 평민(수공업자, 상인과 같은 도시민과 도시에 정주하는 농부)인지 관계없이 자유로운 형식의 혼인을 만들어 냈다. 이 혼인은 남자와 여자가, 가부(家父)가 있는 경우 그 동의를 얻어 남편과 아내(vir와 uxor)로서 한 가정을 이루었을 때 성립했다. 혼인은 남편의 시각에서 'in domum deducere aliquam'(누군가를 집안으로 데려오다)라고 불렸으며, 여자의 관점에서는 'nubere'(원뜻은 "누군가를 위해 신부 장롱을 가져가다")로 불렸기 때문에 혼인을 'nuptiae'라고도 불렀다. 혼인공동생활은 'usus'라고 불렸는데, 이는 사람들이 가까운 관계에서 서로를 위해 가질 수 있는, 생존을 지원하는 유용성이라는 생각에서 파생되었다.

신부는 통상 혼인지참재산(dos)을 가져왔다. 이 '부인(婦人)의 재산(res uxoria)'은 전형적으로 그녀의 상속분을 미리 분여한 것이었다. 이 재산은 남자가 관리하고, 그들이 이혼할 경우 그녀에게 반환함으로써 그녀가 재혼에 사용할 수 있었다.

2. 부인의 '사용취득'(usucapio)

1년 동안 중단 없이 함께 살면(usus) 남편은 지배권[수권(手權). manus]을 획득하게 된다. 이것은 로마에서 다른 경우에도 관철된 법적 사고,

즉 법률관계들은 정상상태가 되는 것을 추구하고, 이 정상상태는 시간의 경과에 의해 달성된다는 사고를 반영한 표현이다. 사용취득[37]은 원래 소유권법의 제도인데, 이와 평행하게 부권(夫權)의 사용취득이 인정된 것은 시사하는 바가 많다. 아버지가 딸을 단순히 usus(혼인)의 형태로 사위에게 넘겨 주면, 그는 사위에 대한 대항수단을 가진다. 가부권에 기하여 딸을 사위로부터 빼앗아 올 수 있었기 때문이다. 이와 똑같이 대토지 소유자는 토지를 usus, 즉 경작 목적으로 인도한 농부로부터 언제든지 회수할 수 있었다. 양 제도(가부권과 소유권)는 12표법의 공화국에서 영구적으로 존속할 수는 없었다. 두 경우 모두 '사용취득'은 취득 출처인 상대방으로부터의 독립을 가져와 시민적 평등을 촉진했다.

3. 삼야권(三夜權, trinoctium)

부인은 한 해에 친정집에서 연속하여 3일 밤을 보냄으로써 '사용취득'을 방지할 수 있었다. 그러나 그녀는 주의해야 했다. 그녀가 기원전 95년 1월 1일 혼인한 경우, 그해는 95년 12월 31일에 종료된다. 그녀가 12월 29일에 친정집으로 돌아가면 충분하다고 생각했다면, 이는 이미 늦은 것이었다. 퀸투스 무키우스 스카이볼라(Q. Mucius Scaevola)가 지적한 대로, 95년 12월 31일에서 94년 1월 1일로 넘어가는 세 번째 밤의

---

37) 역주: usucapio는 사용취득 또는 점용취득으로 번역되는데, 여기서는 전자를 선택했다. 물건은 점용할 수 있으나, 부인을 점용한다는 것은 상상하기 어렵기 때문이다.

절반은 벌써 다음 해에 해당하기 때문이다. 두 밤과 절반의 밤은 더 이상 '삼야'(trinoctium)가 아니다(엄격한 해석의 한 예이다). 토지의 '사용취득'도 의식(儀式)적인 행위를 통해(예컨대 소유자가 타인이 점유하는 자신의 토지 위에서 나뭇가지를 부러뜨렸을 때) 중단될 수 있었다. '사용취득중단' 행위를 'usurpatio'라고 불렀다. 오늘날 어떤 것을 부당하게 차지하고 'Usurpator'로 나서는 자는 그에게 귀속하지 않는 것을 멋대로 차지하는 것을 의미한다.

III. 혼인법에 대한 헬레니즘 영향

1. 고전전(前) 시대의 혼인법

우리는 고전전 법학의 혼인법 혁신을 그 이중(二重) 시스템의 두 영역에서 발견할 수 있다. 하나는 자연상태에 대한 추가로 해석된 시민법의 형식들이고, 다른 하나는 결혼에 대한 자연법적 관념을 보여 주는 문구들이다.

그리하여 첫 번째 영역(시민법 영역)에서 부부들은 남편(vir)과 아내(uxor)의 지위를 건너뛰어 혼인과 함께 직접 가부(家父. pater familias)와 가모(家母. mater familias)라는 더 높은 지위를 획득할 수 있었다. 이를 위해 12표법의 도움으로, 시민들에게만 허용된 법률행위인 공매식 혼인(共買. co-emptio)가 발전되었다. 이것은 매수, 가령 여성 매수와는 아무런 관련이 없다. 이것은 두 사람이 증인들 앞에서 공식적으로 앞으로 이렇게 격상된 형태의 혼인관계를 유지한다는 행위이다. 이는 악취행위(握取行爲. mancipatio)의 문언, 즉 "혀가 말하는 대로, 법적으로 유효할 지어다"(uti lingua nuncupassit, ita ius esto)를 생산적으로 적용한 덕에 가능하게 되었다.[38] 각자의 언어로 서로가 이후에 가부와 가모로서 함께 살고자 한다는 사실을 두 사람이 함께 말했다는 것이 결정적이었다. 이것은 '시민적' 사적 자치(私的自治)의 모범사례이다.

12표법의 혼인에는 특별한 형식이 필요하지 않았고, 남편(vir)과 아내(uxor)로서 동거한다는 것만으로도 충분하다는 원칙이 자연법적으로 해석되었다. 행위능력은 개인적 성숙과 함께 갖추게 된다는 고전전의 이론은 그러한 한에서는 행위능력과 동일시된 혼인능력에 대해서 어느 정도 자연스러운 증거를 동반했다. 후대에는 거부된 법리, 즉 혼인은 그 실행으로 인해 성립된다는 법리(concubitus facit nuptias)는 이 시대로부터 유래했다. 생식능력과 행위능력의 결합은 궁극적으로 '씨앗의 힘을 가진 신성한 불'(희랍어: 퓌르 스페르마티콘. πῦρ σπερματικόν)이라는 스토아 철학에서 비롯되었는데, 이 불은 가장 작은 물질적인 요소(stoffliches Element)로서 모든 것들을 꿰뚫어 그것들을 만들어 내며, 사람에게 있어 가장 순수한 상태를 가능하게 하는 것으로 여겼다. 이는 만약 정신병에 걸린 부부가 자식을 낳는다면, 이런 점에서 그들은 여전히 행위능력의 일부를 증명한다는 관념을 놀랍게도 보여 주고 있다.[39] 혼인의 증거로는 신부를 남편의 집으로의 데려오는 것(in domum

---

38) 12표법 제6표 제1조.
39) Paulus 26 ad Sabinum D 1, 6, 8 pr.

deductio)으로 충분했는데, 이는 일의 자연스런 진행에 대한 신뢰를 보여 주는 사고방식이었다.

부부의 재산에 대한 법적 관리는 남편에게 맡겨졌다.[40] 이외에 모든 목적물(Gegenstände)에 대해서 완전한 사용공동체가 성립했기 때문에, 소유자의 의사에 반하여 사용함으로써 성립할 수 있었던 고전전 시대의 절도는 부부 사이에서는 배제되었다. 자연법적으로는 물건의 사용 가능성에 의해서 이득을 얻는 것에서 성립한 부부간 증여 또한 마찬가지였다.[41]

고전전 시대 자연법에서는 '피'로 식별되는 남성의 씨앗이 '피를 나눈'(consanguine), 즉 '피'의 평등에 기초한 친족관계를 형성하며, 어머니를 통해 전해지는 친족관계는 '자궁의', 즉 같은 출산 장소만을 통해 연결된 친족관계를 발생시킨다는 관념을 포함했다.[42] 이를 통해 결혼에는 남편을 우대하는 지배요소가 도입되었는데, 혼인 중의 자녀는 가부권(家父權. patria potestas) 아래에 놓이게 되었기 때문이다. 사실적 지배 요소는 manus, 즉 부권(夫權)의 사용취득에서도 나타난다. 이 사용취득은 아내(uxor)를 남편의 집으로 데리고 가면 시작되고, 아내는 가모(家母), 남편은 가부(家父)가 되는 효과와 함께 끝난다. 제3자가 아내를 빼앗는 것은 고전전 시대의 전통에서는 절도(furtum)로 간주될 수 있었다.(주해61번.)

---

40) 주해 58번.
41) 주해 59번.
42) 주해 60번.

2. 고전 법과 제정기의 발전

이에 비해 고전 법은 훨씬 더 자유로운 법률혼 형식을 창조했다. 그것의 기본은 관찰을 통해 얻은 사회생물학적 자연법(ius naturale)인데, 이것은 자연이 교미를 통해 번식하는 모든 생물들에게 가르치는 것이었다. 모든 생물들은 교미하여 자식을 낳아 기르는 본능을 따르며, 이 본능이 지속하는 한 함께 생활한다. 이 토대 위에서 고전 법의 혼인에서 양 당사자는 완전한 독립성을 가졌다.

고전 법의 기초가 된 법원칙은 "합의가 혼인을 만든다"(Consenus facit nuptias)는 것이다. 혼인은 당사자들의 자유로운 합의에 기초한다는 의미이다. "혼인들은 자유로워야 한다"(Matrimonia libera esse debent). 어떤 당사자도 그 의사에 반해 혼인에 얽매이게 되어서는 안 되며, 이를 달성하기 위한 위약벌[43]은 무효이다.

합의는 또한 서신이나 사자(使者. internuntius[44])에 의해 성립될 수 있었다. 양 당사자의 합의가 있는 경우 혼인의 성립 요건으로 단지 양 당사자가 법질서의 영역 내에 있을 것만이 요구되었다. 그리고 당사자의 두 아버지가 혼인에 동의해야 한다는 원칙이 유지되었다. 가부(家父)의 강력한 지위는 고전 법의 관점에서는 선량한 (또는 선조의) 풍속(mos maiorum), 즉 선조의 실정적 의지(positiver Wille)에 기초한 로마의 특수

---

43) 역주: 계약위반에 대한 벌로서 금전을 지급하기로 하는 약속.
44) 역주: 본인의 의사를 전달하는 사람. 본인 대신에 스스로 의사를 표시하는 대리인과 구별된다.

성으로서 효력이지, 인간이성이 요구하는 문명사회의 법(ius gentium)으로서 효력은 아니었다.

'아내에 대한 사용'(usus)과 여기서 도출된 남편의 지배는 정당화할 수 없는 것으로서 삼야권과 함께 폐지되었다. 이혼(divortium)은 합의의 철회로 파악되었고, 혼인과 똑같이 방식을 요하지 않았다. 고전 법학은 이혼의 자유로 인해 한쪽이 쉽게 이혼을 위협하여, 혼인의 지속을 증여에 의존하게 할 우려가 있음을 인식하였기 때문에 혼인 중 증여를 인정하지 않았다. 부부간 증여 금지는 이제 더 이상, 완전한 사용공동체라는 자연법적 근거가 아니라, 실정적인 선량한 풍속(mos maiorum)으로 설명되었다. 혼인상태를 '매수할 수' 없도록 하기 위해 그런 증여를 금지한 것이다. 인간상의 변화가 의미심장하다(bezeichnend).

부부 간 증여 금지는 증여의 이행 시점에서 단기간의 이혼을 인정하는 경우에 우회할 수 있었다. 특히 이혼 후 화해를 위한 증여에서는 이 구성은 그럴싸했다. 그래서 고전 법학자들은 감정이 진정된 상태에서 종국적으로 이혼 선언이 이루어져야 한다고 요구했다. 아우구스투스가 제정한 법률(기원전 18년)로 간음을 처벌했는데, 당사자가 간음 직전에 이혼했음을 주장한 경우, 일곱 명의 증인 앞에서 이혼을 선언했다는 증거를 요구했다.

아우구스투스는 로마인들이 결혼을 꺼리는 것에 대해서, 이익을 약속하고 불이익을 위협하는 법률들로써 이것을 막으려 했다. 미혼자는 가외인(家外人)의 유언으로 아무 것도 상속할 수 없었고, 자녀가 없는 자들은 절반만 상속받을 수 있었다. 반대로 자녀가 있으면 공적 영역, 예컨대 극장과 같은 곳에서 우선권이 있었다. 세 자녀(해방된 노예의 경우 네

자녀)를 둔 부인은 후견에서 해방되었다. 여자의 재혼에 중요한 혼인지 참재산은 부동산 매각금지로 보호받았다.

부인은 가능하면 스스로 자신을 가정의 영역에 제한해야 한다는 원칙은 고전 법 이론에 따라 선량한 풍속(mos maiorum)으로 간주되었다. 즉 양성이 동일한 능력에도 불구하고 선조들이 그들의 문화를 위해 그렇게 의도했던 법으로서 효력이 있었다. 이것은 제정기에는 고전전 법의 영향을 받아 여성의 본성으로 설명되었다. 즉 공직과 특정한 직업(은행업자) 및 업무(후견)에서 제3자를 위해 활동하는 것은 전형적으로 남성에게만 허용된 역할(virilia officia)로 통했다. 타인을 위한 보증도 여기에 속했는데, 보증을 선 여성은 채권자의 소송에 대해 자신을 방어할 수 있는 항변권을 가졌다.

3. 근세의 발전

근세의 혼인법은 로마법과 성서(교회)법이 혼합된 로마 교회법에서 유래했다. 가톨릭 교리에 따르면 혼인은 혼인당사자들의 성사[45]이다. 당사자들의 합의가 혼인을 성립시키고, 혼인의 성적(性的)인 완성은 혼인을 해소할 수 없는 것으로 만든다. 혼인은 원래 특정한 형식을 요구하지 않았다. 그러나 이로 인해서, 유효한 결혼이 존재하지만 외부에 알려지지 않은 채 다시 혼인하면서[중혼(重婚)] 이를 숨긴 경우, 이 중혼

---

45) 역주: 가톨릭교회의 7성사(세례성사, 견진성사, 성체성사, 고해성사, 신품성사, 혼인성사, 병자성사) 중 하나.

은 종종 일부다처제로 이어졌다. 이 때문에, 트리엔트 공의회(1545~1563년의 트리덴티눔Tridentinum)는 사제 앞에서 혼의의 합의가 선언되어야 한다고 규정했다. 합의는 여전히 결정적인 요소였다. 사제는 단지 공시(公示)를 위해 필요한 증인이었지만, 완전히 수동적인 증인에 불과했다. 종교개혁 이후 개신교에서는 결혼이 성례전에서 벗어나 '세속적인 것'이 되면서 영주가 결혼을 주관한다는 생각이 생겨났고 그래서 강제결혼(zwangsweise Ehestiftungen)도 가능해졌다. 이와 같이 개관한 발전과정을 지배했던 일부일처제의 원칙은 고수되었다. 일부다처제나 일처다부제는 이러한 법 전통에서는 인정된 적이 없었고, 동성관계도 마찬가지였다. 고대 로마에서 이러한 관계는 당사자들의 자유에 맡겨졌다. 현재 이것을 혼인관계로 분류하는 것은 법문화적으로 완전히 새로운 것이다. 고전 법의 법원론에 따르면, 이러한 결합은 문명사회의 [자연에 의해 가르쳐진 사회생물학적 자연법(ius naturale) 위에 쌓아올리는] 만민법[(ius gentium) - 이는 그 보편성 때문에 보통법(ius commune)이라고도 불린다]의 법률관계가 아니라, 이것에서 벗어날 수 있는 실정적인 시민법의 법률관계에 해당한다.[46]

---

46) 주해 62번.

제4절 친자관계법

I. 가부(家父)의 권력

로마법에 따르면 자녀는 평생 아버지의 권력[부권(父權). patria potestas] 아래 있었다. 60세의 노인이라도 그 아버지가 살아 계시는 한 여전히 아버지의 권력 아래 있을 수 있었으며, 집정관이라도 마찬가지였다. 그러므로 그 자녀도 할아버지의 권력 아래 있었다. 어머니의 권력(母權)은 존재하지 않았고, 따라서 부모 공동의 권력도 없었다. 고전전 법과 고전 법 전통에서 가족 구조는 극히 가부장적이었다. 고전전 법에서는 아버지의 우월성이 자연철학적으로 정당화되었고, 고전 법에서는 이성에 얽매이지 않는 선량한 풍속(mos maiorum)에 근거하여 정당화되었다.

로마인의 특별한 법으로 분류된 전승된 이론에 따르면, 아버지는 배우자를 포함한 모든 가족 구성원의 생사여탈권(ius vitae ac necis), 즉 그 자체로 가내(家內)법정의 형식을 따르는 실제의 형벌권까지 가졌다. 이런 극단적인 법은 가부장적인 가(家)가 초기의 공동체적 경제단위로부터 지속적으로 성장하는 세계제국 로마 내에서의 거의 주권적인 제도로 부상한 것을 반영한다.

II. 부권면제(父權免除)

자식이 가부권(家父權)에서 면제되는 것은 복합적인 법률행위를 통해 이루어졌다. 자식은 먼저 다른 사람에게 '양도'되었다. 양도를 통해 자식의 양수인에 대한 예속관계가 확립된다. 그 다음 양수인의 권장(權杖)에 의한 해방(manumissio vindicta), 즉 자유를 상징하는 막대기(vindicata)를 수여하는 것으로 예속상태에서 벗어난다.[47] 이렇게 자식은 다시 아버지의 권력(父權) 아래에 놓이게 된다. 이 과정이 다시 두 번 반복되면서 마지막에 자식은 부권에서 자유로워진다. 그러나 부권면제와 함께 자식은 법정상속권도 잃게 된다. 이 부권면제 의식(儀式)은 "아버지가 아들을 세 번 팔면 아들은 아버지로부터 해방될 지어다"[48]라는 12표법의 법조문에 근거한다. 이 12표법의 규정은 자식을 과도하게 착취하는 데 대해 실효적인 규율이었다. 그러나 사실상 국방정책적인 동기가 있었던 것으로 추측된다. 왜냐하면 부권 아래 있는 자식은 자유시민이자 군역가능자였지만, 일정기간 '팔린' 자식은 그렇지 않았기 때문이다. 이러한 12표법 규정을 부권면제를 위해 적용하는 것은 규범이 의도한 것이 아니었기 때문에 '법률효과를 슬쩍 취하는 것'(Rechtsfolgenerschleichung)에 해당한다. 오늘날 로마법학계에서는 이러한 거래를 '본뜬 법률행위'(Ernst Label[49])라고 부른다. 이는 '가장(假裝)행위'가 아니다. 세금 회피를 위해 공정증서에 가격이 아주 낮게 적는 경우와 달리, 당사자가 외부에 드러나는 형식에 따라 행위하는 것을 실제로 원하고, 이것에 의해 숨기는 것

---

47) 주해 51: 법제에서의, 인격으로서의 노예(Der Sklave als Person im Rechtswesen).

48) XII tab. IV 2.

49) WP.

은 아무것도 없기 때문이다. 오히려 달성하고자 하는 목표가 외부에 뚜렷이 드러나 모든 사람이 분명하게 알고 법에 의해 승인된다.

작센 법에 영향 받은 중세의 대륙 보통법에서는 가자(家子)는 자신의 가(家)를 형성하면 부권에서 면제되었다(emancipatio Saxonica). 그러나 로마의 고전 법에서는 그렇지 않았다.

III. 자녀 및 노예 재산

외형적으로 분리되어 독립적으로 관리되는 자녀의 재산도 노예의 경우와 다르지 않게 형식적으로는 가부의 소유이다. peculium이라 불린 이 재산은 특유재산이었다. 이것은 농장, 제작·제조소, 은행, 무역업 기타 많은 것들일 수 있었다. 이러한 특유재산을 인정하는 법적 목적은, 특히 이 특유재산의 채무에 대한 가부나 노예 주인[양자를 포괄하여 가(家)를 통솔한다는 의미에서 이하 솔가권자(率家權者)라 함]의 책임을 그 순자산 한도로 제한하는 것이었다. 특유재산에 대한 솔가권자 자신의 채권은 고전 법에 따르면 솔가권자가 우선 만족을 얻을 수 있었는데, 이는 오늘날의 가치들과 매우 상반된다. 솔가권자는 특유재산 파산의 경우에만 일반채권자로 취급되었다. 솔가권자는 오늘날처럼 단순히 자본을 출자한 사람으로 취급되지 않았다.

IV. 권력에 복종하는 가(家) 구성원에 대한 책임

12표법에 따르면, 솔가권자는 가(家) 구성원, 즉 그의 권력[夫權]에 복종하는 부인, 가자(家子), 노예, 심지어(!) 동물들의 위법한 가해행위(加害)에 대해 책임을 졌다. 그는 원칙적으로 민사벌(poena)의 지급에 의한 손해 전보(塡補)를 원하지 않으면, 그 불법행위자(아내 그리고 나중에는 딸도 제외)를 피해자에게 인도함으로써 채무로부터 해방될 수 있었다[위부책임(Noxalhaftung)]. 이 제도는 1899년 12월 31일까지 독일에서 동물, 예를 들어 개가 사람을 물었을 경우에도 여전히 시행되었다.

제5절 후견, 보좌(保佐) 및 대리

I. 후견(tutela)

1. 후견의 기본 생각

후견인은 자연적인 이유 또는 법적인 이유로 스스로 사무처리(tutela sua)를 할 수 없는 사람과 그 재산을 돌본다. 12표법에 근거한 기본원칙에 따르면 후견을 받는 사람의 사망 시 최근친 남자로서 법정상속인이 될 자가 후견인이 되거나 그런 자가 없는 경우에는 제식(祭式) 공동체가 된 씨족의 대표자가 후견인이 되었다. 그러나 이 법은 이후 제정기에 효력을 상실하였다. 원래 씨족의 상속권(및 이를 보장하는 후견)은 오늘날로 치면 최종 순위로 등장하는, 거주소지가 있는 주나 연방의 상속권에 상응한다.[50]

2. 미성숙자에 대한 후견

고전전의 자연법과 고전 법에 따르면, 아버지 없는 아이들은 성숙기까지 후견(tutela)을 받았다. 성숙자가 되는 것은 법적으로 '스스로 보호할 능력을 갖춤'(in suam tutelam venire)을 뜻한다. 이 상태는 원래 17세에 도달하였다. 너무 이른 나이에 자기책임을 지게 만드는, 성숙기와 행위능력[51]의 결합은 스토아 철학에서 유래하는데, (고전 법이 추종한) 회의주의에서도 보존되어 남녀 성별에 따라 만 14세와 만 12세로 고정되었다. 따라서 이 결합은 처음부터 '미성년'('25세 미만') 제도로 보완되었다. 이 미성년제도에 기초해서 정무관은 미성년자에게 불리한 거래의 경우 미성년자를 위해 원상회복시켰다.[52] 따라서 미성년자들은 신뢰할 만한 거래 상대방이 아니었다. 그럼에도 그들의 재산과 관련한 거래가 필요하다면, 보좌인(curator minorum)을 이용해야 했다.

3. 여성에 대한 후견

로마법에서 여성에 대한 후견은 '전사(戰士)사회'라는 아주 오래된 전통에서 나온 것이다. 이 전통에 따르면 여자들은 예를 들어, 전투 투입

---

50) 독일 민법 제1936조.
51) 역주: 후견인의 지원 없이 독자적으로 거래행위를 할 수 있는 법적 지위.
52) 주해 45번, 44번.

부터 민회 참석과 같은 공적인 활동에 참여할 수 없었기에 법적으로 스스로 보호할 수 없었다. 이런 의미에서 여성은 옛 법에 따르면 결코 '자기 스스로 보호함'(in suam tutelam)에 이르지 못한다. 여성에 대한 후견 제도는 언제나처럼 여성 다음으로 상속권을 가진 남계 친족의 상속권을 동시에 보장했다. 하지만 시간이 지남에 따라 여성에 대한 후견은 점점 더 근거가 없는 것으로 여겨졌고 사람들은 후견을 우회하거나 완화할 일련의 방법을 찾았다. 예컨대 자신의 해방된 노예, 즉 자신에게 고분고분할 수밖에 없는 자를 후견인으로 선임했다. 예컨대 키케로의 첫 번째 부인인 테렌티아(Terentia)는 그녀의 피해방된 노예 필로티무스(Philotimus)를 후견인으로 선택했다. 원칙적으로 양성 평등을 지지하는 고전 법학은 여성에 대한 후견은 근거가 없다고 공개적으로 비판하였다.[53] 그리하여 여성의 후견인은 동의가 필요한 행위에 대해 동의할 것을 종종 강요받았다. 아우구스투스의 한 법률은 여자가 3명의 자녀를 얻은 뒤(해방된 노예의 경우 4명의 자녀를 얻은 뒤)에는 후견에서 벗어나도록 했다.

---

53) 주해 63번.

II. 보좌(cura)

1. 보좌의 기본 관념

보좌는 특별한 이유로 보살핌이 필요한 성숙자와 그의 재산을 돌보는 것이다. 이 관점이 현재 독일 민법 제1896조 이하의 돌봄(Betreuung)에 표현되고 있다.

2. 정신이상자 및 낭비자를 위한 보좌

정신이상자는 간헐적으로 제정신으로 돌아오는 순간(lucida intervalla)을 제외하고는 법적으로 유효한 행위를 할 수 없다. 낭비자는 12표법에 따르면 법원의 결정으로 자신의 재산처분권을 박탈당했다. 이 규율은 당시의 법적 사고가 얼마나 기술적이고 전문적이었는지를 보여 준다. 이 두 유형의 사람을 위한 보좌인으로 지정된 사람은 최근친의 상속인이 될 수 있는 기대를 가질 수 있었다. 독일법에서 돌봄제도가 도입되기 전까지는 정신질환자도 후견의 대상이었다.

3. 미성년자를 위한 보좌

성숙기로부터, 즉 (여자의 경우) 12세 또는 (남자의 경우) 14세부터 25세 사이의 젊은이들은 고전전 법에 따르면 불리한 거래의 결과에 대하여 보호받았다. 그들이 체결한 법률행위 자체는 유효하나 이 법률행위로 인해 그들이 소송을 당할 경우 원상회복(in integrum restitutio)[54]을 청구할 수 있었다. 이에 반해 오늘날의 법에서는 더 폭넓게 정의된 미성년자(7~18세)의 법률행위들의 효력은 유동적으로 무효이고, 즉 무효이나 추인이 가능하고, 부모의 추인이 없는 경우에는 확정적으로 무효가 된다.[55] 로마에서 불리한 계약을 이행하는 경우 발생하는 보호 공백을 메우기 위해 플라이토리우스법(lex Plaetoria. 기원전 193~192)은 공법적 형사절차를 도입했는데, 이 절차에서는 벌금이 피해자에게 돌아갔다. 두 가지 대응조치는 미성년자들의 무경험에 대한 거래 상대방의 고려를 그 성장과정의 자연적 특성과 관련하여 부담해야 하는 의무로 간주하였다. 이 점에서 공화정기의 두 법학 전통은 근본적으로 다른 인류학적 관점에도 불구하고 일치했다. 보호의 대가로 그들은 거래활동에서 차별되었는데, 아무도 쉽사리 그들과 거래를 하고 싶어 하지 않았기 때문이다. 이를 상쇄하기 위해 미성년자들은 보좌인을 신청할 수 있었다. 보좌인이 행한 거래는 취소할 수 없었다. 그 거래가 불리한 경우 보좌인은 불리한 사무처리를 한 이유로 사무관리소권(actio negotiorum gestorum)에 의해 책임을 져야 했다.

---

54) 역주: 거래 전의 법적 상태로 되돌린다는 뜻.
55) 역주: 우리 법에서는 유동적 유효이다. 즉 유효이나 취소할 수 있고, 취소하면 확정적으로 무효가 된다.

III. 대리

1. 보좌(cura)로부터 대리인[56](pro-curator)의 등장

로마법에서 대리는 보좌, 즉 성숙자를 위한, 예외적으로 필요한 돌봄 활동에서 발전하였다. 따라서 이 대리인은 'procurator'[말 그대로 그 자리를 대신하는 일종의 관리인. 집정관(consul)의 예를 따르는 정무관을 뜻하는 proconsul 참조]로 불렸다. 로마법상 대리제도는 보좌인 역할에서 비롯되었다는 이러한 특징을 이후의 발전과정에서 결코 잃지 않았다.

처음에는 부재[57]로 인해 사무처리를 할 수 없었던 사람을 위하여, 나중에는 자신의 사무를 모두 행할 수 없었거나 이를 원치 않았던 사람을 위해 사무를 처리했다.

따라서 로마의 대리인은 원칙적으로 자신의 이름으로 행위했고, (본인과의) 내부 관계서 본인에게 (일처리에 대한) 정산을 할 의무가 있었다. 애초에는 (보좌인처럼) 사무관리소권에 의해, 나중에는 위임이 있는 경우에 위임소권에 의해 책임을 부담했다.

나아가 대리인은 위임을 통해 본인[58]의 권리 처분 권한을 수여받

---

56) 역주: 로마법에는 오늘날의 직접 대리제도가 없으므로, 여기서 대리인으로 번역하면 오해의 소지가 있다. 그러나 저자는 그 기능에 착안하여 우리의 대리인에 상응하는 Vertreter란 표현을 쓰고 있기 때문에, 저자의 의도를 살려 '대리인'으로 번역한다.

57) 역주: 주소지를 떠난 상태.

58) 역주: 대리인에 의해 대리되는 사람.

을 수 있었다. 그 권리를 양도하는 방식과 추급하는 권리는 소제기의 방식으로 처분권한을 수여받았다. 본인의 수권(授權)이 없는 경우 대리인은 참칭(가짜)대리인(falsus procurator)이었다. 고전전 시대의 교리(Doktrin), 나중에 사비누스 학파에 의해 (계승되어) 성공적으로 방어된 교리에 따르면, 그러한 처분, 즉 양도와 소송계속을 가져오는 소제기(Prozessbegründung)는 사후적인 동의, 즉 추인에 의해 처음부터(ex tunc) 유효할 수 있었다.[59] "추인은 위임에 버금간다"(ratihaitio mandato comparatur)는 것이다. 위임에 담겨 있는 신뢰 표명은 어떤 '정신적인(seelisches) 것'인데, 이는 되돌릴 수 없이 지나가 버리는, 물질계(Körperwelt)를 정돈하는 시간에 구속되지 않는다. 그러나 회의주의적인 반대 견해는 그러한 의사표명에 사무관리[60]의 추인, 즉 사무관리인에게 그가 지출한 비용 상환을 보장하는 추인 이상의 것을 발견할 수 없었다.[61]

2. 자유인은 직접대리 불가

오늘날 일반적인 직접대리에서는 수권을 받은 대리인의 행위에 의한 권리취득과 의무부담의 효과가 즉시 본인에게 생긴다. 이런 유형의 직접대리를 고전 법은 거부하였다.

---

59) 권한 없는 대리인의 행위처럼 유효하지 않은 행위를 사후적으로 승인하여 유효하게 만드는 것에 관한 것은 독일 민법 제185조 참조.
60) 계약상 또는 법률상 의무가 없는 자가 타인의 사무를 처리하는 것.
61) 오늘날 독일 민법 제648조 제2항.

자유인에 의한 취득과 관련하여 채권에 대해서는 "누구도 타인을 위해 문답계약으로 약속[62]받을 수 없다"(alteri stipulari nomo potest)는 원칙이 적용되었다. 그리하여 원칙적으로 제3자를 위한 계약은 거부된다.[63] 소유권과 같은 물건에 대한 권리(물권)에는 "누구도 자유인을 통해 아무것도 취득할 수 없다"(per liberam personam nihil adquiri potest)는 원칙이 적용되었다.

이 원칙은 고전 성기(盛期)에 켈수스의 주도로, 결과적으로 이론적으로는 대리에 관한 법이 아닌 방식으로 만들어진 법리에 의해 일부 제한되었다. 즉 사람은 자신이 내린 결정['점유개정'(Besitzkonstitut)[64]] 또는 그러한 그 사람에게 효력이 미치는 법적 결정에 의해 타인의 점유보조자가 될 수 있고,[65] 점유보조관계(ministerium possessinis)를 통해 '봉사된'(angedient) 이런 점유에 상응하는 정당한 원인이 있는 경우 점유자를 소유자로도 만들 수 있다는 법리가 그것이다. 점유를 유동적으로 만드는(beweglich machen) 이러한 형성가능성은 독일 민법에 의해 두 가지 형태로 수용되었다. 하나는 점유보조관계(제855조[66])인데, 외형상 보조하는, 자주점유를

---

62) 역주: 전문용어로는 상대방에게 약속을 묻는 것을 요약, 그가 약속하는 것을 낙약이라고 한다.
63) 주해 64번.
64) 역주: 후대의 용어인 'constitutum possessorium'의 번역어.
65) 주해 65번.
66) 역주: 어떤 자가 타인의 가사나 영업에서 또는 이와 유사한 관계에서 타인을 위하여 어떤 물건에 대한 사실상의 지배를 행사하는 경우, 그 관계로 인하여 그가 그 물건에 대한 타인의 지시에 따라야 하는 때에는, 그 타인만이 점유자이다.

포기하는 점유보조자의 지위를 요구하고(점유보조자는 전형적으로 가사, 영업에 종사하거나 관청에서 활동한다), 로마에서처럼 점유주만을 점유자로 만든다. 다른 하나는 이중의 점유자를 인정하는 점유매개관계(제868조[67])이다. 여기서 직접점유자는 점유매개관계를 통해 그 상대방에게 자주점유인 간접점유를 마련해 준다. 점유매개관계는 예컨대 임치[68]의 경우 수치인의 타주점유와 더불어 임치인의 자주점유를 가능하게 한다. 켈수스의 해법은 훨씬 더 추상적이었다. 직접대리의 배제는 점유보조관계의 인정에 여전히 영향을 받지 않았다.

자유인은 고전 법(이 점에 있어서는 매우 개인주의적인 법이다)에서는 자기 자신을 위해서만 권리를 취득한다. procurator의 행위에 직접적인 (즉, 본인의 권리취득과 의무부담이라는) 효과가 인정되었더라면, 이런 (법)사고에서는 본인을 일종의 보좌 아래에 두었을 것이다. 이는 인법(人法)[69]상 자유가 없는 솔가권 복속자들(즉, 가자와 노예)이 솔가권자를 위해 (권리를) 취득한다는 점에 의해 역으로 추론된다(e contrario).

두 전통 (즉, 고전전 법과 고전 법 전통)에서 각기 법정관에 의해 보장된 법에 기초하여 솔가권자는 솔가권 복속자들에 의해 관리된 특유재산을

---

67) 어떤 자가 용익권자, 질권자, 용익임차인, 사용임차인, 수치인 또는 이와 유사한 관계에서 점유하는 경우, 그 관계로 인하여 그가 타인에 대하여 일시적으로 점유할 권리가 있거나 의무가 있는 때에는, 그 타인도 점유자이다(간접점유).
68) 역주: 물건을 타인에게 맡기는 것. 맡기는 사람은 임치인, 맡는 사람은 수치인.
69) 역주: 오늘날의 친족상속법(가족법이라고도 한다)에 더해 노예에 대한 지배관계를 포함하는 법을 가리킨다.

한도로 또는 솔가권자의 이득을 한도로 [그리고 특별히 내린 지시(iussum)[70]에 기초해서는 그런 한도 제한 없이] 책임을 졌는데, 이는 기능상으로만 대리와 유사하다. 이는 실제로는(in der Sache) 고대의 가(家) 중심 경제를 감안한, 세분화된 책임법 질서이다. 법정관법에 따르면 영업에 투입된 지배인(institor), 선장(magister navis) 기타 영업운영자들은 영업주 명의로 영업을 함으로써 영업주의 지시(iussum)를 근거로 영업주로 하여금 무한 책임을 지게 했다.

물론 사단(社團)들은 그 대표자들을 통해 간접적으로 권리를 취득했고 의무를 부담했다. 그러나 그 대표자가 procurator로 간주되지는 않았다. 사단 대표자의 지위는 고전 법상 국가와 자치시를 유추하여 인정되었다(begründet). 정무관이 그 적법한 행위를 통해 국가(res publica)가 권리를 취득하거나 의무를 부담하게 하듯이, 사단(universitas)의 대표인 actor나 syndicus는 사단이 권리를 취득하거나 의무를 부담하게 하였다.

현대의 대리이론은 과거의 그 양(兩) 형태, 즉 예전의 사자(使者)이론과 현대의 대표이론에 근거하고 있다. 이 이론 모두 의사표시라는 고립적인 개념(Figur)에 기초한다. 또 이 형태의 의사표시는 의사가 중심적인 의미로 여겨졌던 로마 황제의 법에서는 존재하지 않았다. 사비니에 의해 발전된 사자이론은 대리인을 본인의 의사를 전달하는 사자로 본다. 대리인은 고대의 개인주의적인 인격주의에 여전히 가깝다. 더

---

70) 역주: 원문은 'iussus'인데 일반적인 용어인 'iussum'으로 수정했다.

실재(實在)적인(realistisch)인 대표이론에서는 법률행위를 성립시키는 의사표시는 대리인 본인의 것이다. 이 이론은 원칙적으로 철회 가능한 대리권 수여에 종속됨으로써 개인의 자율성에 따른 자기책임과 양립할 수 있다.

제7장

재산 I. 소유

제1절 상속권(법)과 소유권

I. 상속권(법)

1. 고(古) 왕정 시대 법적 보호체계(Rechtswahrung) 하의 상속법의 시초

상속법의 주된 목적은 원래 아버지(가부)의 사망 후 승계 규율에 의해 소가족의 유지를 보장하는 것이었다. 소가족은 씨족(gens)뿐만 아니라 퀴리날리스 연맹과 모든 다른 로마 정주(定住)형태들에서 경제와 인간 집단의 기본단위였다. 상속인을 신속하게 결정하는 것은 장례의식 (sacra) 때문에 종교적으로도 요청되었다. 한 명을 상속인으로 부르고 (berufen) 다른 상속권리자들이 있으면 그들을 만족시키는 것[1]은 처음

---

1) 역주: 상속인이 된 아들은 예컨대 유증을 받은 다른 형제들에게 상속재산으로부터 유증채무를 변제할 의무가 있었다.

에는 판관왕(Richterkönig)과 그 후계자들의 재판권의 임무였다. 로마 팽창기의 (정복지에서의) 정주자들은 이렇게 만족을 얻은 가자(家子)들로 충원되었다. 12표법[2]의 상속재산 분할절차는 erctum ciere라고 기술되었는데, 이는 언어적으로 확실하게 해독하긴 어렵다[아마도 상속인 공동체(erctum)의 해소와 더불어 새 주인(erus)을 불러내는 것, 즉 ciere가 포함되어 있다. 이에 반해 heres는 원래 고아, hereditas는 홀로 남은 재산(das verwaiste Vermögen)을 뜻했다]. 남성 가내(家內)상속인이 한 사람[가자 또는 가손(家孫)]만 있는 경우, 상속인 공동체가 생기지 않았는데, 상속권이 있는 여성들[가자 또는 가손의 누이들, 유처(遺妻)]은 항상 최근친 남자의 후견을 받았기 때문이다. 가내상속인 자신이 아직 성숙기에 이르지 못한 경우 [성(性)을 이유로 여성 공동상속인들이 그런 것처럼] 그 다음으로 상속권을 갖는 남계 최근친(예컨대 아버지 형제)의 후견을 받았다.[3]

남성 가내상속인이 여럿인 경우, 나중에 consortium이라 불린 형제조합(Brüdergesellschaft)이 생겨났다. 이 조합은 심판인이 특히 상속인을 정하고 그에게 다른 조합원들을 위한 의무를 부담시키는 분할 규율의 형태로 형성적 효력이 있는 판결을 내리는 법절차(iurgium)의 틀 내에서 해소될 수 있었다. 역추론을 통해서만 해명할 수 있는 이러한 옛 실무는 로마의 유언관습과 법정상속 규율들에 결정적 영향을 미쳤다. 그

---

2) XII tab. V 10.
3) 역주: 로마법에서는 여성 12세, 남성 14세부터 성숙자로서 인정받았으며, 그 이전까지는 미성숙자로서 후견인을 두었다. 성숙자로 인정받았더라도, 25세가 되기 전까지는 미성년자로서 그 재산을 처분하기 위해서는 보좌인의 도움을 받아야 했다. 보좌인은 우리의 미성년 후견인과 유사하다.

목표는 항상, 후속 세대로 이어지더라도 재산을 재정적 독립성을 유지할 수 있도록 경제성 있는 단위로 유지하는 것이었다.

II. 12표법상 유언: 민사(民事) 입법

12표법은 시민들에게 유언의 자유를 주었으나, 유언은 까다로운(anspruchsvoll) 공적 형식, 즉 퀴리날리스 연맹의 생활규범이 된, 쿠리아 민회 법률의 구속을 받게 했다.

이 입법은 1년에 2번, 그것도 왕정기를 가리키는 옛 역법이 증명하듯이 3월 24일과 5월 24일에 가능했다.[4] 이 날에는 "왕이 쿠리아 민회들과 협상한 경우, 판결이 허용되었다"(quando rex comitavit, fas). 가내상속인이 없는 시민은, 왕이 소집한 쿠리아 민회가 왕의 제안에 동의하면, 이 날들에 아들을 입양하거나(소위 arrogatio[5]) 상속인들 사이의 상속을 규율할 수 있었다. 이 두 날은 봄의 군사 원정 시기와 일치한다.

쿠리아 민회는 퀴리날리스 연맹의 인민(populus)의 정치적 대표기관으로서 초기에는 군령권도 부여했다(lex curiata de imperio). 이로써 이 민회가 입양과 유언에 간여하는 것이 설명된다. 시민들은 동료시민들이 전쟁에 나가기 전에 그들의 가례(家禮. Familienkult)를 포함하여 가(家)[6]의 지속을 보장하는 기회를 주고자 하였다. 즉 자식 없는 시

---

4) Gaius II 101.
5) 역주: Arrogation을 라틴어로 표기.

민들에게 동료시민의 아들을 입양시킴으로써, 여러 자식을 가진 아버지들에게 상속인을 지정함으로써 가(家)를 존속시키는 것을 보장한다. 후대에 '소집된 군대 앞에서의 유언'(testamentum in procintu)은 유언 작성과 장차 일어날지 모르는 전사(戰死) 사이의 연관성을 보여 준다. 이 유언은 단지 군사체계의 변화를 감안한 것일 뿐이었고, 쿠리아 민회에서의 유언에 대해서도 단지 소급적으로 특별한 평화의 특징을 부여했을 뿐이다.[7] 이 유언의 규율은 법률처럼 권리를 부여했다. 이와 같은 유언의 효력은 12표법에서도 표명되었다.[8] 즉 "그가 유언으로 (자유처분이 가능한) 교환재산(pecunia)과 그의 재산보호권한(Schutzzuständigkeit. tutela suae rei)을 처분한(legassit)대로 그것은 법적으로 효력이 있을지어다". 12표법이 유언 처분에 쓴 용어는 'legare'인데 이는 말 그대로 '유언자에 의해 초래된 하나의 법률 형식으로 규율함'을 뜻한다. 전형적인 규율은 상속인 지정, 상속인에게 이행할 부담을 주는 유증, 후견이 필요한 상속인을 위한 후견이다. 이 단어를 유증(Legate)에 국한시키는 것은 후대의, 해석에 의해 창조된 악취행위 유언의 결과이다. 보관·보호(의무)(Obhut. tutela)를 지는 재산(res)과 자유처분이 가능한 교환재산(pecunia)의 구별은 도시 이전의 정주기로 거슬러 올라간다. 그때는 교환 가능한 작은 가축(pecus, 이로부터 pecunia)을, 사람들(특히 노예들)에 대한 보

---

6) 역주: 솔가권자를 중심으로 한 직계존속과 그 혼인관계에 있는 자, 노예, 가축 등 가산을 포함한 집합체.
7) Gaius II 101.
8) XII tab. V 3.

호감독권과 개인 토지 및 공동체의 목초지에서 키우는 큰 가축에 대한 이용권과 구별하였다.

III. 12표법의 법정(法定)상속

12표법은 "가내 상속인이 없는 자가 유언 없이 사망하면, 가산(家産. familia)은 그의 남계 혈연관계에서 가장 가까운 촌수의 종친(agnatus)이 취득한다."[9] 그리고 "남계 혈연관계에서 가장 가까운 촌수의 종친이 없다면, 씨족들이 가산을 취득한다"라고 규정한다.[10] 씨족은 퀴리날리스 연맹 결성 전에 정치적으로 독립적인 농업 정주체(定住體)였는데, 12표법 시대의 공화정기에 처음에는 귀족만의 경작집단으로서 특히 고유한 묘지를 가지면서 지속되었다. 처음에는 순전히 도시의 가(家)로서 씨족을 갖지 않았던 평민의 가(家)의 경우에는, 수공업자·상인 단체가 제사를 함께 지내고 묘지를 함께 갖는 공동체로서 씨족을 대신했다. 이 단체는 이미 왕정기에도 있었다는 증거가 있다. 후대에 대신관(大神官) 퀸투스 무키우스 스카이볼라에 의해 전승된 씨족의 정의[11]는 평민의 가(家)도 스스로 씨족의 일부로 조직하는 것을 허용하였다.

가산(家産)이 씨족에게 가는 것은 과거 한때 재산귀속이 법적으로도

---

9) XII tab. V 4.
10) XII tab. V 5.
11) Cicero, Topica 6, 29.

실제적으로도 가능하게 했던 공동체로 되돌아가는 것을 의미한다. 오늘날에도 법정상속인이 없는 경우에는 국가, 독일 민법에 따르면 마지막 주소지의 연방 주가 상속한다(제1936조). 초기에는 판관왕(Richterkönig)이 행사했고 책임졌던, 씨족의 옛 권한이 분명하게 드러나는 것은, 후견이 필요한 미성숙자 아들이 성숙자가 될 때까지 또는 딸이 혼인할 때까지 씨족이 그에 대한 후견을 행하거나 정신이상자에 대한 보좌를 떠맡는 경우이다.[12]

가산이 씨족에게 돌아가는 것을 배제하고 가장 가까운 촌수의 종친을 지명하는 것은 비교적 오래된 판결, 즉 한 왕법(lex regia)[13]으로 거슬러 올라가는 것으로 보인다. 왜냐하면 남계 혈연관계에서 가장 가까운 촌수의 종친(예컨대 아버지의 형제 또는 그 자손들)은 피상속인의 사망과 동시에 상속인이 되는 가내(家內)상속인이 아니라 상속승인을 해야 하는 가외(家外)상속인이었기 때문이다.

유언 없는 상속을 예외로 취급하는 법률 규정[14]은 후대의 확고한 유언관습에서도 존속하였다. 즉 유언은 윤리적 의무였다. 그러나 법정상속을 배제하기 위해서 유언은 완전히 포괄적이어야 했다. 가내상속인 한 명의 권리를 규율하지 않은 경우에는 그가 유언 작성 당시 이미 태어난 자이든 나중에 태어나든 상관없이, 유언은 무효였다. 일부는 유언

---

12) XII tab. V 7.
13) 역주: 왕정시대의 법률.
14) XII tab. V 4.

상속, 일부는 법정상속으로 하는 것은 오늘날에는 가능하지만 로마에서는 허용되지 않았다.

Ⅳ. 12표법상 상속재산분할 절차

법률 또는 유언에 의해 여러 상속인들이 지정되면, 상속인 공동체가 생긴다. 각 공동상속인은 12표법에 따라 즉시 상속분할을 할 수 있다. 이 상속재산분할 절차에서 심판인은 중요한 재량권을 가졌다. 그는 예컨대 타당하다고 생각하면 공동상속인 가운데 한 사람에게 농장을 단독 소유로 배정하고, 단독소유자가 된 자가 다른 자들에 대한 보상금 지급의무를 부담시킬 수 있었다.[15] 이 해법은 유언 규율과 유사하다. 유언에서는 아들 한 명을 단독상속인으로 지정하는 반면, 나머지 아들들은 상속에서 배제하면서 유증을 통해 보상받도록 했다. 심판인과 유언자는 모두 가(家)의 지속이라는 이익을 위해 미래에도 생존가능한 재산을 보존한다는 동일한 노력을 하였다.

---

15) Gaius Ⅳ 42 참조.

V. 기원전 3세기 이래의 악취행위 유언

1. 동형(銅衡)식 신탁유언[16]

기원전 3세기에 새로운 유언 형식, 즉 동괴(銅塊)와 저울에 의한 유언이 등장한다. 이는 시민의 자율을 진작시킬 목적을 가지고 12표법을 창의적으로 해석한 고전전 법학의 작품이다. 이 유언 형식에서 상속인은 자신의 사망 시 재산을, 자신의 희망대로 나누어 줄 의무를 자신이 살아 있는 동안에 인수하는 제3자에게 양도한다. 이 유언은 악취행위(握取行爲. mancipatio)에 의한 가산(家産. familia) 양도와 위임인의 사망 후에 위임을 이행할 수 있다는 법리를 결합한 것이다. 유언자의 권리를 승계하는 자는 애초에는, 유언자의 뜻대로 분배해 달라는 부탁을 받아들여 재산을 취득한 자였다.[17] 이 유산 '매수인'은 매매대금을 지불하는 것이 아니라 대금지급을 상징화하기 위해 동편(銅片) 하나로 저울을 때린다. 이 유언은 악취행위가 현금매매에서 상징적 매매로 전환된 것을 전제한다. 이 전환은 로마에서 대금을 더 이상 동편의 무게를 저울로 재서 지급하지 않고, 주조한 화폐를 세서 지급하기 시작한 기원전 3세기에 일어났다.[18]

---

16) Das "librale" Treuänder Testament. libra: 저울.
17) Gaius II 103.
18) Gaius I 122.

고전전(前) 법학의 이중시스템(Dualsystem)과 부합하게, 이 유언은 두 가지 주요 요소로 구성된다. 엄격하고 형식적인 요소로 자익(自益)에 관한 법에 속하는 부분과 자연법적이며 거래법적인 요소로 신뢰원칙에 지배되는 부분으로 이루어진다. 엄격한 부분은 악취행위인데, 이를 통해 유언자는 증인 5명과 저울잡이를 데리고 재산을 유산매수인(familae emptor)에게 상징적으로 매도함으로써 양도한다. 유언의 자연법적 부분은 유산 취득자를 유언자의 재산을 관리하는 수탁자로 간주한다. 그 수탁자의 역할은, 유산을 신탁수유자 1인 또는 수인에게 넘기는 부탁을 받은 제정기 상속인의 역할과 유사하다.

실제로 여기에서는 연관성이 있다. 신탁유증의 갑작스런 등장[19]은 가장 오래된 동형유언 형식이라는 본보기가 없었다면 설명될 수 없을 것이다. 구조가 동일함은 분명하다. 두 경우 모두 형식적인 상속인이 유산을 신탁의 형태로 받아서 유언자의 지시대로 그가 지정한 사람들에게 전달하는 것이다. 이 신탁의 효력 근거는 가장 오래된 동형유언에서 고전전(前)의 신뢰이고, 원수정에서는 이를 개선한 신탁유증의 특별법이다.

---

19) Gaius II 246 이하. 주해 39번(신탁유증)을 보라.

2. 동형식 상속인 지정 유언

고전전 시대 전기 법학이 진행되는 동안, 여전히 동과 저울을 사용하는 동형유언은, 상속인이 직접 지정되는 형태로 변화한다. 상속인은 하나의 확고한 문구에 얽매인 언명에 의해 지정되었다. 유산매수인은 더 이상 유언자의 권리승계인이 아니라, 이제는 순전히 형식적인 모습만이 보존되어 이전의 법을 회상시키는 형식적인 인물에 지나지 않았다.[20] 이러한 혁신에 근간이 되는 생각은, 동형유언은 악취행위로서 보존되어야 하지만, 12표법의 "유언으로 처분한 바대로 법이 될지어다"(uti legasset, ita ius esto)[21]라는 규범으로 유언은 더 풍부해 질 수 있다는 것이다. 그 결과, 이 유언은 이제부터는 더 이상 수탁자에게 재산을 양도하는 효과를 가져오는 부분에만 포함되지는 않고 완전히 엄격한 시민법에 속하게 되었다. 이때부터는 악취행위로 일어나는 가산 양도 이후에 유언 처분이 과거에 쿠리아 민회 앞에서 그래야 했던 것과 마찬가지로 의례에 따라 표명되어야 했다.

이 유언의 틀에서는 유산을 전하는 행위인 상속인 지정은 상속인의 유산을 감소시키는 형식적인 처분들과 구별되었다. 이제 후자만이 유증(legatum[22])이라 불렸다. 사람들은 두 가지 주요형태를 구별했다. 하

---

20) Gaius II 102 참조.
21) XII tab. V 3.
22) 역주: Legate를 라틴어로 표기.

나는 물권적인 효과를 가지는 것인데, 상속인이 즉시 물건의 소유권을 상실하고 제3자가 소유자가 되거나, 노예를 해방함으로써 그 소유권을 상실하는 것(물권적 유증: 소유물반환청구형 유증. legatum vindicationis[23])이다. 다른 하나는 채권적 효과를 가지는 것인데, 상속인이 유산에 속하는 물건을 양도하거나 노예를 해방할 의무를 부담했다(채권적 유증 legatum damnationis[24])이다.

이 유언 형태의 시기와 창시자는 '카토의 규칙'(regula Catoniana)을 통해 알 수 있다. 이 규칙은. 수많은 분야에서 혁신을 일으켰고, 법률전문가(iuris consultus)로서도 중요한 의미를 가지는 감찰관(censor)인 카토(기원전 234~149)의 이름을 따 명명되었기 때문이다. 이 규칙은 오직 유증만을 다루고, 분명히 그리고 더할 나위 없이 엄격하게 이제부터는 유증이, 지금 상속인 지정 효과가 있는 동형유언과 분리될 수 없도록 결합될 것을 요구한다. 이 규칙에 따르면 유증은 유언 작성 시 내린 처분이므로 예리한 검증 절차를 통과해야 한다. 이 규칙은 유증은, 그것에 효력을 부여하는 유언 작성 직후에 상속이 개시되는 (즉 상속인이 사망하는) 경우에도 유효해야 한다는 것이다. 무효인 것을 사후적인 사건에 의해 치유하는 것을 수미일관하게 거부하는, 유무효를 검증하는 사고(思考)장치이다. 그러한 유언은 유효하게 작성되었든지 아니면 그렇지 않든지 둘 중 하나다. 끝!

23) 역주: Vindikationslegate를 라틴어로 표기.
24) 역주: Damnationslegate를 라틴어로 표기.

이전에는 유증을 이행하는 것이 수탁자의 손에 맡겨지고, 수탁자는 시대를 초월한, 상당히 수준 높은 자연으로부터 유래하는 신뢰원칙에 의해 규정되고 따라서 치유를 아주 잘 인정하던 시대적 요청에 따라 움직였다면, 이제 유증은 자의적인 법에서 유래하고 자연에 대한 인간의 부가물로서 매우 형식에 따라(formell) 다루어진 권리들(Berechtigungen)이 되었다.[25]

3. 고전 법상 동형유언

고전 법의 분석은 동형유언의 구조를 더 명확하게 구분하여 두 가지 요소로 나누었다. 하나는 악취행위를 통한 생전의 재산처분이고, 다른 하나는 본래의 유언이다. 고전 법에서는 유언을 어원론적으로, 사후에 효력이 발생하게 되는(ut post mortem nostram valeat), 우리의 뜻에 대한 정당한 증언(mentis nostrae iusta contestatio)으로 정의했다. 기원전 40년에 제정된 팔키디우스법(Lex Falcidia)은 지정상속인이 유증으로 상속재산의 4분의 1 이상을 잃지 않도록 보호했다.

---

25) 주해 66번.

Ⅵ. 고전전 법과 고전 법상 가산상속

1. 가내상속인

고전전 시대의 해석에 따르면 가내(家內)상속인들(domestici heredes)은 관리권 없는 재산의 공동 보유자로 통했는데, 이 관리권은 가부(家父)의 생전에는 휴지(休止)하기 때문이다. 이 견해는 사소유권을 개인주의적으로가 아니라, 가(家)에 대한 봉사에 있어서 사회적인 법적 지위로 보았기 때문이다. 따라서 상속인들은 서로 유산에 속하는 목적물에 대한 합수(合手)적 권리를 지닌 조합을 형성했다. 이 고전전시대의 상속인공동체를 본뜬 것이 계약에 의한 조합으로서 가장 오래된 형제조합(consortium)이다.

개인주의적 관점을 택한 고전 법은 재산의 가(家)에 대한 구속을 법윤리의 영역으로 보냈다. 공동상속인 사이에서는 원칙적으로 유산의 개별 목적물에 대해 공유관계가 성립하고, 분할 가능한 채권은 상속 즉시 분할되었다.

2. '아버지 피를 나눈' 누이들의 소환

고전전 법학의 해석은 여성들이 법정상속인이 되는 것을 여전히 제한적으로만 허용했다. 그 이유는 어머니들이 혈족관계를 형성하지 않기 때문이라는 것이었다. 같은 어머니에게서 태어난 형제자매는 '자궁'이 같은 형제자매(uterini)이며 아버지가 같은 혈족(consanguinei)인 형제자매가 아니다. 따라서 방계에서 여자들은 같은 아버지한테서 태어난 경우에만 상속받을 수 있었다. 그러나 고전 법학은 무엇보다도 알렉산드리아의 의술학교의 책임인 이 이론의 생물학적 결함을 인식했으나, 결과적으로는 여전히 이 상속법을 선량한 풍속(또는 선조의 관습법. mos maiorum)이라고 하여 유지했다.

3. 배륜(背倫)[26] 유언의 취소

12표법 해석에 의해 도입된 동(銅)과 저울을 사용하는 동형유언은 유언자에게 커다란 자유를 주었다. 유언은 초기에서처럼 민회의 결정(Urteil)에 좌우되지 않았다. 유언자의 의사는, 가장 오래된, 절반은 자연법적인 악취행위 유언에서처럼 심판인이 사후(死後)위임들을 무효라고 선언할 수 있던 자연법 원리의 지배를 받지도 않았다. 그리하여 늦어도 2세기 중반쯤에는, 만약 가내상속인 한 명을 이유 없이 상속에서 배제한 유언이 있다면 이것은 배륜(背倫)이기에 무효로 취급하는 법적 절차가 생겨나게 되었다. 고전 법학은 배륜유언에 대한 이러한 '불평', 즉 배륜유언의 소(querela inofficiosi testamenti)를 계속 고수했다. 고전 법학은 직접적인 법적인 유언의무 개념을 부정하나, 동일한 결과를 얻기 위해 그런 유언이 마치 정신이상자가 작성한 것처럼 취급했다. 이에 대해 정신이상의 색채를 띠는(colore insaniae)이라는 표현으로 설명했다. 즉,

---

26) 역주: 윤리에 반하는.

"어떤 자녀를 이유 없이 상속에서 배제하고 윤리적 원칙을 명백하게 침해하는 사람은 제정신일 수 없다"는 것이다.

VII. 고전시대 고시의 법정관의 상속법 규율

1. 기본원칙들

고전적인 고시의 법정관은 무유언상속(법정상속)과 유언상속에 있어서 12표법의 상속법을 지원하고(뒷받침하고), 보충하고 수정하였다. 법정관은 12표법의 시민법을 존중하였으나, 시민법의 원칙적인 효력과 조화할 수 있는 한, 법윤리적인 상속법 원리들에 효력을 부여하려고 시도하였다. 법정관은 누구도 상속인으로 만들 수 없다(praetor heredem facere non potest)는 원칙이 적용되었다. 그러나 그는 어떤 중요한 결과를 가져올 수 있었다. 즉 그는 자신이 소환하는 사람을 유산점유자(bonorum possessor)로 만들 수 있었다. 즉 그에게 소권을 부여하여 재산상 모든 이익을 줄 수 있었다. 이 경우 '상속인'이라는 타이틀은 다른 사람에게 남고, 그는 단지 '재산'의 점유자였다고 하는 것은 참을 수 있었다. 법정관의 역할은 전형적으로 '형평법'(equity)[27]의 역할이다. 제도적인 법(institutionelles Recht)의 문언은 건드리지 않지만, 분쟁에서는 윤리적으로 요청되는 것이 실현되도록 했다.

---

27) 역주: 잉글랜드 보통법(common law)의 엄격성을 수정·보완하는 법.

2. 법정상속권의 지원, 보충 및 수정

고전적 고시의 법정관은 법정상속인에게 유산점유를 부여함으로써 법정 상속법을 지원한다. 법정상속인(가내상속인 또는 남계[男系] 친족)이 없는 경우, 법정관은 여계(女系) 친족들에게 생물학적 혈연관계에 따라 혈족(cognati)으로서 유산점유를 부여함으로서 법정상속법을 보충한다. 12표법에 따라 부권면제에 의해 가부권으로부터 해방된 자식들은 상속권이 없는데, 이들을 법정관이 가부권 아래 남은 다른 자식들과 마찬가지로 상속인으로 인정하는 경우, 법정관은 법정상속권을 수정한다.[27]

3. 유언법의 지원, 보충 및 수정

유언법에 대해서도 마찬가지이다. 지정상속인에게 유산점유를 부여함으로써 유언법을 지원한다. 법정관에게 유언장이 제출되면, 법정관은 형식의 하자를 무시하는 함으로써 유언법을 보충한다. 예컨대 문서가 적법하게 일곱 명의 증인에 의해 날인되었다면,[28] 즉 다섯 명의 증인과 악취행위의 저울잡이 그리고 유산 '매수인'에 의해 날인되었다면, 가령 실제로 악취행위가 실행되지 않았거나 유언서에 기재된 처분들이 문언 형식에 따라 이루어지지 않았더라도, 이는 해가 되지 않았다.

---

28) Gaius II 119, 147.

유언에서 명시적으로 상속이 배제되지 않은 부권면제된 가자에게 법정관은 시민법상 유효한 유언과 상반되게 유산점유를 인정함으로써, 법정관은 유언 상속법을 수정한다.

'지원, 보충, 수정'[29]의 삼중주는 권리를 부여하는 법에 대한 고전 시대 정무관의 기본관계에 대한 특별 사례이다. 그가 부여한 소송 방식서에서 청구취지(intentio)에 언급된 원고의 권리[그리고 법률소송(legis actio)에서 원고의 구두 표명이 주장했던 것도 같은 것을 요구한다]를 심판인들(Geschworenen)을 향한 (법정관의) 판결 명령의 조건으로 만드는 경우, 그는 이 법, 즉 시민법을 지원하기 위해(iuris civilis adiuvandi causa) 활동하는 것이다. 그가 사실(in factum)에 즉응한 (사실을 고려하여 작성된) 수많은 방식서들에서 시민법(ius civile)이 인정하지 않는 기대에 부응하는 경우, 그는 그것을 보충하기 위해(supplendi causa) 활동한다. 그가 사실에 즉응한 항변(exceptio in factum conceptae)을 통해 원고의 어떤 용태, 예컨대 악의(dolus)가 그의 청구취지(intentio)에서 언급된 권리가 존중되는 것에 대한 기대의 근거를 박탈한 경우, 그는 수정하기 위해(corrigendi causa)로 활동한다.

---

29) Papinianus definitionum D 1, 1, 7, 1 참조.

VIII. 황제법

1. 황제의 특별법상 신탁유증

아우구스투스는 당대 법학자들의 자문에 기초하여 자연법적으로 정당화된 그의 특별권한(Ausnahmegewalt)에 힘입어 고전전 법과 연계한 신탁유증을 도입했다. 즉 유언자가 그 상속인 또는 수유자에게, 취득한 것으로부터 어떤 것을 제3자에게 주라는 지시를 무방식으로 한 경우, 그런 부탁은 이제부터는[30] 구속력이 생기게 되었다. 신탁유증을 통해 상속인들은 즉시 또는 일정 기간 후에 전체 유산을 다른 사람에게 전달할 의무를 부담할 수도 있었다. 이 법을 관철하기 위해 비상재판권이 도입되었으며, 처음에는 집정관, 나중에는 특별 법정관이 그 책임을 맡았다. 심지어 방식 없는 부탁에 의해 상속인의 부담으로 노예들에게 자유가 부여되었을 경우, 노예는 상속인을 상대로 소송을 제기할 수 있었다.

2. 황제의 군인 유언

황제는 군인들이 군복무 중 취득한 재산(peculium castrense)에 대해, 군인들이 동형유언이 요구하는 엄격한 형식의 준수나 가부권(家父權)의

---

30) 역주: 즉 아우구스투스부터는.

지속과 관계 없이 유효하게 유언하는 것을 허용하였다.[31]

제2절 소유권

I. 로마의 소유권 개념

큰 성과를 거둔 로마의 소유권 개념은 소유와 점유의 엄격한 구별과 모든 면에서 작용하는 소유물반환청구에 관한 법에 의해 특징지워진다. 중세의 한 법문은 다음과 같이 말한다. "내가 나의 물건을 발견한 곳에서 나는 그것을 소유물반환청구할 수 있다"(ubi rem meam invenio, ibi vindico). 독일 민법 제985조[32]는 법률가의 언어로 오늘날 여전히 'Vindikation' 또는 'rei vindicatio'라 불리는 소유물반환청구권에 대해 "소유자는 점유자로부터 물건의 반환을 청구할 수 있다"라고 한다. 울피아누스도 마찬가지로 설명한다[33]. "소유물반환청구할 수 없는 것은 자신의 것으로 보이지 않는다"(non videtur suum esse, quod vindicari non possit). 이 정교한 구조는 길고 지속적인 역사의 결과이다.

---

31) Gaius II 109.
32) 역주: 우리 민법 제213조에 상응한다.
33) Ulp. 44 ad Sab. D. 34, 2, 27, 2.

II. 12표법 시대의 소유권

1. 기본구조

12표법 시대의 로마 소유권은 퀴리테스법에 따라 유체물을 자신의 것으로 가지는 것(suum ex iure Quiritium)이었다. 이 법적 지위는 권리자에게 목적물과 그 사용(usus)을 함께 할당하였으며, 소유물반환청구권으로 보호되었다. 이 기본 구조는 헬레니즘의 모든 영향에도 불구하고 항상 유지되었다.

2. 시초

모든 면에서 소유물반환소권에 의해 보호되는 로마의 소유권 개념은 한 정착민에게 취락 내에서 자신의 것으로 귀속된 것, 예를 들어 토지(주택의 대지, 정원, 농지)와 가솔, 가축, 경작 등을 위한 도구등과 같은 것으로부터 발전되었다. 이 소유권은 처음부터 가내상속이 가능했다.

3. 내적 (대상의) 차별화

정착민의 (재산) 처분 가능성은 목적물에 따라 차이가 있다. 토지, 가솔 및 큰 가축은 취락 조직에 의해 가(家)에 묶여 있었다. '재산'의 의미로 사용된 '가산'(familia)은 특히 이런 목적물과 관련된다. 이 목적물들은 실질적 의미의 재산(res)을 형성했는데, 이 재산과 관련하여 12표법에서는 후견인이 피후견인의 물건에 대해 행사하는 관리권과 같이 정착민에게는 여전히 관리권만이 귀속되었다(tutela suae rei;[34]). 이 목적물들을 (처분하기 위해서는) 악취행위가 필요했다. 기타의 목적물들은 자유로운 교환이 가능했다. 이들은 처분 가능한 재산이라는 의미의 'pecunia'라 불렸고,[35] 넓은 의미에서만 '가산'(familia)에 포함된다.

III. 헬레니즘의 양 소유권 이론

1. 신의 섭리에 따른 자연법의 소유권

자연법과 시민법을 결합한 고전전 시대의 법사상은 자연에 부가된 것으로 여겨진 시민적 소유권의 엄격한 성격, 즉 의지가 강조된 자익(自益)적인 성격을 강조했다. 이 시대로부터 소유권(proprietas:Eigentum, property, propriété, proprietà[36])라는 조어(造語)가 유래한다. 이 말은 유체물을 '사적인' 지배, 즉 도시국가(civitas)의 시민법(ius civile)에 의해 가능하게 된 법적 지배 아래 완전하고 엄격하게 두는 것을 표현한다. 그리하여 목적물에 섭리적으로 수반하는 사용권능이 소유자에게 귀속되는 효과도 표현한다.

---

34) XII tab. V 3.
35) XII tab. V 3.
36) 역주: 순서대로 소유권이라는 뜻의 독일어, 영어, 프랑스어, 이탈리아어이다.

이로써 소유권은 우선 사용권으로부터, 시민정치체(Bürgerschft)의 소유권과 함께 시작하는 엄격한 분리로 나타난다. 이 사용권은 황금 시대의 신화[37]에서 이야기하는 시초의 자연법에 따르면 모든 사람들에게 귀속되었다. 이 시각에 따르면 사적 소유는 이전에 모든 사람들이 사회적으로 "'공공의' 재화"에, 공동체적이고 '안전한 사용점유'(publicarum opum secura possessio)의 형태로 자유롭게 접근할 수 있던 것을 사람들로부터 빼앗는 것(privatio)에서 비롯되었다.

그러나 고전전 시대의 이론에 따르면, 소유권은 다음과 같이 사회적으로 내재되어 있다. 소유물에 부여된 유용성은 다른 사람들과의 거래에서 교환(매매. emptiones venditiones)을 통해, 혹은 용익권을 이전하는 사용임대차와 과실수취권을 이전하는 용익임대차처럼 목적물의 '사용을 일정 기간 허락하는' 임약(賃約. locationes conductiones) 형태로 거래되는 경향을 보인다. 이렇게 행위하는 소유자는 이러한 관점에서, 인류를 배려하고 신의 섭리에 따라 자원을 모두에게 제공하려는 자연의 인도(duce naturae) 아래에 행위한다는 것이다.[38]

자익(自益)적인 소유권과 잠재적으로 이타적인 유용성들 사이의 고전전(前)적인 관계는, 소유권과 용익역권(usus fructus)이 분리되는 경우에 가장 분명하게 드러난다. 소유권과 용익역권이 분리되는 경우란, 로마인들에

---

37) 역주: 제2부 제4장 제4절 참조.
38) 주해 67번.

게만 유보된 방식 행위들, 특히 악취(握取) 행위(mancipatio)와 유언에 의해 실현될 수 있었다. 이 경우에는 소유자에게 '벌거벗은' 소유권(nuda proprietas)만이 남을 뿐이다. 이 경우 소유자는 '단순한' 그리고 모든 사용이익을 '잃은'(entblößt) 소유자(nuda proprietarius)이다. 용익역권(usufructus)은 용익역권은 소유권과는 달리, 특정한 순간에 성립하는 것이 아니라, 신의 섭리라는 유래에 따라 매일매일 설정된다(cotidie constituitur). 이때 모든 사용의 이익이 용익역권자에게 귀속된다. 이는 신화적·원초적 상태의 용익역권과는 다르며, 소유권이 인정되는 사회에서의 용익역권이다. 따라서 이 용익역권은 이제 소유권과 긴밀히 연결되어 있으며, 일신전속적(一身專屬的)인 권리[39]로서 양도불가능한 용익역권이 종료되면, 그것이 전에 분리되어 나왔던 소유권으로 다시 돌아간다.[40]

둘은 서로 구분되지만, 이런 식으로 긴밀하게 짝을 이룬다. 소유자는 물건의 본체(Substanz)를 마음대로 처분할 수 있다. 이 처분은 그 물건에 의미 있게 작업을 가한다는 좋은 의미와 그것을 파괴한다는 나쁜 의미를 모두 포함한다. 그러나 용익역권자는 그 물건을 소중히 다루어야 한다. 그의 사용하고 수익할(uti frui)권리는 "물건의 본질을 훼손하지 않는다"(salva rerum substantia)는 조건으로 인정된다.[41]

고전전 법학 후기의 이 대립은, 여성노예의 용익역권자는 여성노예의 자식을 '과실'(果實)로 생각해서는 안 된다는 점에 의해 심화되었다. 왜냐

---

39) 역주: 특정한 주체만이 갖는 권리.
40) 주해 68번. 역주: 소유권의 탄력성이라 한다.
41) Inst. II 4, 1.

하면 신의 섭리를 따르는 자연은 인간을 위해 발생한 과실만이 알려져 있을 뿐이며 따라서 자연에게 인간은 결코 과실일 수 없기 때문이다. 이 논리가 물건의 실체(여성노예)에 대한 소유권을 건드리는 것은 아니다.[42]

2. 고전 시대의 개인주의적 소유권

고전적인 소유는 어떤 공동체의 법에 의해 형식적으로 인정된, 그 외에는 단절되고(isoliert) 개인주의적인 물건에 대한 지배(dominium)로 정의되었다. 단절된 개인이 법 이전의 자연 상태에서 취한 사실적인 점유가 법적인 소유권으로 보호된다. 고전적인 소유는 사회적인 근거가 부여되는 것이 아니라 오로지 개인주의적 관점에서 정당화된다.

고전적인 이론에 따르면, 소유물반환소권은 자주(自主)점유라는 불법적인 차지(Vorenthaltung)에 대해서만 적용되며, 따라서 원칙적으로 점유자를 상대로 한 소유물반환소송 제기만이 유효했다. 자연법적인 점유법에 근거를 둔 고전전 법의 규범에 따르면, 물건을 소유자 대신 사용하고 소유자에게 귀속된 점유를 그로부터 빼앗은 모든 사람에 대해 소유자는 소송을 제기할 수 있었다.[43]

고전 법에는 거래법을 세련시키는(adelnd) 사회이론이 없다. 고전 법의 개인주의적 윤리에는 그런 자리가 없다. 용익역권(usus fructus)은 고

---

42) 주해 69번.
43) 주해 70번.

전 법의 가르침에 따르면, 특별한 규칙이 적용된 재산권에 불과한데, 이 재산권은 '무체물'(res incorporalis[44])[45]로서 고전 법 체계의 다른 모든 권리와 마찬가지로 인간의 통찰(Einsicht)에 의해 창조된 법적 제도(institutio aequitatis) 가운데 하나이다.

고전전 법은 가족법의 내용, 즉 자유인, 가자들과 수권혼의 처를 퀴리테스의 '소유'(Eigen)로 보았는데, 고전 법은 이들에 대한 적법한 소유(suum)를 제외한 채 현대적 의미의 '물권'에 집중시키는 결과를 가져왔다. 고전 법은 처음에 소유권을 만민법(ius gentium)의 보편적 제도로 보았으며, 소유권을, 자연주의적 의미에서 점유할 수 있는 것으로 간주되던 것, 즉 자유가 없는 사람, 토지, 살아 있는(스스로 움직이는) 물건 및 움직일 수 있는 물건[46]을 귀속시키는 것으로 규정했다.[47] 여기서 눈에 띄는 대상의 분류는, 일찍 발견된, 고전적인 고시의 구축(構築)원칙(Aufbauprinzip) 그 자체와 일치하는데, 이 원칙은 고시를 편찬함에 있어 처음부터 주어졌던 것이다.[48]

---

44) 공간의 일부를 차지하고 사람의 감각에 의하여 지각할 수 있는 형태를 가지는 물건인 유체물과 대비 되는 것으로, 채권, 물권처럼 인간의 사고(思考)에 의해 포착된 개념이다.

45) Gaius II 14.

46) 역주: 현행법은 전자도 후자에 포함되는 것으로 하나, 여기서는 스스로 움직이는 동산과 외력에 의해 움직일 수 있는 물건으로 구분하고 있다.

47) 주해 71번.

48) 주해 72번.

3. 이론의 차이가 공유와 공동점유에 초래한 결과

양 이론의 차이는 수많은 개별문제들에 영향을 미치는데, 특히 동일한 물건에 대한 여러 사람의 소유를 다르게 구성하는 것이 그러하다. 이로 인해 풍부해진 사료 덕분에 우리의 법체계에서 고전전의 자연법적인, 사회적으로 구속된 합수(合手)적[49] 공동소유권(Gesamthandeigentum)[50]과 고전적·형식적인, 개인주의적 지분소유권이[51] 공존하고 있다.

고전전 법학에서는 여러 사람의 동일한 물건 소유를 사회적으로 파악하며, 공동의(gemeinschaftlich) 사용권한으로서 전체 소유자 공동체를 성립시킨다. 합수적 '공유'[52] 한 사람이 사라지면, 그의 지분만큼 다른 사람들의 지분이 늘어난다.[53] '공유'(=합유)는 분할되지 않은 물건에 대한 공동체적 지분(Gesellschaftsanteil. pro parte pro indiviso)이다.

고전 법학에서 공유는 확고한 무체물 구조로 생각되었다. 즉, 이는

---

49) 역주: 말 그대로 손을 맞잡는 것으로서 공동체적 구속을 의미한다.
50) 독일 민법 제718조, 제719조.
51) 독일 민법 제741조.
52) 역주: 저자는 여기서 현행법의 합유와 공유에 상응하는 것을 모두 Miteigentum이라고 쓰고 있다. 같은 용어도 학설에 따라서는 다르게 이해할 수 있음을 전제한 것이고, 그런 한에서 정당한 번역이라고 할 수 있다. 역자는 전자의 경우 공동소유(우리 법상 공유, 합유 외에 종중, 교회, 마을 등의 소유 형태인 총유[總有]까지 포함한 개념이다)라고 번역하는 것도 오해의 소지가 있어, 양자 모두 '공유'로 번역하되 전자의 경우에는 현행법상 합유에 상응함을 명기했다.
53) 역주: accessio. 첨분(添分)으로 번역된다.

그 자체로 자유롭게 양도할 수 있는 지분 혹은 관념적 비율로 생각되었다. 물건 자체의 사실적인 차원에서는 이러한 관념적 지분에 대해 공동사용을 허용하지만 법적 구조에서는 공동체적 요소가 없다. 또 공유자 중 일부가 다른 공유자의 지분이 증가하는 첨분은 배제된다.

권리와 물건을 명확하게 구분한 고전 법학 덕분에 하나의 물건에서 반드시 두 개의 새로운 물건이 생기지 않더라도, 하나의 물건이 두 소유자 사이에서 현실적으로 나누어질 수 있다는 사실을 인정할 수 있다. 이는 오늘날까지 지속적으로 영향을 미치고 있다. 예컨대, 이웃 토지 일부에 걸쳐 있는 건축물의 경우가 그러하다.[54]

아래 절에서 다루는 소유권 취득 및 상실에 관한 이론도 현대 법에 계속 이어지고 있다.

> 근본적인 대립은 대신관 퀸투스 무키우스 스카이볼라(Q. Mucius Scaevola p.m.)와 세르비우스(Servius Sulpicius Rufus) 사이의 고도로 추상적인 논쟁을 통해 전해진다.
>
> 무키우스는 분할되지 않은 물건에 대해서만 소유권의 일부가 존재할 수 있다고 가르쳤다. 우리에게 소유권적으로 귀속하는 분할된 부분들은 불가피하게 이미 뭔가 전체이기 때문이라는 것이다. 이 시각에서는 공유는 분할되지 않은 물건의 질적 본질가치(Substanzwert)에 존재한다. 이는 공유

---

54) 역주: 건물은 토지와 별개의 독립한 부동산으로 취급하는 우리 민법과 달리, 로마법(그리고 이에 영향을 받은 대륙법)에서는 지상물은 토지에 속한다(superficies solo cedit)는 원칙이 적용되어 이웃 토지를 침범한 건물 부분은 이웃 토지 주인의 소유에 속한다.

자의 사용할 권리 및 심판인으로 하여금 자신의 지분을 원물 또는 금전으로 할당하도록 하기 위해 공동관계를 소송으로 해소할 권리로 표현된다. 따라서 공유물분할소송(actio communi dividundo)이 유스티니아누스에 의해 고시에서의 모습과 달리 신의성실에 기초한 소송[성의(誠意)소송. bonae fidei iudicium]으로 분류될 수 있었던 것도 무키우스에게서 유래한다.[55]

이에 반해 세르비우스는, 부분은 분할된 것으로서뿐만 아니라 동시에 분할되지 않은 것에 대한 지분으로서 존재함을 가르쳐 성공을 거두었다. 분할되지 않은 물건이 여러 사람에게 분할되어(pro parte pro diviso) 할당될 수 있다는 것을 세르비우스는 이 소유권 분할이 오로지 법적 사고에서만 존재한다는 것, 즉 그것이 '무체물'(res incorporales)이라는 점에 의해 달성했다. 이것은 확고한 무체적 구조 또는 관념적 비율로서 오늘날의 지분 소유권에 상응하며, 지분 소유자는 완전히 독립적이며 다른 공유자의 이익을 고려하지 않고 그 지분을 자유롭게 양도할 수 있다는 것을 의미한다. 이러한 법적 구조에서는 공동체적(gesellschaftlich) 요소라 할 만한 것이 없다.[56] 즉, 세르비우스의 가르침은 법적 사고 차원에서 부분소유권이 가능하다는 것이다. 이러한 세르비우스 가르침의 다른 한쪽은 그에 의해 주장되었을 개연성이 높은 가르침으로서, 이미 언급한 바, 하나의 물건이 그 유체적인 면에서 현실적으로 분할되어 두 소유자에게 귀속될 수 있고, 이 때문에 두 개의 물건이 생길 필요가 없다는 가르침이다. 이는 오늘

---

55) Inst. 4, 6, 28.
56) 주해 73번.

날 건물이 일부 이웃의 토지 위에 건축되어 있다면 그 경계를 침범한 만큼 이웃의 소유로 인정되는 것과 같다. 고대 로마의 예로는, 경계에 있는 돌이나 나무가 토지로부터 분리되는 경우에도 경계선이 수미일관하게 여전히, 분할되지 않은 대상에 대한 유체적인 소유 부분을 결정했다. 그러나 반대 견해는, 분리된 돌이나 나무에 대해 기존의 부분소유권이 다음과 같은 방식으로 지속된다고 가르쳤다. 즉 물체를 분할 없이 포괄하는 공유가 생기며, 공유에는 소멸하게 되는 부분의 크기나 가치에 따라 가치지분이 할당된다.[57] 이것이 바로 세르비우스가 무키우스한테서 발견한, 분할되지 않은 물체에 대한 공유(pro parte pro indiviso) 이론이다.

무키우스의 이 이론은 동시에 그의 소유권 이론을 밝혀 준다. 무키우스가 그의 아버지를 따라, 취득한 토지에 매장되어 알려지지 않은 보물을 (토지와 함께) 취득할 힘을 그 토지의 자주점유자의 의사에서 제외시키고, 대신 사용취득 점유의 개시를 위해서 보물의 발굴을 요구한 것[58]은, 점유와 소유는 각각 개별 물건에 존재한다는 가르침의 결과이지(오늘날의 특정성의 원칙[59]도 같은 것을 말한다), 이제부터 자주점유와 소유는 외부에 드러난 것에 한정된다는 것을 의미하지 않는다. 소유권은 여전히 소유자에게 그 물건에 상정된, 의미 있고 동적으로 생각되는 본질(실체. Substanz)를 배정

---

57) 주해 74번.

58) 주해 75번.

59) 역주: 물권은 물건에 대한 지배권이므로, 그 지배 범위를 확정할 수 있는 개별 물건에 대해서만 인정된다는 원칙. 예컨대 양어장에 있는 수많은 뱀장어의 경우 뱀장어 집단에 대해서가 아니라, 개별 뱀장어에 대해서 소유권 등 물권이 인정된다.

한다. 따라서 유체적인 나무나 돌의 일부에 대한 소유는 동일성을 유지한 채 공유에서 지속될 수 있었고, 이는 원칙적으로 고전전의 가르침에 따라, 질료(質料, Stoff)가 가능하게 하는 모든 형상들(Gestaltungen)에서 동일한 소유권이 지속되는 것과 다르지 않다.

오늘날 용어법으로 말하자면 특정성의 원칙에 의해 더 엄격하게 정의된 이 소유권 이론은 퀸투스 무키우스가 '기초자들'(fundatores)**60**의 후계자로서 그 저작에서 완성한, 시스템의 큰 재조정(Umgewichtung)의 결과였다. 과거의 법학자들은 '자연에의 추가물'을 만든 자익추구 의사(eigennütziger Wille)를 우선했다. 그들은 여러 사람의 의사가 하나의 목적물을 각자에게 유효한 방식으로 점유법과 소유권법적으로 포착하는 쪽으로 향할 수 있음을 자명하게 가르쳤다. 이 경우 그들은 내적인 본질가치(Substanzwert)로 향하는 자주점유 의사가 점유를 얻은 토지로부터 아직 발견되지 않은 보물을 발굴할 힘을 그들에게 준다는 것에서 출발했다. 왜냐하면 이 관점에서는, 자연히 '사적인' 것은 아무것도 없는 세계에서, 자주점유와 소유는 어떤 국가 또는 민족의 미래 시민들이 그들의 영토에 대한 점유와 소유를 확보하고 각자의 의사가 분할되지 않은 토지를 향한 순간에 시작했기 때문이다. 그 뒤 개별 시민에게 권리를 부여하는 점유권과 소유권 – 시민의 도시국가(bürgerschaftliche Staatlichkeit)가 이를 가능하게 했다 – 이 여러 사람에게 귀속될 수 있다는 것은 이 사고에는 자명한 것이기도 했다. 이러한 사고의, 철학적 영감에 기초한 12표법 해석은 유산을 분할하지 않고 계속 경영

---

60) 역주: 시민법의 기초자들(fundatores iuris civilis).

하고자 하는 상속인들 사이에서뿐만 아니라, 형제들처럼 서로 조합을 결성하고자 하는 자들을 위해서도 '법률에 기초하는 동시에 자연법적인 조합'(legitima simul et naturalis societas)을 인정했다는 것이 실제로 전승되었다. 이 조합은 각 조합원에게 '서로 형제'라는 전제 아래 물건 전체에 대해 권한을 부여하고, 각 조합원에게 조합원 모두에 대한 효력이 있는 처분을 위임했다. 훗날 사비누스 학파인 가이우스는 이 법이 효력을 상실했다고 전한다.[61]

그 이유는 퀸투스 무키우스(Q. Mucius)가 체계화하고 사비누스(Sabinus)가 채택한 가르침에 있다. 시민법상 점유(civilis possessio)는 원칙적으로 오직 한 사람에게만 귀속할 수 있는데, 여기에는 고전 법의 자연주의에서 버려진 단 한 가지 예외가 있다는 것이다. 즉 어떤 자의 점유는 동시에 점유하는 다른 점유자에 대해 자력구제를 할 준비가 되어 있고 그렇게 할 수 있는 경우 그리고 그런 동안에만 지속한다는 것이다. 이 예외를 통해 이러한 새로운 가르침은 점유에는 일정한 폭력을 행사할 권한이 내재한다는 점을 고수한다.[62] 이 관점에서는 여기서 자주점유는 '자연에 대한 첨가물'의 기초이자 인간의 실존적 조건(condicio humana)의 기반으로서 신의 섭리에 의해 정당화된 권리였음이 드러난다. 따라서 점유는 소유권과 마찬가지로 단순히 점유 목적물의 외형적 형상에 관계되는 것이 아니라, 의미 있는(sinnhaft), 모든 형상들에 있어서 그 목적물에 동일성(Identität)을 부여하는 본질

---

61) 주해 76번.
62) 주해 77번.

(Substanz), 즉 황금 시대에 인간의 목적물과의 관계였던 용익역권자에게는 배제된 바로 그것과 관계된다. 고전전의 신화에 따르면, 시민법상 점유(civilis possessio)와 함께 물건의 본질에 개입할 권리가 시작한다.

이 이론의 자연적 점유(naturalis possessio)는 용익역권의 전형적인 사례가 보여 주듯이, 신의 섭리에 따라 목적물에 함께 주어진 사용이익을 누리는 것으로 제한되었는데, 이 자연적 점유에 있어 공동점유의 가능성은 자명한 것이었다. 공동점유는 한때 황금시대에 그 점유가 목적물의 성질이 허용하는 한 항상 여러 사람에게 사용을 허용하듯이, 규정 없이 그리고 그들의 (당연히 가끔은 전혀 없을 수도 있는) 평화로움을 신뢰하면서 가능했다.[63]

제3절 법률(거래)행위에 의한 소유권 취득

I. 12표법

1. 악취물(Res mancipi. 토지, 사람 및 큰 가축)

이런 목적물의 양도를 위해서는, 그 대가가 5명의 증인 앞에서 전문적인 저울잡이가 당시의 중량 화폐인 동괴의 무게를 재서 현물로 지불

---

63) 주해 78번.

하는 행위가 필요했다.

이것이 행해진 경우에 12표법은, 양수인의 형식적 문구로 된 언명, 즉 "퀴리테스 법에 따라 이 물건은 내 것이다!"는 언명은 법적으로 유효하다고 규정했다. 이 규정은 그 법률의 유명한 구절에 포함되어 있다.[64] "그가 '토지의 경계를 포착하는' 구속 행위 또는 '그가 솔가권에 복종하는 자 또는 큰 가축을' 손으로 잡는 행위를 하는 경우, 혀가 말한 대로 법이 될지어다"(si nexum faciet mancipiumque, uti lingua nuncupassit, ita ius esto).

이 거래형태에 의해 대가(代價) 확보를 강제한다는 법정책적 사고는, 12표법 시대의 인구·재산 총조사에서 동괴 화폐로 평가된, 가(familia)의 재산이 그 목적물은 아니더라도, 적어도 그 가치에 따라 유지되어야 한다는 것이었다. 법률 규정과 거래 형태의 결합은 신관(神官)에 의한 것이며, 매우 치밀하게 고안된 것이다. 자력구제 이론은 이를 여러 면에서 오해했다.

그런데 악취행위와 총조사의 결합은 이미 테오도르 몸젠(Theodor Mommsen)이 인식하였다. 이 거래는 토지와 토지 경작에 필요한 사람과 동물이 그 부(富)를 구성하는 농업·귀족계와 화폐 재산이 그 부를 구성하는 평민적 도시와의 균형을 상징한다.

---

64) XII tab. VI, l.

2. 기타 물건들(Res nec mancipi[65])

12표법은 기타 물건의 양도에 대해서는 그 인도 후에 현금 지급 대신 질권·저당권이나 보증인에 의해 담보되면 충분하다고 규정했다.[66]

II. 헬레니즘 시대의 법

1. 고전전 법학

악취행위(mancipatio)는 자연법 시대의 초기에는 의례적인 절차를 밟았다. 기원전 3세기에 로마에서 대가 지불이 일정한 크기와 무게로 주조된 화폐로 전환되어 돈의 무게를 더 이상 측정하지 않고 세는 방식으로 바뀌면서(pecunia pensa 대신 pecunia numerata), 소유권 이전의 원래적 형태는 그 의미를 잃었다. 그러나 이 법학은 자신이 특별히 정당화한, 법률의 존중(Gesetzestreue) — 도처의 상이한 법률들은 한 도시국가(civitas)의 그때그때의 설립문서들이다 — 으로 인해, 법률 문언을 고수했고 악취행위를 형식적인 의사(意思)행위로 의례화하였다. 이제부터는 양수인이 5명의 증인과 저울잡이 앞에서 동전으로 저울을 치는 것으로 충분했다. 이로써 돈을 재서 주는 것이 상징화되고 의례를 통해 이행되었다[비슷한 논리로

---

65) 역주: 저자는 기타 물건으로 새기는데, 역자는 직역한 통상의 번역어를 쓴다.
66) Inst. 2, 1, 41.

틸 오이겐슈피겔(Till Eugenspiegel)은 막 구운 빵 값을 동전 소리로써 지불했다]. 이는 양수인의 소유권 주장, 즉 "퀴리테스 법에 따라 이 물건은 내 것이다"라는 양수인의 소유권 귀속 언명에, 법률(즉 12표법)에 "그렇게 이것이 법일지어다"라는 말에 예정된 법적 효력을 부여하기에 충분했다.

악취행위는 이렇게 의례화됨으로써 매매라는 원래의 목적에서 벗어났다. 이전에는 악취행위가 불가피하게 현금매매였다면, 이제부터는 그것의 사용 목적이 열려 있었다. 이제 증여조차도 가능했다. 그리하여 이제 가능해진 (예컨대 토지의) 증여를 금지한 법률 하나(lex Cincia)가 이미 기원전 204년에 등장한 것은 특징적이다. 법정책적으로 이 법률은 이런 증여에 대한 사회적 압박에 대응하기 위해 필요했다. 이런 유형의 큰 '선물'은 가령 재판절차에서의 변호에 대한 대가로 기대되었다.

외형적으로 무게를 재는 행위가 다섯 명의 증인과 저울잡이 앞에서 한 언명에 대해 12표법의 "그대로 법이 될지어다"(ita ius esto)라는 결과를 발생시킨다는 사고는 결국 양도법을 넘어 다른 영역, 즉 엄격법의 질서 내에서 법적 효과를 가져올, 그 이외의 두 가지 가능성으로까지 확장되었다.

첫 번째는 추상적인 채무이행이었는데, 특정한 채무자들, 전형적으로는[67] 채무변제의 확정판결을 받은 채무자에게 허용되었다. 이러한 채무자는 저울과 함께 작은 연출을 하면서 함께 연기하는 (당연히 먼저 다른 방법으로 만족을 얻은) 채권자를 상대로 의례적인 언어로, 자신이 이렇

---

67) Gaius III 174.

게 하여 이행하고, (채무로부터) 해방되며 모든 것을 마지막까지 지불한다는 것을 선언하였으나, 그 다음은 저울에 구리 동전(銅錢)을 치는 것으로 만족했다. "그것이 법일지어다(ita ius esto)"라고 말하는 것은 단순한 연출의 실행을 요구했기 때문에, 이로써 채무는 소멸되었고, solutio, 즉 채무로부터 해방되었다.

또 다른 사례[68]는 공매식 혼인(coemptio)이다. 여기서는 두 혼인 당사자가 같은 장면연출로 서로에게 예컨대 남편 가이우스(Gaius)와 아내 가이아(Gaia)가 남편의 지배권을 의미하는 수권식 혼인(手權, manus, 수권혼으로도 불림)을 한다는 것을 서약하고, 마찬가지로 저울에 동편을 치며 "그렇게 법이 될지어다"(ita ius esto)라고 서로에게 말한 것이 법적 효력을 갖게 된다.[69]

12표법에서 악취물(res mancipi) 매매의 경우 예정된 대가 확보는 그 효력을 유지했다. 매도인이 어떻게 자신의 돈을 얻는지 하는 문제는 거래법, 따라서 신뢰원칙에 맡겨졌다. 따라서 매도인이 대가지급 또는 담보제공 대신 매도인의 변제자력에 대한 일반적 신뢰(fidem sequi)[70]만으로도 만족을 줄 수도 있다고 인정되었다. 주된 문제는 양도인의 의사가 어떤 요건 아래 소유권을 양수인에게 이전할 수 있는가였다. 당사자들이 명시적으로 신용매매에 합의한 경우, 그것만으로도 양도되기에 충

---

68) Gaius I 113.
69) 주해 57번.
70) Inst. 2, 1, 40/41 참조.

분했다. 마찬가지로, 매수인이 소유자가 되기를 원할 경우 대금을 현금으로 지불하거나 보증인을 세우거나 담보를 제공할 것을 합의해도 문제가 없었다.

악취행위(mancipatio)와 인도(traditio)[71]의 차이는 무엇보다도 엄격한 형식을 따르는 악취행위가 엄격법(ius strictum) 상의 거래로서 의사에 더 많은 힘을 부여했고, 그래서 자연법적인 관점으로 인도하는 것 보다 더 자유로운 목적들을 허용했다는 점이다. 그리하여 악취행위는 실제는 지속적인 소유권 이전을 전혀 원치 않는 경우, 예컨대 채권담보를 위한 양도(즉 양도담보) 또는 비교적 장기 부재중 소유자의 지위를 부여함으로써 강화된 보호관계(Obhut)를 설정하기 위한 경우에도 양도효과를 발생시킬 수 있었다. 두 경우에 거래법에 신탁(fiducia)이 생겼는데, 신탁상 의무들은 처음에는 신의(Fides)에 의해, 나중에 신의성실(Bona fides)에 의해 결정되었다.[72]

마지막으로, 의례화된 악취행위는 사후(死後)에 유산을 상속인들에게 분배하기 위해 전(全)재산을 생전에 (제3자에게) 양도하는 것도 허용하였다. 이 경우 (재산을 양수한) 유산매수인(familiae emptor)이 수익자를 상대로 지게 되는 의무들은 마찬가지로 신의(Fides)의 신뢰원칙의 지배를 받았다. 그러나 유증의 수익자에게 권리를 부여한 동형유언이 이른 시기에 성공함으로 인해 신의성실로의 진화를 경험하지 못했다.[73]

71) 역주: 바로 아래 참조.
72) 주해 40번.

인도(traditio), 즉 자연법적인 점유이전은, 그쪽으로 향하는 의사를 거래의 목적이 완전히 정당화할 때에만 양도 효과를 가졌다. 이는 특히 (고전전 시대는 교환의 관점에서 생각된) 매매, 증여 및 채무변제에서 그러하다. 이에 반해 대여금채권 담보 목적의 인도는, 여기서 의사와 목적이 결정하기 때문에 자연법적으로 소유권이 아니라 질권만을 발생시키는데, 이 질권은 신뢰원칙(fides)을 따르는 질권관계를 동반한다. 보관의 경우에는 신뢰원칙을 따르는 보관관계(depositum)가 발생한다.

2. 고전 법학

고전 시대에는 형식적인 정당(正當) 원인(iustae causae) 이론이 발전했다. 당사자들이 의도한, 인도(traditio)의 직접적인 원인이 객관적인 법에 따라 소유권 이전을 정당화할 때 소유권이 넘어갔다. 이것이 고전 법상 소유권 양도의 요건이다. 즉 정당 원인과 함께 한 인도(traditio cum iusta causa). 이 요건은 매매, 증여, 채무변제에서 존재했으나, 대체물(res fungibles)의 인도에서도 존재했다. 맨 마지막 것은 받은 대체물을 구체적으로 사용한 뒤에 그 특정물을 돌려받는 것(in specie)이 아니라 같은 종류에 속하는 다른 물건으로 돌려받는 것(in genere)이 기대되는 경우이다. 이것은 소비대차뿐만 아니라 불규칙 임치(금전의 혼합임치)이나 불규칙 운송(선적으로 혼합된 곡물의 대량 운송)에서도 적용되었다.[74] 정당 원인

---

73) 주해 65번.

(iusta causa)은 양수인이 새로 차지한 점유를 위한 새로운 소유권을 그에게 발생시키는 효과를 전개했다. 당사자들은 그들이 한 것이 법적으로 무엇을 의미하는지 알 필요가 없었다. 구성요건 요소들에 대한 합의는 법률행위가 아니었다.

악취행위의 경우 신탁(fiducia)은 원인(causa)이 되기에 충분했다. 그러나 항상 하나의 원인(causa)이 요구되었다. 우리가 생각하는 무인(無因)적인 양도[75]는 로마 고전 법에는 없었다.

3. 고전 성기(盛期)의 소유권 양도 이론

고전 후기에는 정당 원인(iusta causa) 이론이 의사(意思)이론적 관점으로 해석되었다. 이 이론은 점유 이전에 수반하여 계약에 의한 양도 의사를 확인할 수 있게 하는 이유를 체계화하였다. causa credendi(금전 기타 대체물의 대여라는 원인), causa solvendi(채무변제라는 원인) 및 causa donandi(증여라는 원인)라는 3분법이 그것이다.

4. 독일의 무인(無因)적 소유권 양도 이론

독일에서 무인적 소유권 양도 이론은 중한 결과를 초래한 오해에 기

---

74) 주해 79번.
75) 독일 민법의 경우처럼 물권의 처분, 즉 물권행위가 매매, 증여, 교환 등 원인행위의 효력에 영향을 받지 않는다(물권행위의 무인성)는 뜻.

초한다. 이로 인해 독일법은 로마법계에서 독특한 위치를 차지하게 되었다. 독일 민법에 들어간 사비니의 물권계약('dinglicher Vertrag') 이론은, 소유권이 이전된다는 의사가 효력을 갖기 위해서는 당사자들이 소유권 이전에 합의하는 것만으로도 충분하다는 것이다. 사비니는 이로써 로마의 원인(causa) 이론에서 그것의 가장 보편적인 공통분모를 찾았다고 믿었다. 그러나 이것은 틀렸다. 그가 든 예(누군가 거지에게 동전을 던지는 경우)에서는 당사자는 소유권 이전뿐만 아니라 증여도 원한 것이 명백하다. 사비니에 의해 원인(causa)은 급부 보유의 근거로 변했다. 예컨대 매매계약이 무효일 때처럼 원인이 없는 경우, 그럼에도 불구하고 소유권이 양도되고, 급부의 수령자는 채권법상 부당이득법의 규율에 따라 반환할 의무를 부담한다. 이로써 사비니에 의해 독일법에서는 정당 원인이 물권법에서 채권법으로 이동하게 되었다.

제4절 소유권의 원시취득

I. 고권적 할당

애초에 정착민에게 가장 중요한 재산의 할당은 소유물반환청구가 가능한 보호(tutela)[76]의 법 형태로 실행되었다. 나중에는 이를 대신하여

---

76) XII tab. V 3.

완전히 발전된 개인소유가 나타났다. 고권적 할당(Adsignation/Assignation. adsignatio/assignatio)은 계속해서 원시취득의 원인으로 중요한 역할을 했다. 로마 시민의 식민지(coloniae civium Romanorum)와 라티움 인의 권리가 인정되는 식민지(Kollonien latinischen Rechts. coloniae Latinae)의 구역과 로마 주변 들판(ager Romanus)의 정주지들의 구역 내에서 (소위 Viritanassignation) 고권적 할당은 제정기까지 여러 차례 사용되었다. 공유지(ager publicus)를 정착민에게 넘겨 주기 위해서 공화정에서는 원칙적으로 법률이 필요했다. 전리품도 지휘관에 의해 개별 군인에게 고권적 할당에 의해 귀속되었다. 고권적 할당의 반대 행위(contrarius actus)는 원칙적으로 형법상 재산몰수(publicatio)로서 사유재산을 국가로 귀속시키는 것이다.[77] 오늘날에도 고권행위에 의한 소유권 할당이 있는데, 예컨대 강제경매, 그리고 그 반대로서 예컨대 범행 도구와 수익(instrumenta et producta sceleris)의 몰수가 있다.

II. 선점과 소유권 포기

1. 자연법 이론

고전전의 자연법 이론에 따르면, 선점(occupatio)[78]은 자연법의 힘으

---

77) Inst. 4, 18, 4; 8.
78) 독일 민법 제958조.

로 모든 사람들에게 동등하게 귀속한 상태에 있는 물건에 대해 가능하며, 엄격한 소유권을 성립시킨다. 의사와 단순한 점유 포기만으로도 가능한 소유권 포기(derelictio)는 모든 사람에게 그 취득이 허용된 자연법적 상태로 돌아가는 것이다. 따라서 소유권 포기는 별도의 요건 없이 가능하며 그 후 다시 취득하면 즉시 새로운 소유권이 성립한다.[79]

2. 고전 법 이론

비슷한 방식으로 고전 법 이론에서 선점은 아직 법에 의해 포착되지 않은, 즉 주인 없는 물건들, 예컨대 야생동물[80], 해변의 조개[81] 또는 적으로부터 빼앗은 물건[82]과 같은 것들에 대해서도 적용된다. 이 물건들에 대해 성립한 사실적인 점유는 법질서에 의해 보호되는 법적인 지배(소유권)로 전환된다. 고전 법에서는 즉시 효력을 발생하는 소유권 포기는 불가능했다. 그러나 포기된 물건들에 대해서는 점유를 취득할 수 있고, 이를 통해 바로 선점할 수는 없으나, (일정기간이 지나면) 사용취득할 수 있다(usucapio pro derelicto).[83] 만약 고전 법에서 법상 당연히(ipso iure) 효력 있는 소유권 포기를 인정했다면, 원인(causa)에 의존하는 소유권

---

79) Inst. 2, 1, 47.
80) Inst. 2, 1, 11-17.
81) Inst. 2, 1, 18.
82) Inst. 2, 1, 17.
83) Inst. 2, 1, 47.

양도체계는 파괴되었을 것이다. 왜냐하면 각각 즉시 효력이 있는 소유권 포기와 선점의 연속을 통해 무인적인 양도가 특별한 어려움 없이 구성될 수 있었을 것이기 때문이다.

III. 가공[84]

가공(specificatio)은 고전 법 이론에 의해서만 소유권 취득의 원인으로 인정된다. 고전 법 이론만이, 보석병 같은 새로운 물건의 제작에 의해, 가공된 재료(예: 은 막대)가 법적으로(즉, 자연적 지배권으로서의 점유 및 이와 결부된 소유권이) 완전히 사라지며[85] 고전 법 이론을 따를 때만 가공자는 새로운, 그러므로 주인이 없는 물건에 대한 점유와 소유권을 취득한다. 이에 반해 고전전의 소유권법은 한 물건의 질료(Substanz)에 그 안에 내재된 모든 가공가능성도 귀속시켰다. 따라서 (가공을 통해) 새로운 형태를 부여하는 것은 물건의 동일성을 건들 수 없었다.

IV. 구성부분과 과실의 취득[86]

구성부분은 양 전통에서 모두 분리에 의해 취득된다. 소유자는 과실

---

84) Inst. 2, 1, 25; 독일 민법 제950조.

85) Inst. 2, 1, 25.

86) 독일 민법 제953조.

을 분리를 통해 취득한다. 다른 사람이 분리한 경우라도 그러하다[원물주의(Substantialprinzip)[87]]. 이에 반해 용익역권자는 자연법적인 방법 또는 (고전적인 견해에 따르면) 자연적인 방법, 즉 과실수취[수취주의(Perzeptionsprinzip)]로 과실을 취득한다.[88] 선의점유자는 고전전의 이론에 따르면 수취, 즉 그 노동에 의해 과실을 취득한다.[89] 고전적인 (그리고 오늘날 독일 민법 제955조) 이론에 따르면 선의의 점유자는 소유주와 동등하게 간주되어 열매를 분리함으로써 취득한다.

V. 부합[90]과 혼화[91]

혼합물의 제작은 사실 차원에서는 물건을 분해하는 것과 반대되는 개념이다. 새로운 혼합물은 주된 물건(건축의 경우 토지가 항상 주된 물건이다[92]; 옷은 이보다 훨씬 고가의, 자수 놓은 자색 실에 대해 주된 물건이다[93])의 소유자에게 속하든지, 주된 물건이 없는 경우 지분 공유가 생기든지[94] 둘 중 하나

---

87) 역주: 과실은 원물의 질료에서 파생된다는 뜻에서.
88) Inst. 2, 1, 36; 오늘날 독일 민법 제954조는 다르다.
89) Inst. 2, 1, 35.
90) 독일 민법 제946조, 제947조.
91) 독일 민법 제948조.
92) Inst. 2, 1, 30, 독일 민법 제94조, 제946조.
93) Inst. 2, 1, 26.
94) Inst. 2, 1, 27.

다. 예외적으로 접합된 부분들처럼 분명한 분리선이 있는 경우에는 부분들에 대한 별개의 독립적인 소유권이 유지될 수 있다. 분할할 수 있는 일정량의 종류물(함께 쏟아 부은 와인이나 곡물)의 경우 고전 법 이론에 따르면 양적인 부분소유권(Teilmengeneigentum)이 생긴다.[95]

VI. 매장물

법률적 의미에서의 매장물(thesaurus[96])은 발견된 이후 소유주가 알려지지 않고 그를 찾을 수 없는 물건이다. 매장물이 타인의 부동산에서 발견된 경우, 분쟁이 발생한다. 고전전의 법 이론과 고전 법 이론 간에는 중요한 차이가 나타난다.

고전전 법 이론은 소유자의 의사를 확장적으로 해석한 결과 알려지지 않은 매장물도 그것이 묻힌 토지의 소유자의 점유에 의해 포착된 것으로 보았다(그래서 매장물은 발견 시 이미 사용취득된 상태가 된다). 고전 법 이론은 매장물을 주인 없는 물건과 동일하게 취급한다(이 무주물은 발견자의 단독 소유로 이어진다). 하드리아누스 황제는 솔로몬과 같은 지혜로운 중간을 택했다. 그래서 토지소유자와 발견자가 각각 절반씩 나눈다(오늘날 독일 민법 제984조도 그러하다). 이는 전형적인 절충적인 견해(media sententia)이다. 그러나 매장물은 우연히 발견되었어야 한다. 조직적인 발굴은 그

---

95) Inst. 2, 1, 28.
96) Inst. 2, 1, 39; 독일 민법 제984조. 역주: 원뜻은 보물. 여기서는 매장된 보물이 문제된다. 우리 민법에 따라 매장물로 번역함.

소유자의 몫이다. 알려지지 않은 매장물의 사용취득을 거부했던 고전 전의 후기 이론은 오늘날 특정성의 원칙이라고 불리는 바를 따랐다. 소유는 그때그때 정확히 정의된 하나의 물건에 대한 법적인 지배라는 것이다. 고대에는 매장물을 품고 있는 물건이 반드시 토지여야 했다. 오늘날에는 가령 비밀 서랍이 있는 장농과 같이 동산일 수도 있다.

VII. 사용취득[97]

1. 12표법

악취물(res mancipi), 예컨대 토지나 노예가 소유주로부터 단순한 인도(traditio)를 통해 이전되면, 소유권이 넘어가지 않는다. 그러나 (부동산의 경우) 2년간 또는 (동산의 경우) 1년간의 점유 후에 소유권취득으로 이어지는 사용취득(usucapio)이 가능하다.

사용취득의 목표는 종속성을 방지하는 것이었다. 이는 완전히 수권(手權)혼의 틀에서의 '사용취득'과 마찬가지였는데, 이에 힘입어 아내는 아버지의 지배권에서 해방되었다. 그러나 양자 모두 사용취득을 중단할 수 있는 기회를 제공했다.

토지를 매수한 외국인의 경우에는 형식적으로는 여전히 소유자인 매도인에 대한 의존을 피할 수 없었는데, 그는 퀴리테스에 속하지 않아

---

97) Inst. 2, 6, 1-14; 독일 민법 제937조 내지 제945조, 제900조.

서 퀴리테스의 법에 기하여 소유권을 취득할 수 없었기 때문이다.

이 외국인에게 매도인은 형식적인 권리자로서 지속적으로('영원히') 중요했다. 이것이 12표법이 뜻하는 바이다.[98] "손님[즉 손님의 권리를 가진 외국인]에 대해서는 매도인의 조력할 의무(auctoritas)[99]는 영원하다"(adversus hostem aeterna auctoritas).

악취물(res mancipi)이 엄격한 악취행위(mancipatio)를 통해 누군가에게 양도되었으나, 무권리자로부터 양도된 경우, 마찬가지로 소유권이전이 일어나지 않는다. 이에 반해 진정한 소유자가 취득자를 상대로 한 소유물반환소송에서 성공을 거둔 경우, 즉 '이겨서' 물건을 '돌려받는' [사람들은 이를 추탈('Eviktion' 또는 'Entwehrung')이라고 한다] 경우, 12표법은 악취행위로 양도한 자는 양수한 자에게 대금의 2배를 민사벌로 지불해야 한다고 규정한다.

여기서도 사용취득이 도움이 되었다. 1년 또는 2년(토지의 경우)이 지나면, 진정한 소유자는 자신의 소유권을 잃게 되었다.

또한 타당하게도 사람들은 사용취득(usucapio)이 악취물(res mancipi)에 대해서 시작되었으나, 일찍이 비악취물(res nec mancipi), 따라서 모든 물건들로 확장되었다고 여긴다. 어쨌든, 고(古) 시기에도 물건은 항상 소유권 취득을 정당화하는 상황에서 취득되어야만 했다. 주된 사례

---

98) XII tab. III 7.

99) 역주: 우리의 매도인의 추탈(追奪)담보책임에 상응한다. 권리자가 매수인을 상대로 목적물의 반환을 소구하는 경우 매도인은 이 반환소송에서 매수인의 승소를 위해 조력할 의무를 졌다. 이 의무의 이행을 강제하기 위한 소권이 actio auctoritatis이다.

는 매매였다.

훔친 물건은 사용취득에서 배제되었다. 따라서 고전전 법학에서는 임차인이 소유자의 의사에 반하여 매도했던 토지도 도품(盜品)으로 간주하려는 시도가 있었다. 이에 반해 오늘날 10년의 취득시효는 점유자의 선의를 전제로 도품에도 적용된다.[100]

2. 헬레니즘 법

첫 번째 헬레니즘 시기, 즉 고전전 법학에서, 사용취득에 관한 법에 신의성실(bona fides)이라는 요건이 도입되었다. 이 요건은 현재 시효취득 및 선의취득의 요건으로서 '선의'(Guter Glaube)라는 꼬리표를 달고 있기에, 신뢰원칙에 따라 의무를 부과하는 bona fides를 번역한 말인 '신의성실'(Treu und Glauben)과 차이가 난다.

이에 반해 고전전 법에 따르면 이 선의도 보편적·자연법적 신뢰원칙이 요구하는 바를 이행하는 것, 즉 정직한 거래참여자라면 지켜야 할 의무의 이행을 요구했다. 매수인이 매도인이 아닌 다른 사람이 소유자임을 알고 매수한 경우, 제3자의 권리가 존재함을 고려하지 않았기 때문에 의무를 위반한 것으로 보았다. 그러나 이 의무는 매도인도 위반할 수 있었다. 매매대금이 지급되지 않았거나, 홍등가로 향하는 매도인에 한 변제처럼 매도인의 재산증가를 방해하는 상황에서 지급한 경우에

---

100) 역주: 독일 민법 제937조.

그러하다. 여기서 고전전 시대에는, 고전 법(그리고 현대 법)과 달리 물권법에 속하는 '선의'라는 의미의 bona fides와 채권법에 속하는 '신의성실'이라는 의미의 bona fides 사이의 구별이 이루어지지 않았음이 드러난다. 자연법적 신뢰원칙은 일관되게 적용되었다.

고전 법 이론에서 사용취득의 형식적 요건으로서 선의는 소유권이 없음을 단순히 모르는 것만을 요구했다. 새롭게 해석되고 물권법에 한정된 bona fides는, 현대의 선의와 비슷하게 양수인이 양도인이 소유자라고 여길 것만을 요구했다. 물론 오늘날에는 (동산의 경우) 다른 사람이 소유자임에도 중과실로 알지 못했다면 이미 선의가 아니다.[101] 이 점에서 일부 고전전 법으로의 회귀가 있다.

고전 법에서는 선의가 점유취득 시점에 존재하면 충분했다. 나중에 양도인에게 소유권이 없음을 알게 되더라도 이는 문제가 되지 않았다.

---

101) 역주: 독일 민법 제932조 제2항.

제5절 **제한물권**

I. 지역권[102]

1. 원칙들

지역권(servitus)은 어떤 토지가 다른 토지에 '봉사'할 수 있다는 관념에 기초한다. 경작지 역권은 매우 오래된 것이며, 법적으로 악취물(res mancipi), 즉 악취행위(mancipatio)를 통해 양도가 가능한 사권(私權)이었다. 경작지역권은 타인의 토지를 걸어서 통과하거나, 말이나 마차를 타고 통과하거나, 가축을 몰고 지나거나, 용수를 끌어내 지나가는 권리를 말한다. 이 지역권들은 아마도 한때 판관왕(判官王)이 감독하던 옛 경작지의 법질서에서 비롯되었으며, 이로부터 아주 일찍이 정착민들에게 처분 권한이 넘어갔다.

2. 고전전 법과 고전 법의 발전

고전전 법학에서는 승역지가 요역지를 위해 (승역지에 대한) 간섭을 허용하거나 (승역지에서의 특정 행위의) 금지를 인용(忍容)하는 방식으로 토지의 이용을 개선하는 지역권이 추가된다. 이 지역권들은 악취물(res man-

---

102) Inst. 2, 3 pr. - § 4; 독일 민법 제1018조-제1029조.

cipi)이 아니고, 자연적인 사용··이용 상태를 보장하는 것이다. 건물 역권은 다른 사람의 땅에 벽이나 지주(支柱)를 설치·유지할 수 있는 권리를 보장한다. 지역권에 힘입어 특히 건축고도 제한, 조망·채광과 유리한 바람 조건 유지도 물권법적으로 규율될 수 있다. 고(古) 시기와 고전전 시대에는 2년이 지나면 지역권들을 사용취득될 수 있었다. 그러나 고전 법학은 이를 폐지했는데, 고전 법학의 엄격한 견해에 따르면 유체물만이 점유될 수 있을 뿐, 지역권과 같이 무체적인 (사고)구조에 불과한 것은 점유할 수 없기 때문이었다.

최종적으로 고전 법학은 이웃 토지에 해로운 임밋시온[103](치즈 공장의 증기, 채석장에서 날아드는 돌조각 등)이 요역지의 경제적 이용에 봉사하는 한, 그것을 허용하는 지역권도 인정하였다. 지역권이 없는 경우, 그러한 임밋시온은 지역권의 참칭으로서 이웃에 의해 금지될 수 있었다[오늘날 독일 민법 제1004조의 부인소권(actio negatoria)[104] 참조]. 이러한 지역권들은 고전전의 사고방식과 조화되지 않는다. 왜냐하면 이것들은 토지와 그 경작·건축에 기여하는 것이 아니라 소유자에 의한 토지의 경제적 이용에 도움을 주는 - (이웃 토지소유자에 대한) - 가해를 권리의 내용으로 만들기 때문이다.

---

103) 역주: Immission. 넓게 생활방해로 이해할 수 있으나, 마땅한 번역어가 없어, 흔히들 원 용어 그대로 음차하여 사용한다.

104) 역주: 우리 민법 제214조의 소유물방해배제청구권에 상응한 것이다. 로마에서는 지역권, 용익역권등 물권을 가지고 있다고 주장하는 자가 소유권을 방해하는 경우, 소유자는 이러한 권리의 존재를 부인하는 소권(actio negatoria)을 가지고 소유권방해제거를 청구할 수 있었다.

그때그때 토지소유자의 어떤 행위(작위 또는 부작위)는 지역권의 대상이 될 수 없다. 이것은 중요한 원칙이다. 중세에는 이 원칙이 없었기 때문에 다양한 형태의 물권화된(즉 토지에 결속된) 부자유[예컨대 '영주의 장원에서 그때그때의 경작지 소지자의 노역 및 말·마차 제공의무'(Hand-und Spanndienste)^{WP}]가 가능했다. 로마 고전 법에 따르면 토지만이 봉사할 뿐, 사람은 봉사하지 않는다. 이는 기본적으로 오늘날에도 마찬가지이다.

II. 용익역권[105]

1. 시원

용익역권(usufructus), 즉 물건의 본질(Substanz)을 온전히 보존하면서 물건을 사용·수익할 권리는 고전전 시대에 자연법의 한 제도로서 인정되었다. 자연법의 이상에 따르면 인간은 세상의 모든 물건을 용익역권자처럼 사용해야 한다. 즉 인간은 (재생산되는) 과실과 사용이익을 얻는 것에 스스로를 제한해야 하고, 물건의 본질(Substanz)을 훼손해서는 안 된다. 인간은 본질적 가치를 자신의 뒤를 잇는 사람들을 위해 보존해야 한다. 그는 자신이 열매를 따는 과실수를 벌채해서는 안 되며, 자신에게 양털과 새끼 양을 가져다주는 양을 도살해서는 안 된다. 고전전 시대의 용익역권은 애초부터 자연법적 소유권의 동반자였다. 따라서 용

---

105) Inst. 2, 4pr.- §4; 독일 민법 제1030조 내지 1089조.

익역권은 - 필연적인 귀환경향 (즉 탄력성)과 함께 - 소유권으로부터 분리되어 있을 때만 독립적인 권리로 존재한다. 이러한 상태가 지속되는 한 소유자에게는 나(裸)소유권(nuda proprietas)과 함께 물건의 사용권을 모두 '벗은'(nuda), 본질(Substanz)에 대한 권리만 가지고 있었다.[106]

2. 고전 법 이론

고전 법에서 용익역권은 무체적인 (사고) 구조로 변경되었다. 이 권리에 힘입어 용익역권자는 물건을 실제로 이용할(사용하고 과실을 수취할) 권한을 가졌다. (법리) 구성의 차이는 특히 여러 사람의 공동 용익에서 실천적인 의미를 가진다. 고전전 법에 따르면 다수의 용익역권자들 사이에서는 첨분권(添分權)이 있었지만, 고전 법에는 그렇지 않았다. 고전 성기(盛期)의 이론에서는 고전전 시대의 많은 원칙들이 다시 돌아온다.

III. 질권[107]

질권(pignus)은, 원래 담보된 채무액의 변제에 의해 풀려나야 하고 그렇지 않으면 파괴되는 물건에 대한 권리였다. 헬레니즘 시대에는 물적 책임(res obligata) 개념이 관철되었다. 매각을 통한 물건의 환가성이 질

---

106) 주해 68, 78.
107) Inst. 2, 8, 1; 4, 1, 14; 독일 민법 제1204조 내지 제1296조.

권의 내용으로 인식되었다. 고전 법에서 저당은 점유질[108]이었고, 따라서 질권채권자의 점유를 요구했다.[109] 그러나 고전전 시대의 전통에서는 비점유질도 가능했으며, 그 경우에는 특별히 (동산과 부동산에 대해) 저당(hypotheca)이라고 불렸다.[110]

---

108) 역주: 질물에 대한 점유를 취득해야 질권을 취득한다. 반대는 비점유질.

109) Inst. 3, 14, 4; 4, 6, 7.

110) Inst. 4, 6, 7.

제8장
재산 II. 채권

제1절 채무과 계약

I. 채무의 기본 개념

현대 법률가는 계약과 채무를 요건과 효과의 관계로 본다. A와 B가 계약을 체결하면, 법률효과는 한쪽이 다른 쪽으로부터 또는 양쪽이 서로 좁은 의미의 채무관계(즉 Obligation)에 기초하여 급부를 요구할 수 있다는 것이다. 이 견해는 로마 고전 성기(盛期)에 비로소 등장했다. 즉 ex contractu nascitur obligatio(계약으로부터 채무가 발생한다). 더 오래된 사고는 계약과 채무를 동일시했다. 예를 들어 소비대차계약은 일방적인 (즉 차주의 대주에 대한) 계약상 채무[1]이며, 매매는 양 당사자가 서로 이행을 소구(訴求)할 수 있는 쌍방적인 채무결합(obligatio ultro citroque = 쌍방거래의 의미에서의 contr-actus)이다.

채무는 채권자와 채무자 간의 사법(私法)적인 관계로서, 이에 기초하여 채권자가 채무자로부터 급부를 요구할 수 있는데, 그렇다고 해서 채권자에 대한 채무자의 자유가 침해되지 않는다. 채권자는 채무가 이행기가 되었을 때에만 청구하고 소송을 제기할 수 있다.

이러한 로마의 채무 개념은 자유로운 채무부담(오늘날 '법윤리적인 급부의무')과, 자유롭지 못한, 채무자를 채권자에게 종속시키는 책임(오늘날의 '다양한 형태의 강제 집행')을 명확히 구별하게 하는, 고(古)시대 로마법의 가장 성공적인 창작물 가운데 하나이다. 이 창작의 큰 공로는 사법상 채무부담에 관한 법을 오로지 채권자-채무자 관계로만 파악하고 형법을 배제한 것이다. 옛날의 많은 법질서에 형법이 개입하였는데, 그것도 "나에게 빚진 것을 갚지 않는 자는 도둑이다"는 원칙이 그러했다. 이런 대응은 사회적으로 매우 불행한 결과를 초래했다. 특히 (채무자를 감옥에 가두는) 채무자 감옥탑(Schuldturm)[2]은 이에 앞선 추방과 마찬가지로 지급불능 상태가 된 채무자에게 새로운 기회를 제공할 수 없게 만들었다.

로마법 교과서들에 나오는 태고의 소비대차계약인 nexum은 역사법학파의 완전히 불행하고 비역사적인 창작이다. 이것은 (채무자) 자신의 양도로서 구성되는데, 이는 채권자에게 양도되는, 채무자에게는 자유로운 급부 시간이 없다는 점에서 완전히 부적절하다.

이에 비해 태고적 단계부터 로마법은 하나의 중요한 문제를 올바르

---

1) 역주: 로마에서 소비대차계약, 즉 금전, 곡물, 기름 등 소비물을 빌려 주는 계약은 빌려 주는 사람(대주.貸主)이 빌리는 사람(차주.借主)에게 목적물을 인도하면 비로소 차주가 대주에게 반환할 의무를 발생시키는 계약이었다[물건의 인도를 필요로 한다는 의미에서 요물(要物)계약이라 함]. 소비대차계약의 반환의무는 형식적인 문언을 사용하는 문답계약(stipulatio)에 의해 대여금 등을 반환할 것을 약속함으로써도 발생했다. 소비대차의 이자 지급 약속은 반드시 이 문답계약을 사용해야 했다.

2) WP.

게 해결하였다. 바로 채무를 변제하지 않는 것은 처벌받을 수 있는 불법이 아니라 채권자와 채무자 사이에 책임법적으로 해결되어야 하는 하나의 법률문제임을 초기부터 명확히 하였다. 이것은 오늘날 모든 현대적 법질서의 세분된 단계에서도 유지되었다. 오늘날 채권자는 회생절차(Insolvenzverfahren)를 밟거나 – 전에는 파산(Konkurs)절차를 밟았다 – 압류 또는 강제경매를 신청하는 경우(에도), 채권자는 책임법적으로 접근하는 것이다.

II. 채권의 모태: 정착 시기의 문답계약(stipulatio)

1. 탄생

문답계약(Stipulatio)[3]은 발전된 법에서 질문과 답이 연계된 교환으로 성립하는 구두계약(Verbalvertrag)이다. "너는 나에게 약속하느냐? – 나는 약속한다!"(spondesne? -spondeo!). 이것은 로마에서 이자(faenus, usurae)를 약정할 수 있는 유일한 계약이었다.

문답계약의 역사는 역추론을 통해 밝힐 수 있다. 이자를 뜻하는 두 용어 가운데 usurae는 빌려준 돈의 사용가치(사용을 뜻하는 usus, 사용하다는 뜻인 uti에서 나옴)를 가리키고, 이자를 뜻하는 faenus와 '(폭리로) 빌려주다'를 뜻하는 faenerari는 더 오래된 이자부 현물대부를 가리킨다. 이 현

---

3) Inst. 3, 15pr.- §7.

물대부에서는 곡식의 씨앗 한 자루를 빌려주고 나중에 추수한 것에서 기꺼이 두 번째 자루를 이자로 돌려주어야 했다.

stipulatio라는 말 자체는 그 법적 효력과 관련해서는 애초에 로마 시민들에게만 유보되었으며, stipulatio는 두 가지 기본요소인 '책임'과 '채무'를 내용으로 하는 계약 형태였다. 나중에 완성된 형태에서 stipulatio는 구두계약이 되었는데, 이는 질문과 답변의 문구가 정확히 일치할 것을 요구했으며, 이행의 약속을 묻고 이에 답하는 계약이었다. dari spondesne? - spondeo["너는 (그것을) 줄 것을 약속하는가? - 나는 약속한다!"].

여기서 사용된 동사 spondēre는 어원적으로 그와 친척관계인 그리스어 spéndein(σπένδειν, 주는), 즉 "술을 제물로 바치면서 계약을 체결한다"는 것과 함께 계약에 포함된 종교적 요소를 가리키며, 책임의 의미는 없다.

이에 반해 책임을 가리키는 것은 stipulari라는 단어인데, 이는 채권자의 행위를 가리키며, 나중에는 단순히 추상적으로 "자기에게 약속하도록 만들다"를 뜻하게 되었다. 문자 그대로 해석하면, 'stipulatio'는 stipula('짚')에서 유래하여 채권자에게 무언가를 제공하는 '짚에 의해 상징되는 의식/행위'('Verhalmung')[4]를 가리킨다. 이는 그 효과에서 알 수 있듯이, 이는 '짚'의 무해성에 상응하게, 단지 책임부담을 준비하는 행위를 의미한다. 실제 책임은 채무의 이행기가 되면 현실화된다. 채무자

---

4) 역주: 후고 그로티우스에 따르면, 이 행위로 자유의 일부(particula libertatis)가 양도되었다. 다만 그것은 채무의 이행기까지는 유동적인 상태였다. 인격을 상징하는 막대를 짚으로 묶어 성스러운 숲에 거주하는 촌락의 우두머리에게 맡긴 동안에는 소비차주는 채권자를 두려워할 필요가 없었다.

가 정해진 기한까지 이행하지 않으면, 채권자는 채무자를 종복(Höriger)으로 만들 권리를 갖는데, 이는 반드시 법정에서(in iure), 즉 취락의 우두머리 앞에서 진행되어야 하는 '나포'(拿捕. manus iniectio), 즉 손을 얹는 절차(채권자의 가[家]지배권을 상징함)를 거쳤다. 취락의 소유물반환청구(vindicatio) 모델에서 이 공취(公取)절차는 처음부터 소송담보인(vindex)이 거부할 수 있었다.[5] 소송담보인(vindex)은, "이 자는 내 채무노예이다"라고 말하는 채권자를 상대로 "그는 마을의 자유로운 동료(*ven)이다"[6]라고 응수하면서 소유권 다툼이 시작된다. 다툼이 진행되는 동안 채무자는 자유롭다. 소송담보인으로 나서는 것은 소송수행을 맡음으로써 실질적으로 강화된 보증이다. 따라서 소송담보인은 패소할 경우 보증인으로서 채무자를 내놓아야 할 의무도 있었다. 그러나 이미 (채권자에 의해) 붙잡힌 채무자를 방어하기 위해 등장하는 보증인은 일차적인(primär) 소송담보인(vindex)이 아니다. 채권자와 소송담보인(vindex) 간의 소송에서 직무를 수행하는 심판인이 일차적인 심판인(iudex)이 아닌 것과 마찬가지이다.

  (채무자가) 보호받는 전체 이행기 동안 이 두 가지 역할을 한 사람은 정주지 우두머리였다. 이 기간에 법을 책임지는 사건 심판인(iudex)으로서, 그리고 이와 분명히 다른 이름인 vindex로서, 채무자가 정주지의 자유로운 동료, 즉 *ven의 침해되지 않은 지위를 향유한다는 점을 밝혔

---

5)   주해 6번.

6)   주해 9번.

다. 이런 식으로 '짚', 즉 '성스러운 풀'의 의식(儀式)의 일부도 이해될 수 있다.

외국에서 사신이 보호받고, 스스로 하늘의 신 유피테르 옵티무스 막시무스(Juppiter Optimus Maximus)의 특별한 보호 아래 들어가기 위해 쓰인 풀떼장(Grassoden)은 원래 사제역할을 한 정주지 우두머리가 왕(rex)으로 거주하던 숲에서 유래한 것이다. 이 풀의 줄기들은 소비대차 기간 동안 채무자를 신의 보호 아래에 두는 힘도 가졌다. 초기 프랑크법과의 유사성을 통해 '짚에 의해 상징되는 행위/의식'(Verhalmung)에 의해 발생하는 책임이 어떻게 성립되었는지도 짐작할 수 있다. 즉 인격을 상징하는 - 또한 해방할 때도 사용된 - 막대기인 vindicta-festuca를 채권자에게 넘겨줌으로써 책임이 성립했던 것이다.

고대 프랑크 족의 Fides facta[7]에서 라틴어로 마찬가지로 festuca라고 불리는 막대기가 채권자에게 건네진 뒤에 강력한 보호를 제공하는 보증인에게 전달되었다. 이와 유사하게 로마에서는 막대기가 채권자로부터 정주지의 우두머리에게 전달되었는데, 우두머리는 막대기를 '짚에 의해 상징되는 행위/의식'을 통해 보관하고, '보증인'으로서 막대기를 채무변제기까지 채권자로부터 '숨겨 보호하였다'. 채무 변제기에 정주지의 우두머리 앞에서 진행되는 나포(拿捕. manus iniectio)는 이런 방식으로 권장(權杖. 막대기)에 의한 해방(manumissio vindicta)의 반대 행위(contrarius actus)로 나타난다. 지금까지 독립적이었던 정주지의 동료는

---

7) 역주: 말 그대로 '만들어진 신뢰'로서 계약체결을 상징하는 형식행위. 프랑크와 롬바르드 법에서는 계약체결의 상징으로서 나뭇가지를 전달했다고 한다.

vindicatio(소유물반환청구) 모델에서 막대기(權杖. vindicta)로 상징되는 자유인 지위를 잃고 채권자의 지배권 아래로 떨어진다.

'spondere'(서약하다)는 'stipulari'라는 책임부담행위와 더불어, 계약행위의 일부였다. 이 계약행위에서는 정형적인 문구를 사용한 언명에 의해 채무가 정의되었는데, 이 경우 그 단어에 내포된 희생(제물)은 서약과 비슷하게 약속을 강화했을 뿐만 아니라, 신의 힘을 부름으로써 이행기까지 부여된 보호를 강화했을 것이다.

이 두 행위가 합쳐져, 채무는 사람의 자유를 건드리지 않음을 실례를 통해 분명히 해주는 채무관계가 성립되었다. 사람의 자유를 건드리는 것은 비로소 나중에 발생하는 책임의 효과이다.

2. 헬레니즘 시대

헬레니즘 시대에 문답계약(stipulaltio)은 질문과 대답의 동일성만을 요구하는 구두계약으로 변모했다. 종교적으로 자격이 부여된 구두형식인 spondesne?-spondeo는 여전히 ius proprium Romanorum, 즉 로마 시민만 사용할 수 있는 권리로 유지되었다. 동시에 이 구두계약은 다양한 어구를 허용하는 보편적인 만민법(ius gentium)의 계약[8]이 되었다. 예컨대 "dabis?-dabo"(너는 줄 것이냐? 나는 줄 것이다), "promittis?-promitto"(너는 약속하느냐? 나는 약속한다), "facies? -faciam"(너는 할 것이냐? 나는

---

8) Gaius III 93.

할 것이다). 플라우투스(Plautus)는 그가 활동하던 기원전 2세기로의 전환기에 문답계약의 어구 'dabis? dabo'가 이미 일반적으로 널리 사용되었음을 증명한다.[9] 이 시대에는 라틴어 사용을 고집하지 않았다. 고전전 시대 선인들(maiores)의 만민법은 모든 언어를 허용했으며, 그리하여 상대방이 이해할 수 있다면 누구든지 자신의 언어를 사용할 수 있었다. 그러나 고전 시대의 만민법은 라틴어 이외에 문명화된 자매어인 그리스어만을 허용했다. 그리하여 로마인과 그리스인은, 서로 상대방의 언어를 이해할 수 있는 한, 각자 자신의 언어를 사용할 수 있었다.

이 시기에 문답계약은 시초의 소비대차계약에 국한하여 이용되지 않았다. 문답계약은 구두계약으로서 성립요건이 간단했으며, 그리하여 다양한 목적으로 사용할 수 있었기 때문에 계약법정주의(numerus clausus) 아래서 두드러진 역할을 하였다.

III. 무이자(호의에 의한) 소비대차[10]

호의에 의한 소비대차(mutuum, 개정 전 독일 민법 제607조 제1항의 마지막 사안)는 엄격하게 무이자였다. 무이자는 먼저 인간의 상호 도움은 대가가 없다는 자연법 원칙으로 정당화되었다. 그 후 고전 법학에서 물건중심의 논리로(sachlogisch) 설명되었다. 요물계약, 즉 돈, 곡물, 포도주 같은

---

9) Pseudolus 114-118; 1076-1078.
10) Inst. 3, 14 pr. - § 3.

대체물의 인도로 성립하는 계약에서는 받은 것을 반환하는 것 이외는 채무의 내용이 될 수 없다. 이자는 받은 것이 아니다. 대체물은 이를 사용하는 당사자들이 구체적인 개체가 아니라 그 수량과 중량에 관심이 있는 물건이다. 동시에 이것은 원칙적으로 종류물(Gattungssachen)이다. 소비대주의 채권의 내용은 물건을 동일한 수량·중량과 품질로 반환받는 것이다. 고전전 법의 영향을 받은 세공(細工)에 따라 독일 민법 제243조 제1항은 '중등품질'을 요구한다. 2002년 개정된 독일 민법은 금전 소비대차(제488조)와 금전 이외의 소비대차(제607조)를 구분하고, 양자를 쌍무(=양 당사자가 의무를 지는)·유상 계약으로 구성하였다. 편무(차주만이 의무, 즉 반환할 의무를 지는)·무상 소비대차는 계약자유의 원칙상 가능하다.

IV. 보증[11]

문답계약에 의해 체결되는 로마의 보증(sponsio, fidepromissio, fideiussio)은 오늘날과 마찬가지로 기존 채무관계를 다른 채무관계로써 강화하고 보장하는 것이었다. 보증인은 원칙적으로 주(主) 채무자처럼 책임을 지며, 주 채무자가 책임을 질 때만 책임을 진다(부종성). 먼저 채무자가 제소되어야 하고 그 다음에야 보증인이 제소될 수 있다는 규율은 훗날 황제들에 의해서 비로소 도입되었다. 보증인이 이를 원용할 권리

---

11) Inst. 3, 20 pr. - § 8; 독일 민법 제765조 내지 제778조.

는 'excussionis beneficium[먼저 (주채무자에 대한) 강제집행 시도를 (요구할) 법상 특혜]¹²'이라고 하였다. 오늘날에는 선소(先訴)의 항변이라고 한다. 보증인이 변제하면, 그는 채무자에게 상환을 청구할 수 있었다. 원래 12표법에 따르면 채무자 대신에 변제한 모든 제3자처럼 상환소권(actio depensi)으로, 나중에는 위임소권(actio mandati) 또는 사무관리소권(actio negotiorum gestorum)으로도 청구할 수 있었다.

서약(誓約)보증(sponsio)은 고 시기의 것이고, 신약(信約)보증(fidepromissio)과 신명(信命)보증(fideiussio)은 헬레니즘시대에서 기원한다. 신명보증은 부종성을 완화했다.

인질보증인[vas. "보증인은 목을 졸라야 한다", 쉴러의 '보증'(Bürgschaft) 참조] 또는 소송담보인[vindex, 독일어 'Bürge'(보증인)는 '보호하다'는 뜻의 'bergen'에서 유래함]은 로마에서는 소송법에만 존재한다. 전쟁법적 인질(obses)에는 법적 구조가 없다.

V. 계약과 법률행위

1. 고전적인 계약법정주의(numerus clausus)와 고시 체계

고전적인 계약 체계는 법에서 인정하는 계약유형만 합의의 대상이 될 수 있다는 사고에 기초한다. 이는 로마 계약법의 유명한 법정주의

---

12) 역주: 보통 '검색(항변)의 이익'(예컨대 시바다 미츠조우(柴田光藏))으로 번역되나, 여기서는 저자의 번역(Rechtswohltat des voraufgegangenen Vollstreckungsversuchs)을 기초로 하였다.

(numerus clausus[13])를 뒷받침 한다. 내용 선택의 자유를 선언하는 현대 계약법의 원칙인 "pacta sunt servanda"(약속은 지켜져야 한다)는 로마에서 인정되지 않았다. 고전 법은 [다음과 같이] 차별화한다(differenziert).

법정관이 고전적인 고시의 표제 "De pactis conventis"(평화로운 합의에 관하여) 아래서 "pacta conventa servabo"(나는 합의된 약정을 보호할 것이다)고 말하는 경우라면, 우선 기한부 또는 영구적인 부제소의(=소송하지 않는다는) 합의(pactum de non petendo)를 의미하는 것이다. 법정관은 제소의 포기를 법정관의 법윤리적 가치를 이유로 보호할 것을 약속한다[그러한 'pacisci'는 직접적으로 '화해하는 것'(sich vertragen)의 가치를 즉시 실현하고 pax(사회의 평화)를 촉진한다]. 이로써 법정관은 인간 본성에서 도출된, 고전적 형평['aequitas naturalis(자연적 형평)']의 요청에 따랐는데, 그는 심판인에 대한 명령으로 피고에게 사실에 즉응한[in factum concepta(계약의 사실관계를 지적하는)] 항변을 부여하였다.

'평화로운 합의'(pactum conventum)가 동시에, - 그 자체로 시민법상 형평(civilis aequitas)으로 인정되는 - 고전적인 낙성계약(매매; 사용임대차/용익임대차/도급/노무계약; 위임; 조합)의 요건을 충족하면, 각기 걸맞은 이름을 얻는 계약관계들['emptio-venditio'(매수-매도); 'locatio-conducti'(임대-임차/도급-수급/고용)[14]; 'mandatum'(위임); 'societas'(상사조합)]은 법정관의 도움 없이도 법상(法上) 당연히 양 당사자에게 채무를 발생시킨다. 이 채무에 대해서는

---

13) 역주: 직역하면 닫힌 숫자.

14) 역주: 저자는 'Verpachtung-Pachtung'으로 번역하였으나, 이에 상응하는 우리말을 찾기 어려워 나누어 번역한다.

고시에서 마찬가지로 법상 당연히 존재하는 해당 소권들이 각각 제시된다[매수소권(actio empti); 매도소권(actio venditi) 등]. 법정관은 여기서도 평화로운 거래의 pacta conventa를 보장한다. 그러나 이들이 계약으로 세분화되어 있기 때문에, 법(in ius concepta)에 즉응한 명령으로써 법(ius)을 보호할 의무에 기초하여 그렇게 한다.

고전 법의 고시 'De rebus creditis'(믿고 맡겨진 물건들에 관하여)에서는 특별히 '평화로운 합의'가 아니라, 단순한 conventio(합치)에 의해 합의된, 재산가치의 일시적인 맡김이나 신용제공에 기초한다. 여기서 [시민법상 형평(civilis aequitas)의] 법에 의해 인정된 것은 소비대차, 문답계약과 문기계약["가(家)장부 기재를 통해 계약의 효력이 발생하는 거래. 가(家)의 장부는 외부에 빌려준 금전 재산을 기재한다"]이다. 금전소비대차 이외에 문답계약으로 약속된, 기름, 곡물과 포도주 같이 대량으로 거래되는 물건들의 급부가 다루어졌는데, 이 물건들은 그 대가지급이 (당사자에 의해) 규율되었다고 전제되기 때문에 '믿고 맡겨진'(kreditiert) 것으로 취급된다.

이러한 계약과 관련하여 분쟁이 있는 경우 이는 무인적으로 부담한 모든 채무들과 마찬가지로 항변에 의해 검증될 수 있었다. 소유권 양도가 일어나지 않는 사용대차, 질권설정처럼 사실적으로 맡긴 것에 불과한 사안들은 같은 고시의 표제(de creditis) 아래 자연적 형평에 기해(naturali aequitate) 사실소권(actio in factum)으로써 직접 법정관에 의해 보호되었다. 여기서 언급한, 고전적 고시의 사안들에서 '믿고 맡기는 것'은 항상 수령한 자의 이익을 위해 생긴다. 하지만 맡긴 사람의 이익을 위해 행해지는 임치(depositum)의 경우는 다르다. 이 경우 임치인이 기대한 (수치인의) 신뢰성은 자익(自益)적이지 않다. 따라서 임치에 대한 규율은 고전 법의 고시에서 포괄적인 표제인 『De bonae fidei iudiciis』 (성의소송들에 관하여) 아래서 사실적인 보관으로서, 법적 규율인 신탁적 '보관'[fiducia (cum amico contracta)] 옆에 규정되었다. 고전전 법은 모든 계약적, 준(準)계약적 거래들을 신의 섭리를 따르는 자연법으로 인정했다. 이 거래들은 사람 사이의 대가적 및 비대가적 유형의 재산 및 급부 거래에 기여하였고, 따라서 신뢰의 원칙(bona fides) 관점에서 보호가치가 있었다. 이는 계약자유와 유사하다. 하지만 오늘날의 관념처럼 법률행위에, 따라서 계약도 의사표시에 기초하여 정의하는, 사적자치를 강조하는 의사주의에 기반하지 않는다. 이는 법률행위를 객관적 영역(objektive Sphäre)에서의 negotium(법적 거래 'Rechtsgeschäft')으로서 의무를 포함하는 것으로 만드는, 타익(他益)적인 사회원리에 기반한다. 자익적인 엄격 법의 질서들은 방법론적으로 자연에 대한 인간의 추가물로 간주되었는데, 이 고전전의 엄격법에서는 (계약) 법정주의(numerus clausus)가 적용되었다.

2. 로마법에 존재한, 현대 법률행위론의 조건들

현대 법률 행위론은 로마법에 뿌리를 두고 있는데, 무엇보다도 제정기(帝政期)와 함께 등장하는 관념, 즉 계약 의사는 법률효과를 발생시킬 수 있고 의사가 추구하는 법률효과를 밝히는 것이 법해석의 과제라는 관념에 기초한다. 이 견해는 고전 법 이론뿐만 아니라 고전전 이론에도 적용된다. 전자의 중심 개념은 계약 유형에 따라 세분화된(ausdifferenziert) 합의(pactum conventum, conventio)이나, 후자의 중심 개념은 타익적인 거래(negotium)이다. 이후의 전개에서 이 두 개념은 강하게 수렴되었지만, 미묘한 차이점은 여전히 볼 수 있다.

제2절 매매(EMPTIO VENDITIO)

I. 채무법상 매매[15]

1. 자연법적 기원

현대의 채무법상 매매(emptio venditio)의 시초는 자연법적 섭리 시대로 거슬러 올라간다. 유익한 교환에 대한 합의는 자연법적 신뢰원칙에 따라, 연대적인 공동생활에 도움이 되므로 구속력이 있었으며, 상호 급부를 제공할 의무 그리고 이를 위해 매매 목적물을 매수인을 위해 준비해 둘 의무를 발생시켰다. 교환은 인류의 태초까지 거슬러 올라가는 매매의 원형(Urfall)으로 간주되었다. 따라서 대가로 금전을 지급하는 매매(Geldkauf)에서도 매도인과 매수인을 엄격하게 구분하지 않았는데, 돈은 단순히 특권적인 교환재로 간주되었기 때문이다.

매도된 물건은 계약체결과 함께 매수인 재산의 일부가 되었다. 매도인이 매수인을 위해 물건을 충실히 보관했음에도 멸실되었다면, 즉 그

---

15) Inst. 3, 32pr.- § 5.

의 과책(過責) 없이 멸실되었다면, 매수인은 그 대가로 일반적인 매매대금을 지불해야 했다.

2. 매매계약제도(형상. Figur)에 대한 고전 법의 정식화(Formulierung)

고전 법은 쌍무적인 채무관계로의 발전을 완성시켰다. 매매계약은 상품과 돈을 교환하는 낙성계약[16]이 되었다. 'pactum conventum[평화로운 합의'에서 발견된 합의는 대금과 물건의 교환에 대해, 법에 의해 인정된 '이쪽저쪽'(ultro citro)의 채무결합(Obligationsgefüge)]이 당사자들에게 효력을 발생하게 한다.

제정(帝政)기의 해석에서 합의는 물건과 돈의 교환에 관한 의사 합치로서 매도인의 물건 인도의무와 매수인의 대금 지급의무를 발생시켰다. 양 의무는 완전히 유효하고 이전 가능한 채무였으나, 내용적으로는 달랐다. 매수인은 돈을 양도해야 했다. 매수인 아닌 타인의 돈은 채무이행, 즉 채무(obligatio)의 해소(solutio) 효과를 가져오지 않았다. 매도인은 인도, 즉 점유 제공을 하면 되었다. 타인의 물건의 인도도 이행효과를 가져왔는데, 타인의 물건에 대해서도 점유는 가능했기 때문이다. 점유는 여기서 전문용어로 '가질 수 있는 것'(habere licere)이라 불렸다.

매매의 전제 조건은 교환 가능한 물건이었다. 예외적으로 자연법적 신뢰원칙에 기초하여, 누군가 자유인을 노예로 팔거나 실제는 존재하지 않는 채권을 판 경우 책임이 인정되었다.

---

16) 역주: 양 당사자의 합의만으로 성립하는 계약.

고전적인 매매를 성립시키는 합의는, 오늘날 양 의사표시에 의해 만들어지는 것과 같이 본질적인 요건에 대한 계약적 합의에 상응한다. 합의는 착오에 의해 방해받을 수 있는데, 예컨대 당사자들이 매매목적물로서 다른 물건을 생각했거나, 그들이 어떤 물건에 대해 합의했으나 그것에 없는 본질적인 성질을 부가한 경우, 당사자들은 그들 앞에 있는 물건 대신에 유령을 매매대상으로 삼은 셈이다. 이에 반해 단순한 품질의 차이는 매매의 효력에 영향을 미치지 않았다.

가격결정에서 양측은 자유로웠다. 가격을 결정할 때 매도인과 매수인은 서로 과도한 이익을 취하는 것도 허용되었다.[17] 기본적으로 매도인은 매수인에게 알려지지 않은, 가격결정에 중요한 결함에 대해 매수인에게 고지할 의무가 없었다. 이러한 태도는 기본적으로 독일법의 속담 "돈 자루를 여는 자는 눈도 떠야 한다!"(Wer den Beutel auftut, tue die Augen auf!) 또는 미국에서의 "매수인은 주의해야 한다!"(Caveat emptor!) 와 같았다.

이전에는 신뢰의 원칙이 매도된 물건을 매수인의 재산으로 귀속시켰지만, 이제는 채무법적으로 매도된 물건, 즉 res distracta의 경우 채무가 매도된 물건을 매수인의 재산으로 귀속시켰다. 그리하여 아직 매도인에게 있는 매매목적물이 그의 과실(過失) 없이 멸실되면, 매도인은 대금(代金)청구권을 가진다는 원칙이 유지되었다. 요컨대, "(우연한 멸실의) 위험은 매수인이 부담한다"(periculum est emptoris).

---

17) 주해 17번.

II. 책임 있는 사유에 의한 채무불이행, 지체와 악의적인 불완전이행에 대한 책임

1. 책임 있는 사유에 의한 채무불이행에 대한 책임

매도된 물건을 책임 있는 사유로 [즉 과실(culpa) 또는 고의(dolus)로] 손상 또는 멸실한 경우, 그 이익(현재는 개정 독일 민법에 따르면 불이행으로 인한 손해배상 또는 '급부에 갈음하는 손해배상')에 대해 책임을 졌다. 이 책임은 다시 독일 민법에 일부 또는 전부 불능으로 인한 매도인의 손해배상의무(Einstandspflicht)로 귀환했다. 매도인이 이행지체(mora)에 빠졌을 경우, 그는 지연손해[18]에 대해서 그리고 (이행지체 중) 물건이 손상 및 멸실된 경우 우연에 대해서도[19] 책임을 진다.

매매대금 지급의무에 대해서는 지연이자라는 법률효과만을 가진 이행지체만이 인정되었고 현재도 그렇다. 돈은 멸실될 수 없기 때문이다.

2. 책임 있는 사유에 의한 불완전 이행에 대한 책임

매도인이 매수인에게 위험한 물건(전염병이 있는 가축, 부적합한 건축자재)임을 알면서 이를 제공한 경우, 고전 성기의 이론에 따르면 매도인은

---

18) 역주: 매도인의 이행지체로 인해 매수인에게 발생한 손해.
19) 역주: 즉 과실이 없더라도.

자연법적 신뢰원칙의 고의적 위반을 이유로 후속손해(Folgeschaden)에 대해 책임을 진다. 즉 이익을 가져온다는 의미를 가지는 어떤 급부가 수령자를 해침을 알면서도 급부한 경우, 따라서 결국 고의로 급부한 경우, 신뢰원칙이 근본적으로 침해된다.

현행법에서 이러한 책임은 매도인이 매수인에게 위험한 결함에 대해 부주의로 알지 못한 사례들에까지 확대되었으며, 그것도 일반적인 의무위반 사례로 취급된다(현재는 개정 독일 민법 제280조 제1항). 이전에는 '적극적'(계약이행의 틀에서 발생했기 때문이다) 계약침해라 불렸던 것인데, 로마법이 보여 주듯이, 현재는 독일 민법 제242조의 신뢰원칙, 즉 '신의성실'을 그 근거로 삼는다. 그러한 한 존재가 인정되는 의무들은 계약체결상 과실(culpa in contrahendo) 책임과 마찬가지로(현재는 독일 민법 제311조 제1항 제1호 참조) 물건이 아니라, 가까운 관계에 있는 상대방의 재산적 이익 및 안전성 이익에 초점을 맞춘다. 여기서도 역시 자연법이 그 기원임을 알 수 있다.

III. 물건의 하자 담보책임(계약 해제, 대금 감액)

고전 법에 따르면 매수인은 예외적인 경우에, 매도인이 하자를 알지 못하더라도, 물건을 반환하거나[매매해제소권(Klage auf Rückgewähr zu 'wandeln'= actio redhibitoria)으로써], 매매대금을 (하자에) 비례하여 감액할 것을 청구할 수 있었다(대금감액소권. actio quanti minoris. 그가 더 적은 대금으로 매수했었을 만큼 감액을 청구하는 소권).

이 소권들은 시장에서의 재판권을 행사한 안찰관에 의해 "이 시장에서는 좋은 돈에 대해서는 좋은 상품만 있다!"는 원칙에 따라 부여되었으나, 안찰관이 관할하는 시장에서 이루어진 노예와 가축 거래에만 적용었다. 동시에 이 규율은 특정한 전형적인 결함에만 적용되었다. 매도인은 안찰관의 고시에 의해, 이러한 하자들을 고지할 것이 요구되었다. 매도인이 고지했다면, 그는 책임을 지지 않았다.

이전에는 독일 민법에서도 안찰관의 구제수단이라 불렸던 이 제도의 독자성은, 매도인은 하자 있는 물건으로도 자신의 주된 의무를 이행한다는 것에 기초한다. 오늘날 물건하자 담보책임을 모든 매매계약으로 또 모든 하자들로 일반화하는 것은 로마의 고전전 시대 후기 법학에서 유래하는 자연법적 단초들에 근거한다. 이 단초들은 "공정한 가격 형성을 위해서 매수인은 모든 하자를 알아야 한다!"는 명제를 대변했다.

개정 독일 민법에서는 이제 Wandlung(과거 매매에 사용했던 용어)을 (계약 일반에 사용하는) Rücktritt(해제)[20]라고 하며, 이는 계약당사자 일방에게 계약을 (급부한 것을) 반환하는 채무관계로 전환하는 것을 허용하는 형성권의 특별한 사례이다.

IV. 권리의 하자 담보책임

고전 법에 따르면 매도인은 점유를 제공할 의무만을 부담했다. 이 의무는 매도인이 물건의 소유자가 아닌 경우에도 이행될 수 있었다. 이

---

20) 역주: 둘 다 우리말로는 해제로 번역된다.

경우 선의의 매수인은 물건을 1년(토지의 경우 2년)이 지나면 사용취득(usucapio)할 수 있고 나중에 자신이 소유자가 되지 않았음을 알더라도 사용취득이 중단되지 않는다. 따라서 매도인의 책임은 진정한 소유자가 해당 물건을 소송을 통해 매수인으로부터 되찾는 경우, 즉 소유물반환청구소송에서 승소하여 이른바 – 독일어로 'Entwehrung'으로도 불리는 – 'evictio'(추탈. 追奪)에 의해 되찾는 경우 비로소 문제가 된다.

그러나 고전 법은 이 책임에 대해 독자적인 법적 근거를 요구했다. 악취물(res mancipi)의 경우 그것은 악취행위였는데, 매우 오래된 법에 따르면 악취행위는 추탈의 경우 악취행위의 양도인에게 매매대금의 2배액에 대한 책임을 발생시켰다. 또한 추탈의 경우 통상 문답계약에 의한 민사벌이 쓰였는데, 매매대금만큼 또는 그 2배액을 약정했다.

이에 반해 고전전 법에 따르면 매도인은 섭리에 기초한 bona fides(신의성실)에 따라 매수인에게 소유자 지위의 이용을 제공할 의무를 부담했다. 독일 민법에 따르면 처음부터 소유권을 제공하는 것은 매도인의 주된 의무 중 일부이다(제433조 제1항 제1문 참조).

제3절 사용·용익 임대차, 고용, 도급(LOCATIO CONDUCTIO)

I. 체계적 이념[21]

locatio conductio[22]라는 법형상(Rechtsfigur)은 섭리를 따르는 자연법 시대에서 유래한다. 그 기본 관념은, 거래사회에서 매매와 교환 이외에 유익한 것(노동력, 물건의 이용가능성)을 일정기간 대가를 받고 넘겨주는 것도 있어야 한다는 것이다. 상대방이 이용하도록 제공된 유익한 대상의 종류에 따라 사용임대차, 용익임대차, 고용 또는 도급이 될 수 있다. 고전전 시대의 관점에 따르면, 이용하도록 제공하는 자(locator)와 이용하는 자(conductor)의 역할은 바꿀 수 있었는데, 무엇을 반대급부로 할 것인지 자유롭게 결정할 수 있었기 때문이다. 이는 당사자의 역할을 고정하는 고전적인 화폐 원칙과 함께 다음과 같이 변했다. locator는 용익임대인, 사용임대인, 도급인, 사용자였고, conductor는 용익임차인, 사용임차인, 수급인 및 노무자였다. 고전 법 질서에서 옥에 티를 꼽자면 대금지급의무가 예외적으로 도급계약에서는 도급인인 locator에게 있다는 것이다.

II. 고용(locatio conductio operarum)

노무자는 대가를 받고 자신의 노동력을 제공하고(locat operas suas), 사용자는 이것을 유용하게 받아들인다(conducit). 자연법적 견해에 따르면, 노무자가 아픈 경우 임금지급에 관한 위험은 사용자에게 있는데, 노무자는 일정 기간 동안 자신을 인(人)적으로 제공(se locat)하여 예속과 유사한 상태에 있기 때문이다. 따라서 사용자는 반대급부 없이 임금을

---

21) Inst. 3, 24 pr. - § 6.
22) locatio는 "쓰게 마련해 주다"는 뜻인데, loco는 "나는 놓는다", locus는 '장소'.

지불해야 하는 위험을 부담하는데, 이는 그가 노예를 매수하였는데 노예가 아픈 경우와 다르지 않다.

이에 반해 고전적인 견해는 오늘날처럼 그때그때 제공할 노무와 임금이 교환된다고 보고 이로부터 "노무제공 없이 임금 없다!"는 법리를 도출한다. 로마 고전 시대와 현대의 노무계약에 따르면(대부분의 경우처럼 특별한 규율이 개입하지 않으면) 질병은 노무자의 위험이 된다. 고전적인 견해에 따르면 노무제공에 대한 대가는 반드시 금전이어야 한다.

III. 도급(locatio conductio operis)

도급인은 어떤 (물건 제작 등) 일(opus)을 의뢰하면서 그 재료를 제공한다. 도급인이 재료를 '제공하므로'(locare), 도급인을 locator라고 한다. 수급인은 재료를 써서 일을 수행할 수 있기 때문에 재료를 그에게 유용한 것으로서 수령한다. 그는 conductor인데, 일종의 주된 용익자이다. 고전 시대에 수급인의 독립성은 그가 보수를 노무에 대해서가 아니라 완성된 일에 대해서 받는다는 점에서 드러난다.

이 계약은 항상 보수가 금전으로 지급되어야 한다는 원칙처럼 고전 시대에 비로소 도입된 것이다. 고전전 시대에는 단순히 일의 완성에 필요한 재료가 함께 제공되는 고용으로만 보았다. 재료를 수급인 자신이 (제3자로부터) 매수하는 경우, 고전전의 견해에 따르면 두 가지 계약, 즉 매매와 고용의 혼합계약이었고, 고전적인 견해에 따르면 매매계약이었다. 오늘날 우리는, 완성된 물건이 부대체물이 아닌 경우에는 제작물 공급계약이라고 부르고 매매법에 따라 처리한다(개정 독일 민법 제650

조 제1항).

운송계약도 도급계약에 속한다. 대량화물(곡물)의 경우, 각 송화인의 화물은 운송인의 소유로 넘어간다. 이 경우 하적되어 섞인 전체 화물에서 인도받은 화물의 양만큼을 반환하는 것만으로 충분하다.

IV. 사용·용익 임대차(locatio conductio rei)

사용임대차의 경우 임대인은 물건을 사용하도록 제공하고, 용익임대차의 경우 자연법적 (또는 나중에는 자연적) 원칙에 따라 추가적으로 과실 수취를 허용한다. 차임이 금전인 고전 법의 임대에서 흉작의 위험은 항상 임차인이 부담한다. 이에 반해 고전전 법은 임차인이 수확물의 일부를 차임으로 급부하는 계약유형도 인정한다. 여기서는 토지의 제공과 과실(果實)에 대한 노동의 몫이 교환된다. 이런 경우에는 흉작의 위험을 임차인과 임대인이 공동으로 부담한다(소위 지분용익임대차 또는 부분용익임대차).

제4절 조합법

I. 초기

그 기원은 12표법의 상속공동체가 지속한 데서 찾을 수 있다. 이 상속공동체는 '형제조합'이라고 불렸다. 자매들은 본래 형제들과 완전히 동등한 상속권이 있었지만, (형제들에 의해 실행된) 여성후견에 의해 대표되었기 때문이다. 상속공동체가 분할에 의해 해소되지 않은 경우, 상속인들은 조합원들처럼 계속 (상속재산을) 관리했는데, 그것도 각자가 모두를 위해 행위할 수 있었다. 이 상속공동체의 전통에서 우리는 로마 조합법의 '형제애의 법'(ius fraternitatis)을 만난다.

II. 헬레니즘 시대의 조합[23]

1. 고전전 시대

최초의 헬레니즘 법학은 다시 상속인공동체(Erbengemeinschaft)[24]를 '법률상 조합임과 동시에 자연적인 조합'(legitima simul ac naturalis societas)으로 간주된 조합으로 변형할 수 있도록 허용했다. 왜냐하면 이 조합은 12표법이라는 법률에 근거를 두고 있으며 (스스로) 자연법적일 것을 요구했기 때문이다.[25]

이 조합은 'consortium'으로 불렸고, 그 기원에 상응하게 엄격법의 권리귀속(Rechtszuständigkeiten), 특히 퀴리테스의 소유권을 함께 가지는 데에 근거했다. 'consortium'이라는 단어에 전제되어 있는 출발 개

---

23) Inst. 3, 25pr.-§9.
24) 역주: 저자는 Erbgemeinschft(위에서 상속공동체로 번역함)와 여기의 Erbengemeinschaft를 섞어 쓰고 있느나, 뉘앙스 차이는 있을지 모르나 내용은 같다고 할 수 있다.
25) 주해 75번.

념 'sors'는 글자 그대로 '제비뽑기'를 의미한다. 이것은 누군가에게 실제로 제비뽑기 추첨이나 행운으로 귀속될 수 있는 것을 나타내며, 첫 번째 사례의 경우 새로운 정주지를 만들 때 경작지의 구획된 필지를 추첨하였다. 따라서 'consortium'은 '공동 재산'을 의미하며, 그것도 각자가 전체를 위해 행위할 수 있었다는 의미였다.

이 법학의 후대의 경향은 퀸투스 무키우스 스카이볼라에 의해 완성되었는데, 여기서는 독립적으로 성립된 공유와 순전히 자연법적인 조합 사이의 예리한 구별을 위해 이러한 조합 형태를 버렸다. 후자의 조합은 자연법적 신뢰원칙에 의해 정당화된다. 이에 따르면 사람들은 자신들의 목적에 따라 인류 초기에 요청된 자연법적 사용 공동체를 상호간에 회복할 수 있다. 이 조합은 각 조합원의 전 재산(전재산조합, societas omnium bonorum)을 자연법에 따라 공동재산으로 할 수 있다. 재산의 차이가 크더라도 그만큼 증여가 있다고 할 수 없다. 공동체적 사용권능은 기존의 개별적인 사용권능에서 박탈하는 것이 없고 엄격한 권리를 새로 설정하지 않기 때문이다. 이것은 사용 측면에서의(quoad usum) 재산공동체이다. 이 사용공동체(Nutzengemeinschaft)에서는 이득과 손실 분배가 항상 동일했다.[26]

공동체적 요청을 충족하지 못했다는 이유로 언제든지 제기될 수 있는 소송에서 패소하여야 하는 사람은 나중에 (위임, 후견, 신탁과 악의소송에서처럼) 파렴치(infamia) 처분을 받았다. 즉 그는 시민의 명예권들을 상

---

26) Inst. 3, 25, 2.

실했다. 그 이유는 자연법 시대에서 유래한 것으로 동료애적(mitmenschlich) 신뢰원칙의 침해는 거래사회의 근간을 훼손하는 것으로 간주한다는 것이다.

2. 고전적 이론

고전적 이론에 따르면, 조합은 이익과 손실 분배를 규율하는 채무들을 발생시키는 낙성계약에 기초하였다. 자연법에서와 달리 노무는 더 이상 유익한 출자로 여겨지지 않았기 때문에, 이제 어떤 조합원이 출자한 노무의 가치는 손실분담에서 제외되어야 했다. 조합의 사업 실패시 다른 조합원의 자본출자 손실까지 분담할 필요가 없게 하기 위해서였다.[27]

조합 목적에 기여하는, 조합원의 재산항목들은 매우 엄격한 요건 아래에서만 조합에 출자된 것으로 간주되었고, 그 손실을 모든 조합원이 분담하게 되었다. 예를 들어 조합의 목적이 한 조합원의 말 세 마리와 다른 조합원의 말 한 마리로 구성된 '4두 마차 매도'였던 경우, (말의 멸실) 위험의 이전은 계약체결시가 아니라 매도를 위해 실제로 4두 마차 구성을 마친 때 비로소 발생했다.[28]

위험부담 공동체가 성립시키는 공유관계는 독립적으로 형성되어야

---

27) Inst. 3, 25, 2.
28) 역주: Ulp. 32 ad ed. D. 17, 2, 58pr.

했는데, 재산의 공동화(共同化) 정도는 조합 목적에 따라 달랐다. 배우 퀸투스 로스키우스를 변호하는 키케로의 연설(Pro Q. Roscio Comoedo)에 생생한 예가 있다. 한 조합원은 재능 있는 노예를 제공했고, 다른 조합원은 그를 배우로 교육시켰고, 출연수입이 분배되었다. 그 노예가 싸움으로 맞아 죽자, 가해자가 금전적인 민사벌 대신에 양도한 토지에 대한 지분을 둘러싸고 다툼이 생겼다.

제5절 무상 사무처리(Hilfeleistung)와 요물계약들

I. 위임[29]

위임(mandatum)은 섭리에 따르는 자연법의 창작물인데, 고전 시대에는 형식화되었다. 고전전 시대의 신뢰원칙에 따르면, 위임은 누군가가 타인의 이익을, 타인이 자신의 '손에 준' 것으로 보이는 식으로 자기 손으로 가져온 경우, 의무를 내포하는 법률관계(negotium)로서 성립했다. 이것은 타인에게 유익하거나 유익해 보이는 모든 활동에 적용될 수 있었으며, 특정한 제3자에게 대부하라는 조언조차 위임이 될 수 있었다 (대부위임). 수임인이 어떤 위임사무를 처리한 경우, 가령 그가 타인을 위해 보증을 서거나 변제한 경우, 그 비용 상환을 청구할 수 있었다. 그러

---

29) Inst. 3, 26 pr. - § 11.

나 예컨대 위에서 언급한 대부위임에 따라 대부받은 제3자가 신용 없는 사람이어서 대부한 자가 위임의 취지대로 대여한 금원을 상실한 경우, 위임사무 처리를 통해 입은 재산적 손해의 배상을 청구할 수 있었다. 누군가를 위한 유익한 활동이 그가 알지 못한 채 이루어졌다면, 상황으로 미루어 보아 그가 인용(認容)한 것으로 평가되거나 그 활동이 유익한 것으로 인정되는 경우에 위임이 성립했다. "추인은 위임에 버금간다"(ratihabitio mandato comparatur)는 법리가 적용되었다.

이에 반해 고전 법에서 위임은 오늘날처럼 채무를 발생시키는 낙성계약이었고 사무처리 전에 수임인이 분업적으로 위임인의 – 수임인이 처리하지 않으면 위임인 자신이 처리할 수 있었을 – '사무'(Geschäft)를 처리하는 것에 대한 합의를 요구하였다. 보증이나 대부받을 자를 거명하는 것은 이것을 충족하지 못했는데, 이 둘은 자신의 사무일 수 없었기 때문이었다.

법률효과는 본질적으로 같았다. 위임인은 사무처리를, 수임인은 비용상환을 요구할 수 있었다. 다만 자발적이지 않은 비용지출의 경우(수임인이 사무처리 중 부상을 입거나 사무처리를 위해 수령한 금전을 강탈당한 경우)에는 더 상환을 청구하지 못했다.

엄격하게 대가 없는 관계인 위임은 처음부터 상당히 높은 신분에 속하는 자들이 서로를 위해 일을 해주는 형태였다. 물론 무상성은 형식적인 의미였다. 위임사무를 처리한 사람은 오히려 고마움을 표시하는 사례 형태의 반대급부를 기대했다. 그래서 오늘날에도 '고급 서비스'에 대해 이야기할 때, 이 서비스들이 요사이 (예컨대 변호사와 의사의 경우) 노무계약 또는 (간혹) 도급계약의 형식을 취하므로, 당연히 유상인데도 명예금(Honorar)이라는 말을 쓴다. 원수정기에 그러한 명예금과 보수는 부분적으로 (호민관 앞에서의) 비상심리절차에서 소구될 수 있었다.

II. 사무관리

사무관리[30](negotiorum gestio)는 하나의 정의된 사실관계로서는 고전적 고시에서 처음 등장한다. 이는 좁지만 중요한 영역, 즉 사법(私法)의 배심절차(Geschworenenprozess)를 관장하는 정무관 앞에서 대리인으로서 타인의 이익을 대변하는 영역에서 등장한다. 이러한 대변이 없으면 소권 상실을 위협받는 원고 측을 대변하거나, 강제집행을 피하기 위해 피고측을 대변하거나 마찬가지였다. 여기서 'negotium'이라는 용어는 고전적인 위임에서처럼 객관적인 사무 영역을 가리키며, 고전전 시대의 위임에서처럼 의무를 내포하는 거래, 즉 모든 의무들이 이행될 때까지 정온(靜穩)이 없게 하고 그리하여 negotium[원래 '정온상태가 아닌 것'-nec+otium(아님+정온)]이라 불리는 거래가 아니다.

고전전 법에 따르면 이러한 규율된 활동들은 수인(受忍) - 예컨대 대변되는 자가 로마에 머물렀던 경우 - 또는 이러한 경우들에 있어 거부되지 않았고, 유효하게 거부될 수는 거의 없었던 추인에 의해 위임으로 전환된다. 그러나 고전전의 신뢰원칙의 영향을 받아 - 제정기의 고시주해서들이 보여 주듯이 - 고전적인 '사무'(negotium) 개념과 결합된 일반조항이 발전하였다.

---

30) 역주: 독일에서는 '위임 없는 사무관리(Geschaftsfuhrung ohne Auftrag)라고 하나, 우리법의 용어대로 그냥 사무관리라고 번역했다.

즉 누군가가 위임받지 않고서 타인의 유익한 사무를 관리하게 시작하면 언제나, '사회적 신뢰원칙에 기하여'(ex bona fide) 법률관계가 발생한다. 성실한 사무관리인은 자신의 자발적이거나 비자발적인 비용의 상환을 청구할 수 있었다. 이를 위해서는 원칙적으로 유익하게 시작된 것(utiliter coeptum)만으로 충분하다. 지진 후에 대부분 수리된 집이 여진으로 붕괴된 경우, 이는 문제되지 않는다. 사무관리인은 장래 원인과 결과의 전개를 사무본인과 똑같이 파악할 수 없기 때문이다. 다른 한편 사무관리인은 (그 귀책사유로) 사무본인에게 손해가 발생하면 이에 대해 책임을 지고, (사무관리를 통해) 취득한 것을 반환할 의무가 있었다.

이러한 발전 초기에 라베오(Labeo[31])는 다음과 같이 생각했다. 즉 원수정에서 법률효과 의사에 부여되는 의미와 일치하여, 사무가 – 오늘날에도 원칙적으로 그러하다 – 타익(他益)적인 타인사무 관리의사, 즉 오늘날에도 사람들이 기꺼이 말하듯이, '타인을 위해 사무를 관리할 의사'(animus negotii alieni gerendi)를 가지고 관리되어야 한다. 그러나 이 이론은 독점적 지배권을 행사하지 못했다. 신뢰원칙의 객관성에 부합하는 견해, 즉 자익적 침해에도 신뢰의무가 적용된다는 견해가 주장되었다. 심지어는, 라베오를 겨냥한 것으로 보이는데, (타익적 사무관리가 그러하다면 자익적 사무관리에는) "더욱 더 그러하다!"고 한다. 따라서 내가 팔 의사 없음을 알면서 내 물건을 팔아 대금의 이득을 취하려는 사람은 내 의사에 반하는 사무관리인이 된 것이고 그리하여 돈을 반환해야 한다. 오

---

31) WP.

늘날 독일 민법 제687조 제2항의 이른바 '불법관리'(Eingriffsgeschäftsführung)[32]도 그러하다.

　신뢰원칙의 영향을 받아, 고전 성기(盛期)의 사무관리는 사무관리인 자신이 처리할 수 있는 사무를 더 이상 필수적인 것으로 요구하지 않고, 보증과 대부의 위임에서와 같이 어떤 이익을 대변하는 것(Wahrnehmung eines Interesses)으로 만족했다. 이것은 오늘날 소위 'Auch-Gestion'(관리자의 자익의사도 있는 사무관리)처럼, 사무관리자의 이익과도 결합되어 있을 수도 있다.

III. 요물계약들과 고전전의 전사(前史)

　요물계약들은 물건의 인도에 의해 물건의 반환채무를 발생시키는데, 소비대차의 경우 양도에 의해, 사용대차, 임치, 질권설정의 경우 단순한 인도에 의해 반환채무를 발생시켰다.

　고전전 시대에는 이들은 모두 신뢰원칙(bona fides)이 지배하는 관계들이었으며, 이 거래들을 통해 누구도 어떤 것을 얻거나 잃어서는 안된다는 원칙[이익과 손실방지원칙(Gewinn-und Verlustabwehrprinzip)]이 적용되었다. 이 원칙은 법의 이중구조(Dualismus)에 있어 자신의 재산을 증가시키라는 엄격법(ius strictum)의 요청과, 거래에서 타인을 도우라는 만민법(ius gentium)의 요청을 중재하였다. 따라서 commodare라는 말을

---

32)　역주: '준사무관리'라고도 번역된다.

'사용대여'를 "한도를 정하여 (무엇을) 주다"(cum modo dare)로 해석하는 것도 여기서 나왔다. 사용차주에게 지정된 사용·절편(Nutzenausschnitt)만을 할당하는 이러한 생각의 정밀함에서, 누군가 자신에게 할당된 사용한도를 넘어서 예컨대 사용·대여받은 말을 약정한 것보다 더 멀리 타고 간 경우, 이는 고전전의 절도 개념에 포섭된다는 엄격함도 설명된다. 이 자는 섭리를 따르는 자연법에 의하면 소유자에게 할당된 이용권을 침해하였기 때문이다.[33]

고전적인 고시에서는 이러한 법률관계들이 '물건의 종류를 기준으로 체계화'된다. 소비대차, 사용대차 및 질권설정은 고시의 한 표제인 'De rebus creditis'(믿고 맡겨진 물건들에 관하여[34]) 아래로 배열되었으며, 그 결과 반환의무는 엄격하게 받은 목적물에 의해 정의된다. 소비대차의 차주는 대체물로 반환하여 양도할 의무를 부담하고, 사용차주와 질권자는 받은 것과 동일한 물건을 반환해야 한다(손상된 물건을 돌려주는 것은 반환으로 간주되지 않는다). 이에 반해 고전적 고시에 따르면, 임치인에게 호의를 베푸는 수치인은 '성의(誠意)소송들에 관하여'(de bonae fidei iudiciis)라는 고시의 표제에서 제시된, 사실에 즉응한 소권에 의하여 악의(dolus=임치된 물건을 고의로 손상시키는 것)에 대해서만 책임을 졌다. 요물계약 가운데 법(ius)상 계약은 고전적 사고에 따르면 소비대차뿐인데, 이것만이 법체계에 뿌리를 내린 구성요건, 즉 소비대차 목적물을 사용하

---

33) 주해 21번.
34) 저자는 여기서 '인도된 물건들에 관하여'라고 번역하고 있으나, 'credere'의 원뜻과 앞에서의 번역 과의 통일성을 기하기 위해 위와 같이 번역하였다.

도록 하기 위한 소유권 이전이라는 구성요건을 가지기 때문이다. 고전적 사고에 따르면 다른 사안들[즉 사용대차, 질권설정, 임치 사안]은 각기 하나의 사실(factum)에 불과했고, 이는 물건을 수령한 자의, 신의(fides)에 기초한 자기구속을 성립시켰다.

제6절 부당이득반환소권 이익조정

I. '부당이득반환청구권'(Kondiktion)이라는 이름의 유래와 고전전의 자연법

'Kondiktion'이라는 표현은 오늘날에도 부당이득법에서 여전히 사용되는 용어로, 로마의 '기한의 통고'라는 법정소환 형식에서 유래한다. 이는 고전전의 전기 법학(기원전 3세기)에서 두 개의 법률을 통해, 형식적 근거를 갖추고 변제기가 도래한, 금전과 곡물·포도주·기름에 대한 채무들을 위해 도입되었다. 이후 이 용어는 부당이득반환소권으로 넘어갔는데, 그것은 고전전 법학자들이 법률상 규율된 condictio의 사례들에서 엄격한 채권법상 소권(訴權)의 원형을 보았고, 이것 옆에 자연법적 condictio를 추가했기 때문이다.

이 자연법적 이익조정 소권의 지도 사상은, 신뢰원칙에 의해 지배되는, 사람들 간의 거래에서 누구도 타인의 비용으로 이유 없이 또는 위법하게 이득을 취해서는 안 된다는 것이다. 이런 일이 발생하면, negotium, 즉 정온(靜穩)하지 않은(unruhig), 다시 말하면 의무를 내포하는 거래관계가 성립하며, 이는 반환의무를 발생시킨다. 채무자 아닌 자가 착오로 한 변제, 타인의 물건의 매도, 공갈에 의한 변제가 그 예이다. 후대에 타인의 물건을 자신의 이익을 위해 매도하는 경우 성립하는 불법(준)사무관리[35]와의 구별도 없었다.[36]

II. 고전적인 형상론(Figurenlehre)과 고전 시대 성기(盛期)의 발전

고전적인 이론은 다시 '물권화'(Verdinglichung)로 이어진다. 고전적 이론은 독일 민법 제812조 이하에 수용돼 들어간 형식적인 요건들을 발전시켰는데, 특히 condictio indebiti(착오로 변제된 비채의 반환) 및 condictio ob rem re non secuta(일정한 목적에서 급부하였으나, 그 목적이 실현되지 않은 경우 급부한 것의 반환)을 들 수 있다. 이러한 요건들은 현대의 급부부당이득에 해당한다. 고전 성기의 이론은 원리에 기초하여 이러한 형상론(Figurenlehre)을 확장했다. 목적부도달의 부당이득반환소권(condictio causa data causa non secuta), 즉 급부의 전제가 실현되지 않음을 이유로 하는 부당이득반환소권이 되었다. 이에 더해 특히 condictio ob causam finitam(전제의 종료를 이유로 하는 부당이득반환소권)과 condictio ob turpem causam(실현되었지만 윤리적으로 부적절한 전제를 이유로 하는 부당이득반

---

35) 역주: 위 제5절 II. 사무관리 참조.
36) 이로써 독일 민법 제816조 제1항 제1문과 제687조 제2항의 가까운 관계 참조.

환소권. 금전지급으로 인해 수령자가 피해자를 해치지 않고 살려둔 경우)이 추가되었다. 이러한 부당이득반환 사례들은 고전적 전통에서는 (오늘날과 같이) 계약적인 성격을 갖지 않았다.

그러나 특히 율리아누스가 견지한 고전전의 견해에 따르면 부당이득반환관계는 반드시 negotium, 즉 수령자를 포착하는 의무관계를 전제한다. 사비누스 학파 - 고전전 시대의 전통에서는 condictio ex iniusta causa(위법한 침해로 인해 취득한 것의 반환청구권)도 있는데, 이는 현대의 침해부당이득(Eingriffskondiktion)에 해당하며 [도둑에 대한 절도이득반환청구권(condictio furtiva)처럼] 불법행위에 기초하는 것이다.

제7절 불법행위(의 구성요건들)

I. 물건 손괴에 대한 책임[37]

1. 고전전 시대

기원전 286년의 평민회의결인 아퀼리우스법은 3개의 짧은 조문으로 이루어졌는데, '후법'(lex posterior)으로서 12표법의 상응하는 규범(lex: 법률)을 폐지하였다. 제1조에서 위법하게(iniuria) 행위한 가해자에게 과

---

37) Inst. 4, 3 pr. - § 16.

거 1년 내 피해 물건의 최고가액을 배상할 의무를 부과하거나 [이는 노예 또는 무리를 이루는 네 발을 가진 가축(Herdenvieh)을 죽인 경우] 제3조에서 과거 1개월 내의 최고가액을 배상할 의무를 부과하였다(그 외에 물건을 태우거나, 부러뜨리거나 찢음으로써 손상시킨 경우). 그 행위를 부인하였으나 패소한 자는 2배액의 유책판결을 받았다. 제2조에서는 문답계약 채권의 증거확보를 위한 공동채권자[즉 문답계약의 참가요약자](astipulator)가 요식적인 채무면제계약(acceptilatio)을 통해 채무자를 면제하고, 그리하여 진정한 채권자에게 문답계약상 채권을 어떤 의미에서 '날아가게' 한 경우, 위와 상응한 방식으로 책임을 지도록 했다. 오늘날에는 첫 학기에 벌써, 채권은 상대적 권리로서 (역주: 원칙적으로) 불법행위법에 의해 보호되지 않는다는 것을 배운다. 고전 법학은 (결론에서는) 같은 견해였지만 다른 이유를 들었다. 채무(obligatio)가 하나의 법적 사고 형식으로서 '손상'되거나 '파괴'될 수 없는 무체물(無體物)이기 때문이라는 것이다. 이 이론은 아퀼리우스법 제2조가 더 이상 적용되지 않는 결과를 초래했다.

헬레니즘 시대 첫 번째 법학 – 이 법학은 그 법률의 제정 당시 현자[賢者] 셈프로니우스(Sempronius σοφός(sophós)]와 함께 법제도(Rechtswesen)에 대해 권위 있는 신관단(Pontifikalkollegium)에서 이미 기원전 300년 이래로 지도적 역할을 했다 – 에서는 무체성을 이유로 아퀼리우스법 제2조를 부정하는 것은 통하지 않았다. 왜냐하면 셈프로니우스의 별명에 반영된, 이 법학의 철학[38]은 세상의 모든 야기된 것과 작용하는 것(allem in der Welt Bewirkten und Wirken-

---

38) 주해 32번. 주해 43번. 주해 67번.

den)에 대해 '유체성'을 인정했기 때문이었다. 우리가 이 평민회 의결(즉 아퀼리우스법)에서 이 법학의 흔적(Handschrift)을 발견한다고 하더라도, 기원전 286년이라고 전해지는 평민회 의결의 연대는, 가령 평민회 의결들이 '평민' 계층을 넘어 일반적 구속력을 갖게 된 것이 같은 해에 비로소 호르텐시우스법(lex Hortensia)에 의해 도입되었다는 이유 때문에 의심스럽게 되는 것은 아니다. 그 반대다! 셈프로니우스는 동시에 기원전 300년에 신관단을 평민들에게 개방하는 것을 대변했기 때문이다. 그는 지도적인 법학자로서 등장한 최초의 평민 출신 신관이었고, 이는 법률가로서 그보다 덜 중요하지 않는 그 후계자 티베리우스 코룬카니우스(Tiberius Coruncanius, 기원전 280년 집정관)가 평민 출신으로서 첫 번째 대신관(Pontifex maximus)이 된 것과 유사하다. 이러한 법학에 있어서, 그들이 확실히 지원했던 호르텐시우스법의 성공을 전문적인 법률[즉 아퀼리우스법] 하나로써 기념했을 가능성이 높다. 이 전문적인 법률이 사법(私法) 분야에 미치는 지속적인 영향력은 12표법에 다음 가지만 오늘날 법률가 집단에서는 지명도에서 12표법보다 훨씬 더 앞선다. 이에는 광범한 영향력을 가진, 아퀼리우스법에 대한 해석이 결정적으로 기여하였다.

위법성(iniuria)을 비난가능한 과책(culpa)과 동일시하는 것은 처음에는 고의(dolus)에만 해당되었던 반면, 헬레니즘 첫 번째 법학의 보다 새로운 형태[39]는 제3조의 3가지 손상의 구성요건들을 모든 접촉가능한

---

39) 역주: 앞에서 언급한 고전전시대 후기 법학을 뜻한다.

신체의 일반적 악화(Verschlechtern) 또는 부패·타락(Verderben; corrumpere)으로 일반화시켰을 뿐만 아니라, 이를 넘어 거래상 주의깊은 행위를 하거나 태도를 취할 광범위한 의무(diligentia)를 포함시켰다. 이 diligentia는 모든 위험한 행위의 경우 다른 사람들의 피해를 막기 위해 적시에 예방조치를 취할 것을 요구했다. 전형적인 사례는 대신관 퀸투스 무키우스 스카이볼라(기원전 95년 집정관)가 결정한 벌목꾼 사례[40]와 임신한 암말 사례[41]이다. 이러한 diligentia는 현대의 '거래에 요구되는 주의'[42]의 전형(典型)이며, 이것을 게을리하는 것은 '과실'(過失)이며, 로마법상 고의(dolus)라는 과책형태와 구분되는 좁은 의미의 culpa를 구현한다. 이러한 해석에서의 소송제기에 붙게 되는 '유용한 소송(소권)'(준소권: actio utilis)이라는 용어는, 사람이 (인간 공동체에서 함께 사는) 다른 사람(Mitmensch)에 대해 유용하게, 즉 여기서는 (다른 사람이 처할 수 있는) 위험을 피할 수 있는 방향으로 행동할 수 있는, 사람에게 부여된 능력의 사회적 유용성(utilitas)과 관계된다.

2. 고전 시대

고전 법에서는 원칙적으로 제한적이고, 명백하고, 구체적인 해석의

---

40) 주해 80번.
41) 주해 81번.
42) 독일 민법 제276조 제1항 제2문.

틀 내에서 법률의 구성요건에 해당하는 것으로서 직접 신체에 가해진 침해행위에 기인하는 가해만을 인정했다. 간접적이지만 결과에 매우 근접한 손해의 원인을 제공하는 경우(예: 정박한 배의 닻줄을 잘라서 그 결과로 절벽에 부딪혀 침몰하는 경우; 포도주 통에 구멍을 뚫어 포도주가 흘러나오게 하는 경우; 독이 있는 포도주 한잔을 건넸는데 노예가 영문을 모르고 다 마신 경우) 고전 법 체계는, 그러한 행태를 행위자에게 의무를 부과하는 속성(verpflichtendes Attribut)으로 파악하고 따라서 사실에 즉응한(사실을 고려하여 부여된) 소권들(actiones in factum conceptae)을 가지고 도움을 주었다. 오늘날 우리가 전 범위에서 다시 인정하는 고전전의 일반적인 diligentia-책임은 이로써 제거되었다.

위에서 언급한 사례들에서 (행위자로 하여금) 의무를 부담시킨 것은 손해를 야기하는 원인제공(causam praestare), 즉 손해를 발생시키거나 이를 알면서도 용인하는 사람의 원인제공이었다. 이것은 자연적 형평(naturalis aequitas)의 법상태의 '자연적' 법윤리의 가치들에 따라 책임을 기초하는 것으로서 효력이 있었다. "누구에게도 해를 입히지 말라"(neminem laede!)는 법윤리를, 물질세계의 인과(因果)의 경과를 포착하여 매우 제한적으로 구체화하는 것이 문제되는 것이다.

II. 절도책임

1. 12표법[43]

12표법에 따르면, 도둑(fur)이 몰래 범행했을 경우 물건가치의 두 배를 민사벌로 내야 했다. 그가 범행 중에 발각되었을 경우 그 행위는 명백한 것(manifestum)으로 인정되었다. 도둑질한 물건이 의식(儀式)적인 주거수색절차에서 혐의자 집에서 발견되었을 때도 '명백한' 것으로 간주되었다. 혐의자가 주거수색을 방해한 경우, 3배의 민사벌 책임을 졌다.

절도(furtum)에 대한 책임은 전반적으로 매우 관대했다. 이에 반해 많은 문화권에서는 근세까지 절도가 사형에 처해졌다. 이러한 경미함은, 12표법에 결정적인 관념에 따르면, 중세 시대와 달리 절도가 신의 명령 위반으로 간주되는 것이 아니라, 당시의 금권정치 체제에서 중요하지만 단지 금전적 가치에 불과한 재산의 침해로 간주된 것으로 설명될 수 있다. 재산침해는 (물건 자체를 반환하는 의무 이외에) 훔친 물건의 2배액으로 속죄되었다(솔론 이후 아테네에서와 똑같다).

(민사벌의 금액을) 지불할 수 없는 도둑은 피해자의 형벌노예(Strafknecht)가 되었고, 이렇게 해서 일종의 보상으로서 피해자의 재산을 증가시켰다. 야간절도범이나 무장한 강도를 살해하더라도 형사처벌을 받지 않았다. 다만 그 사건이 허용된 자력구제임을 공표할 수 있는 증인을 즉시 불러야만 했다.

---

43) Inst. 4, 1 pr. - § 16.

2. 헬레니즘 시대

헬레니즘의 최초의 법학에서는 절도 개념이 극도로 확장되었다. 타인의 재산, 즉 타인의 물건 자체와 타인의 사용권에 손을 대는 것은 모두 절도(furtum)에 해당했다. 토지조차도 훔칠 수 있었다. 임대된 토지를 매도하는 자, 사용대여를 받은 말을 너무 (즉 약정한 곳보다 더) 멀리 타고 갔거나, 도망노예를 주인의 시야에서 가리기 위해 자신의 망토로 씌우는 자는 도둑이었다. 곡식 더미에서 한 통의 양동이만큼 곡식을 훔치는 자는 더미 전부를 훔친 것이 되었다. 이러한 자연법적 절도 개념이 보호하는 법익은 섭리에 따르는 자연이 인간에게 할당한 사용권(Gebrauch)이었다.

고전 법학은 절도를 물건 중심으로 체계화하고, 절도를 '물건을 몰래 취거(取去)하는 것'으로 제한하였다. 따라서 강도는 그 본질상 은밀하지 않았기 때문에, 고전적인 고시에서 강도라는 사실(factum)을 행위자에게 책임지우는 소권으로써 제재하여야 했다. 이 소권은 4배의 민사벌을 부과하였다.

자연법적 절도 개념은 제정기에 매우 폭넓게 복귀했다(부동산 절도에 대해서는 그렇지 않음). 절도에 대한 두 정의(定義)는 고전 시대 성기(盛期)에, 은밀함을 포기한 물건의 취거가 씨앗이 되고, 고전전 시대의 사안에 따른 문제해결(Kasuistik)이 화환이 되는 방식으로 결합되었다.

III. 인격권 침해[44]

12표법은 인격권 침해(iniuria),[45] 즉 동료시민(Mitmensch)에 대한 불법적인 행위에 대해 양 두 마리 반의 가치가 있는 25아스(as)[46]의 정액 민사벌을 규정했다. 전형적인 사례는 따귀때리기였는데, 이는 훈육권이 있는 경우, 즉 그 당시 가자(家子)나 노예에 대해서는 합법적일(iure) 수 있었다. 사람의 지체(肢體. 팔, 다리, 몸통) 하나를 분리시킨 경우, 민사벌은 자유인의 경우 300아스, 노예의 경우 150아스였다.[47] 사람의 지체(肢體) 하나를 잘라낸 경우에는 탈리오 법칙(눈에는 눈, 이에는 이!)이 적용되었고, 화해금 지급으로 탈리오 법칙을 피할 수 있었다.[48] 사악한 주문(呪文)의 노래(malum carmen incantare)에 대해 극형을 내리는 것은 12표법의 마법의 세계에 속한다.[49]

인격권 침해에 관한 헬레니즘의 기본원칙은 말이나 행위로 타인을 '능욕하는 것'(Überhebung; Hybris)[50]이었다. 가해자는 피해자를 마치 자신이 모욕할 권리라도 가진 것처럼 취급했다. "그에게 그렇게 해도 돼!"

---

44) Inst. 4, 4 pr. - § 12.
45) 침욕(侵辱)이라고도 번역되나, 독자에게 친숙한 역어를 선택했다.
46) 역주: 동화(銅貨)의 단위.
47) XII tab. VIII 3; 4.
48) XII tab. VIII 2.
49) XII tab. VIII 1.
50) 역주: 그리스어 ὕβρις (휘브리스)를 contumelia(능욕)와 같이 보는 Inst. 4, 4pr. 참조.

시민은 평등한 권리를 가진다는 감성은 대단히 민감했는데, 특히 노예제도의 존재 때문이었다. 플라우투스(Plautus) 작품에서 "네가 명령하고 싶은 사람은 네가 사야만 해!"라는 문구가 여러 번 나온다. iniuria(권리 없이 일어난 것)의 기본 의미에는 이러한 관념이 포함되어 있다.

어쨌든 잘 지어낸 이야기에 따르면, 25아스가 – 오늘날 개념으로 말하자면 – 센트 단위로 평가절하되자, 어떤 사람이 로마 중심에 있는 신성한 길(Via Sacra[51])에 서서 재미삼아 오는 사람 아무나 갑자기 손바닥으로 따귀를 때리고는, 버들가지로 엮은 작은 바구니에 동전을 가득 채워 가지고 그를 따르는 노예에게 즉시 피해자에게 민사벌을 지급하도록 시켰다고 한다. 이에 대해 법정관은 고시를 통해 민사벌이 앞으로 상황에 따라 심판인의 자유로운 평가에 의해 결정될 수 있게 하였다. 이는 구성요건에 영향을 미쳤다. 고전전 시대에 어떤 심판인은 누군가 다른 로마 시민을 '시인'(poeta)이라고 부르는 것은 인격권 침해라고까지 평가한 적이 있었다. 또 다른 사건에서는 같은 행위에 대해 면책판결이 내려지기도 했다.

고전적 고시 「인격권 침해에 관하여」(De iniuriis)의 기초에는 인격권 침해를 행위 방식에 따라 구분하고, 우선 12표법에서 유래하는 소권을 경미하거나 중한(iniuria atrox) 신체손상으로 제한하려는 시도가 있었다.

다음으로 선량한 풍속에 반하는 비방(adversus bonos mores convicium)

---

[51] 카피톨리에서 시작하여 포룸 로마눔(forum Romanum)의 가장 중요한 종교시설 몇 개를 지나 콜로세움에 이르는 도로.

― 이는 공개적 비판이 허용된 유형들을 암시한다 ―, 이어서 상류층 부인과 자녀를 길거리에서 말을 걸거나 뒤쫓는 것(이것이 선량한 풍속bonos mores에 반하는 경우에), 마지막으로 일반규정식으로 금지된 행태로서 infamare, 즉 타인의 평판과 체면을 손상시키는 것이 뒤따랐다.

맨 마지막 요건은 고전적인 고시의 창조자인 세르비우스 술피키우스 루푸스(Servius Sulpicius Rufus)에 따르면, 누군가 나의 물건을 매도했음에도, 자신이 채무자인 나로부터 질물로 받았다거나, 자신이 나의 채권자라고 거짓 주장을 하면 충분했다. 일반적인 행동의 자유를 부정하는 경우 모욕당한 자의 보호도 고시의 이 마지막 구절에 해당하였다. 예컨대 해변이나 공공장소 및 거리에서의 공공이용 또는 자신의 부동산으로의 복귀 또는 자신의 물건 매도를 들 수 있다. 여기서 특별히 고전적인 점은 인간의 자유에 대한 집중이다.

이는 행동자유의 보호는, 사용권을 보호함으로써 동일한 것을 달성하고자 했던 고전전의 점유보호와 일부 경쟁했기 때문에 더욱 분명하게 나타난다. 또한 라베오(Labeo)가 "명예훼손을 위한 목적으로 어떤 일도 일어나지 않게 하기 위하여"(ne quid infamandi causa fiat)라는 바로 이 고시는, 모든 것이 ― 고전전의 해석에 기초하여 ― 일반적인 12표법의 인격권 침해에 포함되어 있기 때문에, 불필요한 반복이라고 설명한 것은 고전전의 전통에 기초한다.

제8절 과책 없는 준불법행위 책임

I. 가자와 노예에 대한 책임[52]

가부(家父)는 (오늘날과 같이) 감독의무의 위반 여부에 상관없이 가자들과 노예들의 속죄금 지급의무와 손해배상 의무에 대한 책임을 부담했다. 그러나 그는 가해자[가자나 노예]를 피해자에게 위부(noxae datio)[53]함으로써 그 책임을 면할 수 있었다. 재물손괴의 경우 가자는 '노무를 제공하여 채무를 면할' 권리가 있었다. 수권혼(手權婚. in manu)의 처에 대해서는 가녀(家女)와는 달리 처음부터 위부(noxae datio)할 권리가 없었다. 유스티니아누스는 그 당시 더 이상 사용되지 않던 가자와 가녀들의 위부를 폐지했다.[54]

II. 동물에 대한 책임[55]

길들인 동물이 입힌 손해에 대해서는 보유자가 책임을 졌다. 하지만 그는 여기서 피해자에게 '가해 동물'를 위부함으로써(noxae datio) 면책될 수 있었다. 이 권리는 독일 제국 법원에서 1900년 1월 1일까지 적용

---

52) Inst. 4, 8 pr.
53) 역주: 타인을 가해한 노예나 동물을 그 주인이 피해자에게 (보통 복수를 위해) 넘겨주는 것.
54) Inst. 4, 8, 7.
55) Inst. 4, 9 pr. - § 1.

되었다. 피해자는 손해배상 대신에 사람을 무는 개를 받았다.

고전 시대에는 동물보유자의 책임을 정당화하기 위해, 오늘날에도 흥미로운 관점이 고안되었다. 즉, 길들여진 동물한테서 본래의 야생성이 발현될 위험은 그것을 이용하는 사람이 부담해야 한다는 것이다. 이 생각은 현대의 위험책임에도 적용되는 바, 유용성 때문에 투입된 자연력(예: 원자력, 전기, 물, 도로 및 항공교통에서의 화석 연료)에서 위험이 시작되는 사례들에서 그러하다.

포획된 야생동물에 대해서는 고전전 시대에는 보유자는 과책(過責)원칙에 따라 (거래상 주의의무 위반시) 책임을 졌고, 고전 시대에는 고시의 한 규율에 따라, 특정한 행태, 즉 위험한 지역, 도로 및 장소에서 보유하는 것에 대해 책임을 졌다.

III. 건물에 대한 책임

1. 12표법과 고전적 고시의 법

고전적 고시의 법에 따르면, 이웃 건물에 의해 피해가 발생할 위험이 있는 경우, 위험에 빠진 자는 발생할지 모르는 손해를 배상한다는 약속을 이웃 건물의 소유자에게 요구할 수 있었다'[(아직) 발생하지 않은 손해에 대한 약속(cautio damni infecti)']. 이 약속을 하지 않을 경우, 법정관의 수권(授權)에 의해 먼저 그 건물에 보호 목적으로 진입할 수 있었으며, 만약 계속해서 거부될 경우, 건물에 대한 소유권 취득으로 이어지는 사용취득 점유를 취득할 수도 있었다. 이것은 로마 시민에게만 적용되는 구제수단이었는데, 사용취득과 토지 소유권은 로마 시민 고유의 권리(ius proprium Romanorum)였기 때문이었다.

따라서 정무관이 제공한 것은 '로마인들의 시민법을 지원하기 위한'(iuris civilis adiuvandi gratia) 조치, 즉 내용적으로는 12표법으로 거슬러 올라가며 여전히 유효한, 그러나 가이우스(Gaius IV 31)에 의해 번잡한 것으로 지적된 '법률소송'(legis actio damni infecti)에 의해 달성할 수 있었던 것과 동일한 것이었다. 이에 반해 외인(外人) 정무관의 고시에도 제시된 소송은 고전적인 것이었으며, (손배배상) 약속이 최종적으로 거부된 경우에는 마치 이웃 건물 소유자가 약속한 것처럼 유책판결을 내릴 것을 명령했다.

2. 헬레니즘 시대[56]

고전전 시대에는 사람들은 건물의 안전성(무위험성)에 대해 특히 통행인들에 대해 과책원칙, 즉 아퀼리우스 법(lex Aquilia)에 따라 책임을 졌다. 고전 시대에는 특정한 전형적 위험(주거에서 무언가를 던지거나 쏟아부은 경우)에 대해 고시에 따른 책임이 있었다.

---

56) Inst. 4, 5, 1-2.

제9절 행태를 지도하는 거래질서로서의 채무법

I. 불법행위법

불법행위법은 손해나 권리침해가 발생하고 과책이 있는 경우에 비로소 등장하는 법이다. 로마에서는 이러했으며, 로마의 경우 배상은 원칙적으로 손해나 불법에 맞추어진 민사벌금의 형태를 취했다. 오늘날에도 다르지 않은데, 여기서 불법행위법은 원칙적으로 금전배상을 지향하며, 피해자에게 만족을 준다는 원칙(Genugtuungsprinzip)에 따라 위자료만이 가해자가 속죄받을 수 있게 한다는 점은 오늘날에도 다르지 않다.

그러나 불법행위법의 제재들(민사벌금 또는 손해배상이라는 위협)은 거래참여자들에 대해 (형법과 완전히 마찬가지로) 일반 및 특별예방 효과가 있다. 모든 사람은 자신이 가한 손해를 배상해야 한다는 것을 안다. 한 번 손해배상액을 지불한 사람은 앞으로는 두 배로 조심할 것이다. 이러한 효과는 반사적으로 발생한다. 즉 법에 의해 직접 강제되는 것이 아니라 자유로운 행위와 태도를 매개로 하여 (간접적으로) 발생한다.

불법행위법의 최고 원칙은 'neminem laede'(다른 사람의 권리를 침해하지 말라)로 자유인을 대상으로 하며, 따라서 법윤리적 성격을 지닌다.

II. 계약법

계약법은 일차적으로 경제적 가치가 있는 급부를 미래에 기대할 수 있고 강제할 수 있게 만든다는 의미가 있다. 이것은 계약법에 의해 창조된 채무(채권)의 의미이다. 따라서 채무들도 원칙적으로 거래가능('이전 가능')하다. 로마법은 채무를 채권자와 채무자 간의 개인적인 구속으로 간주하여 양도할 수 없다는 원칙에서 출발했지만, 채권자 변경에 의한 채무 '경개'(更改. 이로써 채무자는 새로운 채권자를 받고 그에게 동일한 채무를 졌다)와 소권을 소송상 양도하는 것을 허용했다.

채권은 단순한 합의에 의해 양도될 수 있다는 현재의 기본 원칙은, 모든 곳에서 관철될 수도 없고 관철되지도 않았다. 이 원칙은 특히 금전채권과 대체물인도청구권의 경우에 적용된다.

이에 반해 수많은 일신전속적인 채권들은 양도될 수 없다. 그중에는 노무 및 사무처리에 관한 대부분의 채권들이 이에 속한다.

계약법은 동시에 공동작업을 조직한다. 공동작업의 조직화 측면에는 특히 계약에 선행하고 그에 수반되는 보호 및 배려의 의무가 포함된다. 이러한 의무들은 로마 고전 법에서 (고전전 법과 달리) 크게 후퇴되었지만, 종전의 법 해석상 인정되던 계약체결상의 과실(Culpa in contrahendo)과 적극적 계약침해 및 이를 수용하는 개정 독일민법 제241조 제1항, 제311조 제2항 제1호가 보여주듯이, 오늘날 다시 매우 발전되었다. 이러한 보호 및 배려 의무는 (불법행위법상 의무와 다르지 않게) 소구가 가능한 것이 아니라, 간접적으로, 즉 손해배상으로 제재된다.

제9장

소권 및 소송상 권리보호

제1절 소권(소송)

I. 법정소환(in ius vocatio)

12표법은 법정소환(in ius vocatio)으로 시작하는데, 이는 소송을 '법' 앞으로 보내 법정의 결정을 받게 하는 수단이었다. In iure는 배심법원들을 설치하는 '정무관 앞에서'라는 뜻이다. (법정소환에 대해서) 어떤 '추상적인' 복종의무(Folgepflicht)가 있었다. 소환된 자는 정보청구권이 없었다. 원고는 소구된 권리를 관원 앞에서 비로소 밝힐 의무가 있었다. 긴급한 경우, 원고에게는 피고인을 강제로 출두시키는 것이 허용되었다.

이 규율에서 알 수 있는 바는 원고는 피고를 소환할 때 자신의 권리뿐만 아니라 객관적인 법, 즉 법적 평화를 위해 행동했다는 것이다. 따라서 로마의 법질서는 사법(司法)절차에 의한 권리 실현에 대한 비용을 알지 못했다. 정무관이나 심판인을 이용하는 것도, 법률가들이 공개적으로 제공하는 자문도 그러했다.

법정소환권은 궁극적으로 정무관의 재판권과 시민들뿐만 아니라 모든 사람에게 법적 보호를 제공할 의무에서 비롯되었다. 따라서 정무관의 재판권이 허용하는 경우 비시민도 시민을 법정으로 소환할 수 있었다. 또한 정무관은, 소환에 응하지 않는 사람을 상대로 고전적인 고시에 따라 사실에 즉응한(in factum), 즉 피고의 행동과 태도를 고려한 - 원고에게 유리한 - 민사벌 소권을 원고에게 부여함으로써, 자신의 이러한 권위를 지켰다.

　법정소환(in ius vocatio)의 - 이렇게 두드러진 - (고시에서의) 맨 앞 자리는 고전적인 고시에서도 유지되었다. 이제 그것은 고시가 정의하는 효과적인 법적 보호를 통해서만 폭력을 제거할 수 있다는 확신에서 더 정당화되었다. 이에 대해 키케로는 "우리는 폭력을 제거하고자 한다. 그 때문에 법, 즉 법 전체가 포함되어 있는 배심법정들이 효력을 가지는 것이 필요하다. 법정들이 경시되거나 없어지면 필연적으로 폭력이 지배한다"[1]라고 했다.

II. 소권(소송)

1. 12표법의 법률소송(legis actio)

　12표법의 소송 형식은 법률소송(legis actio)이었다. 이 소송은, 법적 보

---

1) Pro Sestio 42, 91.

호를 받기 원하는 권리를 구두로 그리고 동시에 의례적인(rituell) 형식으로 정무관 앞으로 가져올 것을 요구했다. 정무관이 구속되는 법을 법률에 정해 두었기 때문에, 원고는 법률 문언을 매우 정확하게 준수해야 했다. 그렇지 않으면 원고는 법률 문언에 맞지 않는다는 이유만으로 소송에 패하고 자신의 권리를 상실할 위험이 있었다. 따라서 불법벌목소송[2]의 경우 12표법이 나무 한 그루당 25아스의 민사벌을 부과했으므로, 원고는 (피해를 본) 포도나무 대신 나무라고 명시해야 했다.

예컨대 노예에 대한 소유물반환소송(vindicatio)의 경우 양 당사자 모두 동일하게 "이 노예는 퀴리테스법에 따라 나의 것이다"라고 주장했고 노예에게 자신들의 소유물반환청구소송에 의해 보호되는 권리(Vindikationsrecht)를 상징하는 막대기를 갖다 댔다.[3] 정무관은 임시로 두 원고 가운데 한 사람에게 소유물반환청구소송에 의해 보호되는 권리를 인정하는 데 그쳤다.

그러나 여기서 그쳐서는 안 되었다. 그 주장은 나중에 선서로 반복될 수 있었다. 그 다음 심판인이 (시초에는 항상 원로원의원 가운데) 한 명 임명되어 누구의 선서가 적법한지를 결정했다. 그 전에 양측에서 내세운 보증인들(praedes)이 선서절차에서 진 쪽이 (소송 대상인) 물건과 – 특히 토지의 경우 – 그 동안 발생한 과실을 반환할 것을 담보했다.

---

2)   역주: Ulpianus 32 ad edictum D. 17,2,58pr.: cautum est XII tabulis, ut qui iniuria cecidisset alienas (arbores), lueret in singulas aeris XXV. 12표법에는 위법하게 타인의 (나무를) 한 그루당 25아스의 손해배상을 한다고 규정되었다.

3)   주해 9번.

소비대차금(물) 반환소송의 경우 원고는 채무자(인 피고)가 자신에게 지급해야 한다고 주장했으며, 채무자에게 인낙(認諾)[4]하거나 부인하라고 요구하고 그가 부인한 경우 (정무관에게) 심판인 한 명을 요청했다.

이러한 소송 진행 방식은 항상 법적 평화, 즉 조점적인 종교가 추구한 분쟁 없는 상태 유지를 보장하는 것이 관건이었다는 것을 보여 준다. 소유물반환 분쟁에서는 즉시 'vindicias dicere'를 통해 (잠정적으로) 양 당사자 중 한쪽에게 점유를 맡겼으며, 누군가가 노예라고 주장한 경우, (판결 전까지 잠정적으로) 그에게 유리하게 그를 자유인으로 취급하라고 명했다(vindiciae secundum libertatem). 동일한 자유의 결과는 채무노예로 붙잡힌 자의 경우, 원래 마찬가지로 vindicias dicere를 포함하는, 소송담보인(vindex)의 지명을 통해 구체화되었다.[5] 당사자들이 이를 선서절차를 통해 이의제기하는 것이 일찍부터 허용되었다.

이와 동일한 평화효과가 12표법의 소비대여금 반환소송절차의 경우 정무관의 재판기일 지정(iudicium addicere)에서 출발한다. 이 절차는 채권자와 부인하는 채무자 사이의 분쟁에 '배심법원을 설치할 것을 선언하고' 그 분쟁을 법정(法廷)의 평화로 전환시켰다. 이로써 채권자는 채무자에 대한 모든 권리를 상실하였고 (청구를) 인용하는 판결에 의해 비로소 급부를 요구할 권리를 다시 취득했다.

또한 12표법을 자연법적으로 해석함으로써 자연법적인 법률소송들['법

---

4) 역주: 원고의 청구가 타당함을 피고가 인정하는 것.

5) 주해 9번.

률'소송('legis' actio)의 lex[6]는 여기에서는 Nomos(규범)라는 의미]이 등장했다. 이러한 하나의 소송으로서 신탁(fiducia)에 관한 소송이 전승되었는데, 이는 보관 및 담보 목적으로 사용되었지만 전체 거래법에 대한 예시가 된다. 이 소송에는 '내가 너와 너의 신의 때문에 사기당하고 피해보지 않도록'(uti ne propter te tuamve fidem captus fraudatusve sim)이라는 문구가 쓰였다. 이어서 원고는 정무관을 향해 예컨대 "나는 심판인 한 명을 요청한다"라고 말한다. 여기서도 원고의 권리뿐만 아니라 카피톨리누스 언덕에서 여신으로 숭배된 신의(信義. Fides)의 가치를 존중하는 것이 관건이었다.

2. 방식서

후대 법의 방식서(formula)는 정무관이 심판인에게 한 지시이다. 이 지시에서는 원고의 청구가 피고에 대한 패소판결의 조건 형태로 표현되었다. 이 지시는 정무관의 명령(Dekret)으로서 엄밀히 말하면 구두로 이루어졌지만, 원칙적으로 문서로 제공되었으므로 방식서라고 불린다.

소유물반환소송의 경우 방식서는 "티티우스여, 심판인이 될지어다. 분쟁의 대상인 물건이 퀴리테스법에 따르면 원고의 소유이고 이 물건이 심판인의 재량에 따라 반환되지 않은 것이 판명되면, 심판인이여, 원고에게 유리하게 피고에 대해 이 물건의 가치만큼 패소판결하라. 만약 그렇지 않다면, 피고를 면소하는 판결을 하라"였다.

---

6) 역주: 여기서 lex는 'legis'의 1격임.

소비대여금(물) 반환소송의 경우 "티티우스여, 심판인이 될지어다. 피고가 원고에게 10,000HS(세스테레스)를 지급해야 한다는 것이 판명되면, 심판인이여 피고에게 유책판결을 하라. 만약 그렇지 않으면, 그를 면소하는 판결을 하라"였다.

매수소송의 경우 "티티우스여, 심판인이 될지어다. 원고가 피고로부터 은제 식탁을 구매한 것과 관련하여, 이 때문에 항상 피고가 원고의 이익으로 신의성실에 따라 공여(供與)하고(dare) 행위해야 하는 것만큼 피고에게 유책판결을 하라. 만약 그렇지 않으면, 그를 면소하는 판결을 하라"였다.

방식서를 가지고 소송을 제기하고 그것을 피고에게 알리며 그렇게 하여 법률문제를 정무관이 설치한 배심법정에서 해결할 것을 강제하는 원고는 그 방식서 형식에 따르면, 구두로 하던 시대처럼 직접 권리의 관철을 위해 행위하는 것이 아니라, 고권(imperium)이라는 명령권이 재판권에 확장되었기 때문에 자신의 청구를 관철시킬 수 있는 수혜자로서 행위했다. 이것은 방식서 절차로 전환이 이루어졌던, 최초 헬레니즘 법학의 후기 형태에서도 그러했다. 고전 법학은 방식서 절차를 손질했는데, 이미 존재한 것을 손질했던 것이다.

이를 극명하게(paradigmatisch) 보여 주는 하나의 예는 위의 매수소권이다. 왜냐하면 이 매수소권 앞에 언급된 두 방식서에서 지켜진 조화로운 순서인 '만약 … 판명되면, 만약 그렇지 않으면'(Si paret -si non paret)은 매수소권에서의 순서인 '원고가 … 구매한 것과 관련하여, 만약 그렇지 않으면'(Quod… emit, si non paret)에서 분명히 방해받는 것을 알 수 있다.

Arangio-Ruiz[7]가 일찍 알아챈 바와 같이, si non paret를 조화롭지 못하게 추가한 것은, 고전 법이 새로 정의된 매매계약이 성립되었는지 여부를 검토하는 것을 심판인의 우선적인 과제로 만들었고 그렇게 함으로써 심판인을, 비교사안들[8]에서처럼 분명한 대안 가운데 하나를 결정해야 하는 심판인(iudex)으로 격상했으므로 필요해졌다. 이전에는 같은 심판인이 고전전의 거래법의 모든 심판자(Richter)처럼 재정인(裁定人. arbiter)이었는데, 재정인은 자기에게 온 사건(Verhältnis)에서 신뢰원칙(Vertrauensprinzip)의 위반이 있었는지를 확인할 의무가 있었다. 위반이 확인된 경우, 피고는 재정인의 주도로 이 위반행위를 다시 정상으로 돌릴 수 있었고 그렇게 함으로써 손해배상의 패소판결을 피했다. 이러한 절차들에는 '면소판결'이 없었다. 이러한 경우, 모든 절차에 대해 해석의 핵심적인 관점을 제시하는 방식서의 문구, 즉 '선량인들 사이에서 선량하고 가해(加害) 없이 행위되어야 하듯이'(ut inter bonos bene agier oportet et sine fraudatione)에서는 이 기준에 따라 검토하는 심판인은 기껏해야, 피고가 처음부터 또는 심판인의 중재로 요구사항을 충족시켰기 때문에 패소판결할 이유가 없다고 판단할 수 있었다.

원수정기 로마에서는 최종적으로 이처럼 정교한 법체계 아래서 공식적으로 임명된 5,000명의 심판인이 제국 전역에서 활동했다. 그들

---

7) WP.
8) 역주: 매수소권에 앞서 고시에 게시된 소유물반환소송과 소비대여금(물)반환소송.

중 대부분은 실제로 민사소송을 담당했다. 법정 언어는 라틴어였다. 법의 보장은 이처럼 제국 전체에서 국가의 우선적인 과제로서 매우 뚜렷하게 유지되었다.

3. 소권(actio)의 개념

『법학제요』(Institutionen) 시스템의 체계적 사고형식으로서 소권(actio)은 실체법을 재판절차 형식으로 관철할 권능을 나타낸다. 원고는 소권을 통해, 로마인들이 res라고 불렀던 실질적 권리를 법정에 가져온다(res in iudicium deducit). 로마법의 특징 중 하나는 각각의 권리(예컨대 각종 계약상 채무들)에 고유한 소권들이 할당되었다는 것이다[actio empti(매수소권), actio venditi(매도소권), actio certae creditae pecuniae(소비대차, 문답계약과 문기文記 계약에 기한 일정금액 청구소권)].

각 소권에 따라 심판인에게는 다양한 권한이 주어졌다. 특히 심판인이 매우 엄격하게 구속되는 엄격법(stricti iuris)상 소권과, 심판인이 넓은 재량권을 가졌던 신의성실에 따른(bonae fidei) 소권의 차이가 특히 중요했다.

4. 대인소권(actio in personam)과 대물소권(actio in rem)의 차이

『법학제요』 체계에서의 대인소권은 한 사람(persona)의 다른 사람에 대한 소권이고, 대물소권은 한 사람의 유체물(res)에 대한 소권이었다. 이 구별은 그 핵심에 있어서 발전된 소유물반환청구 모델로 거슬러 올라가는데, 12표법 이래로 채무자에 대한 소송(소권)은 급부해야 함(즉 인적인 채무)만을 주장했을 뿐이고, [- 나포(manus iniectio)에서 확인된, 채무노예로 만드는 - manus의 인신에 대한 공취력과는 달리] 소유물반환청구가 가능한 지배권을 주장하지 않았기 때문이다.

대인소권에는 옛날부터 책임법적으로 엄격한 응소강제가 있었다. 만약 채무자가 소환에 저항하거나 소환을 피함으로써 소송을 거부하면, 이미 12표법에 따르면 판결[또는 인낙(認諾)]에 의한 것처럼 전 재산에 대한 집행이 이루어졌다.

이에 반해 대물소권[소유물반환소권(vindicatio)]은 엄격하게 물건에 대한 권리(주된 예: 소유권)를 확인하는 소권으로 구성되었다. 응소강제는 없었다. 소유물반환소권으로 얻고자 하는 소유권에 관한 분쟁에서 점유자는 주장된 소유권과 양립할 수 없는 권리를 원용할 때만 소송 상대방으로 적합했다. 그가 그렇게 할 수 없었거나 이를 원치 않았기 때문에 그리하지 않은 경우, 그는 원고에게 물건을 넘겨주어야 했다. 이를 위해서는 별도의 (대인)소권이 있었으며, 이는 동산의 경우 제시소권(actio ad exhibendum)이라고 불렸다.

가이우스 아퀼리우스 갈루스(Gaius Aquilius Gallus)**WP**의 actio, petitio, persecutio의 3분법의 처음 두 항목은 대인소권과 대물소권의 대조를 뜻하며, 이에 반해 persecutio, 즉 단순한 권리추급(Rechtsverfolgung)은 전형적으로 어떤 행태(factum)를 요구하는, 법윤리에 근거를 둔, 시민법을 보충하는 소권들을 뜻한다. 체계적 위치로 보면, 이 소권들은 첫번째 헬레니즘 법학에서 재정절차들(arbitria)에, 즉 신뢰원칙 - 처음에는 신의(Fides) 나중에는 신의성실(Bona fides) - 에 의해 규율된 거래법의 재판절차에 상응한다.

5. 소위 소권법적 사고

사람들은 소권(소송)질서를 이유로 로마인들의 소권법적 사고(Aktionenrechtliches Denken)를 이야기하나, 때로는 이 사고를, 로마인들이 동시에 그리고 우선적으로는 실체적 법률관계의 관점에서 생각하지 않았다는 잘못된 관념과 결부시킨다. 정무관이 고전적·제도중심 체계에서 규칙 같은(regelhaft) 법(ius)·행태(Verhalten)를 요구하는 소권에 의해 보충하는 곳에서, 우리는 이미 소권법적 사고를 이야기할 수 있다. 그러나 여기에서도, 정무관은 소송수단을 정당화하기 위해 제도중심적 법질서의 법윤리를 상기시키며, 이런 점에서는 일차적으로 실체법적으로, 즉 법윤리에 기반한 의무를 통해 논증한다.

III. 특시명령들[9]

특시명령들(interdicta)은 정무관에 의해 발령된 구체적인 폭력금지 형식으로 현 상태의 평화를 보장하는 데 기여했다. 확실하게는 추론할 수 없는 가장 오래된 특시명령들은 공유지(ager publicus), 즉 정복된 영토 – 이 정복지는 토지법적으로 소유물반환청구 모델의 적용을 받지 않고 따라서 이 정복지

---

9) Inst. 4, 15 pr. - § 8.

위에서는 vindicias dicere(잠정적으로 계쟁물에 대한 점유를 부여하는 것)라는 형식의, 소유물 반환청구 모델의 평화적 규율이 불가능했다 – 의 사용관계들을 보호했다.

고전전 시기인 헬레니즘 시대에 특시명령들은, 자연법적 사용(usus) 점유 전체를 보호했다. 특히 토지점유 전체를 보호하는 특시명령 'uti possidetis'(너희들이 점유하듯이)가 그러했다. 이 원칙은 당사자 사이의 폭력 금지[vim fieri veto!(나[10]는 폭력이 행해지는 것을 금지한다!)]였다. 그러나 한 쪽이 다른 쪽에게 '폭력, 은비(隱祕), 허용점유로써'(vi clam precario) 점유하지 않는다는 전제하에 그러했다. 이런 하자 있는 점유자에 대해서는 자력구제(폭력. vis)가 암묵적으로 허용되었다. 그러나 구체적인 사건에서 자력구제의 요건들은 사후에 재판으로 검토될 수 있었다.

점유를 자주점유로 한정한 고전 시대에는, 사용관계들을 위해 수많은 특별한 특시명령들이 필요했다. 일반적인 점유법적 폭력금지는 이제 'unde vi'라는 특시명령을 통해 관철되었다. 이 특시명령으로부터 금지된 사력(私力)[11]에 대해 절차법적으로 특별하게 갖춰진 현대의 점유보호로 향하는 길이 마련된다. 다양한 사용관계들은 공법(예: 도로와 강에 대한 공공의 사용)과 사법(지상권, 역권들) 영역에서 각각 특별한 특시명령들에 의해 보호되었다. 부동산점유방해금지 특시명령(interdictum uti possidetis)은 소유물반환소송에서의 당사자 역할을 준비시키는 데 한정되었다. 이제 이 특시명령은 누가 더 나은 점유자로서 행운의 점유자(beatus

---

10) 역주: 특시명령을 발령하는 법정관.
11) 역주: 사인(私人)의 폭력.

possidens) 역할을 할(즉 소송 중에 물건을 점유할) 수 있고 상대방에게 원고 역할을 하라고 할 수 있는가 하는 질문에 답할 수 있게 되었다. 더 나은 점유 문제의 검토를 허용한 폭력행위는 의례적이었을 뿐이며, 필요한 경우 절차의 진행을 보장하기 위해 그 상태 유지가 강제되었다.

IV. '비폭력적인' 자력구제

로마법은 종교적인 평화 이념에서 비롯되었다. 모든 번영을 책임지는 신성한 힘들과의 관계들을 축복하는 평화(pax deum)는 사람들 사이의 법적 평화를 요구한다. 고전 법도 이러한 전통 아래에 있다.

하지만 고전 법의 질서에도 자력구제 요소들이 없지 않다. 이 요소들은 태고적인(archaisch) 것이 아니며, 결국 로마 공화국에서의 관료제가 일반적으로 - 사법(司法)관료제도 그러하다 - 약하게 발전되었다는 점에 근거한다. 강제집행을 담당하는 관리(官吏)가 없었다. 따라서 점유에 기한 청구권은 해당 권리자에 의해 직접 관철되어야 했다. 이것은 '비폭력적'으로만 가능했는데, 법의 틀 안에서 고유한 효력 범위에서 인정받은 우위의 표현인 물리력의 행사는 폭력으로 간주되지 않았기 때문이다. 가부(家父)에게 인정된 부권(父權. patria potestas) - 오늘날 번역하자면 '부모의 친권' - 의 적법한 행사는 폭력(vis)이 아니라 허용된 '사력'(私力)이었다.

그래서 원칙적으로 고전 법은 지속적으로 인용할 가치가 있는 근본 원칙을 실현했다.[12] vim volumus exstingui; ius valeat necesse est, id est iudicia, quibus omne ius continetur("우리는 폭력을 제거하고자 한다. 그 때문에 법, 즉 법 전체가 포함되어 있는 배심법정들이 효력을 가지는 것이 필요하다").

이러한 관점의 주요 예는 원칙적으로 자주점유만 인정한 고전적인 점유이다. 고전 법에 따르면, 자신을 위해 점유하기를 원하는 사람만이 점유자였고, 타인을 위해 점유하는 자는 점유자가 아니었다. 따라서 사용임대차와 용익임대차의 임대인은 물건을 (임차인에게) 넘겨 주고 난 후에도 점유자로 남았으며, 따라서 당시의 관념에 따르면 그들은 법적 평화를 해치지 않고도 사용임대차와 용익임대차의 임차인에 대해 임대목적물의 인도를 관철시킬 수 있었다. 계약에 반하여 사용을 못하게 된 자는 침해된 계약에 기하여 권리들을 주장해야 했다. 오늘날에는 타주점유자로 인정되는 사용임대차와 용익임대차의 임차인은 당시에는 물건에 대한 사실상의 소지자(Detentor)에 불과했으며(독일 민법 제1초안에서도 여전히 그러함), 아주 생생한 표현에 따르면 그들은 사용임대차와 용익임대차의 임대인의 물건에 대한 '점유'에(in popssessione)에 있었다(오늘날 그들은 '간접·자주점유자'에 대비되는 '직접·타주점유자'이다).

그럼에도 불구하고, 로마 법질서는 오늘날 우리의 법질서보다 분명히 자력구제에 적대적이었다. 마르쿠스 아우렐리우스의 한 규율에 따르면, 채권자가 자신의 권리를 자력구제하려고 시도하면, 그 권리 전부를 상실했다. 이 규율을 따르는 황제의 칙법은 소유자가 소유물반환청구 대신 자력구제를 하는 경우 점유자에 대한 자신의 권리를 잃게 되고, 무권리자로서 점유자에게 그 물건의 가치를 제공해야 함을 규정했다.[13]

---

12) Cicero, pro Sestio 42, 92.
13) 주해 47번.

제2절 강제집행

I. 인적 책임과 전재산에 대한 책임

1. 12표법

유책판결을 받은 자가 30일의 유예기간이 지나도 변제하지 않으면, 그는 12표법에 따라 60일간 사적(私的) 구금을 당했으며, 제3자에게 그를 위해 변제할 기회를 주기 위해 장날에 3번 공개적으로 끌려 나왔다. 이러한 기회부여(Ausbieten)가 실패하면, 채무자는 살해되거나 외국으로 팔려나갔다. 채권자가 여럿인 경우, 채무자를 파산 지분에 따라 '조각내는' 의식(儀式)이 있었다. 채권자가 채무자의 신체에서 너무 많게 또는 너무 적게 잘라내도 불이익이 없다는 것이 (12표법에) 명시적으로 덧붙여졌다. 채권자가 원하면, 머리카락이나 손톱으로도 만족할 수 있었다.

이 극도로 잔인한 질서는, 막스 베버[14]가 처음으로 알아차린 바와 같이 도시공화국의 두려움, 즉 파산한 채무자를 살려두거나 도시에 남게 하는 경우, 그는 위험한 사회적 불안 요소(카틸리나 같은 존재)가 될지 모른다는 도시공화국의 두려움에 의해 각인되었다. 이 질서는 채무자를 농노 같은 채무노예로 만들었던 이전의 농업사회의 인적 책임을 강화

---

14) WP.

했다. 그 외에 채무자가 가족 및 잔여재산과 함께 스스로 노예가 될 수 있는 가능성은 12표법에 따라 여전히 존재했다. 그러기 위해 채무자는 정무관 앞에서의 화해절차에서 스스로를 – 빚을 노동으로 갚아나가는 – (nexus라 불린) 채무노예로 만들어야 했다.

채무에 대한 책임으로 채권자의 인적(人的) 지배를 받게 된 채무자의 잔여재산은 채권자가 1명인 경우 포괄승계에 의해 넘어갔다. 채권자가 여럿인 경우, 잔여재산은 채무자의 신체를 조각내는 것을 지배했던 동일한 비율로 분할되었다. '재산 분할(bonorum sectio)'은 '신체 분할(coporis sectio)'에 상응했다.

2. 헬레니즘 시대

인적 책임은 기원전 313년에(포에텔리우스법. lex Poetelia) 병역제도의 이익을 위하여(채무노예는 군역을 제공할 수 없었다) 결정적으로 완화되었다. 채무자는 시민권을 보유하나, 채권자에게 자신을 맡기고 노무제공을 통해 채무를 갚아나갈 것을 서약해야 했다.

고전전의 후기 법학의 개혁 과정에서 채무자의 재산은 2세기 말 이래로 더 이상 채권자가 직접 취득하지 않았고, 여러 채권자들이 있는 경우 그 채권액 비율에 따라 재산이 현물로 분할되지 않고, 재산 전체가 매각되었다.[15] 이 매각대금은 그 재산을 대신하여 채권자에게 넘겨졌다.

---

15) Inst. 3, 12pr. 참조.

채무자에게 생존에 필요한 것은 남겨두는 현대적인 의미의 강제집행상 (채무자) 보호는 고전전의 신뢰원칙에 따른 재정(裁定)절차(arbitria)에서 발전했는데, 이 절차는 동료시민에 대한 배려를 요구하는 자연법적인 법률관계들에서 채무의 관철에 기여하였다. 이 절차에서는 심판인은 피고가 이행할 수 있는 것만큼(in id quod facere potest) 패소판결을 내렸다.

II. 강제집행에서의 압류(pignora in causa iudicati capta)

개별 재산항목들(물건 및 채권)에 대한 압류는 제정기 황제 칙법의 비상심리절차에서 비로소 시작된다.

현대의 임금압류의 틀에서는 채무자는 부분적으로 채권자를 위해 노동한다. 사람들은 이를 현대의 채무자 감옥탑(Schuldturm)이라고 부른다. 이는 역사적으로 부정확한데, 채무자 감옥탑은 게르만 전통에서 유래한 형벌적 대응으로서, 로마와 현대 책임법에 있어서는 완전히 낯선 것이다. 각 노무관계에서 임금을 압류당한 채무자들은 해고로 일자리를 잃을 위험 때문에 매우 압박을 받는 상황에 처해 있다. 종종 너무 쉽사리 대출이 이루어진다. 따라서 몇 나라에서는 과책없이 지급불능 상태가 된 채무자에게 채무를 탕감하는 파산제도가 있다. 1999년 1월 1일부터 독일에서는 도산법(InsO)이 시행되어 채무자가 7년간 성실하게 변제한 – 법률에서 상세하게 규율한다 – 뒤에는 잔여 채무를 면제한다. 이러한 규율들은 로마의 책임법의 틀에서 이미 고전전의 공화정에서 시작한 발전을 이어가는 것이다. 대부(貸付)법의 엄격한 압박이 완전히 제거될 수는 없다. 푸블리우스 쉬루스(Publilius Syrus[16])는 이를 다음과 같이 표현했다. "채무는 자유인에게 쓰라린 예속이다"(alienum aes homini ingenuo acerba est servitus). 채무를 가리키는 '다른 사람의 동(銅)'(alienum aes)이라는 용어는 동화(銅貨)를 기준으로 평가하는 인구재산 총조사(census)에서 유래한다. 이 용어는, 물권법적으로가 아니라 재산법적으로 사고했기 때문에, 빌려준 돈을 자신의 것(aes suum)으로, 빌린 돈을 다른 사람의 것(aes alienum)으로 취급했다.

---

16) WP.

부록

라틴어 표현, 관용구 및 법언
참고문헌
주해 목록과 해설
아카데미 회의주의의 신조

라틴어 표현, 관용구 및 법언[1]

오늘날 법률가들이 흔히 사용하는 것들을 연상(緣想) 순서대로 적는다.

1. quisquis bonus praesumitur
모든 사람은 의심스러운 경우에도 선량하다고 추정된다.

법에 확고하게 뿌리를 내리고 있는, 평화롭고 자유로운 공존과 신뢰로 충만한 법적 거래에 도움이 되는 사회적 '편견'. 이로부터 피의자나 피고인을 위한 무죄추정 원칙, 또한 의심스러운 경우 물건에 대한 모든 점유자는 그 소유자로 추정될 수 있다는 원칙.

2. bona fides prodest
신의성실은 이익을 가져온다.

물건을 점유하는, 소유자 아닌 사람을 선의로 물건의 소유자라고 믿는 자는 그로부터 물건의 소유권을 취득한다. 단, 그 물건이 권리자로부터 절취되거나 유실된 경우에는 그러하지 아니한다.

3. in dubio pro reo
의심스러울 때는 피고인의 이익으로.

누구나 반증이 제시될 때까지 무죄로 추정되고, 따라서 의심이 해소되지 않을 경우 무죄판결이 선고된다.

4. iura vigilantibus scripta
법은 깨어 있는 사람들을 위해 쓰여졌다.

자신의 권리를 주장하지 않는 사람은 시효로 인해 그 권리를 상실할

---

1) 역주: 독자를 위해 순서를 적어둔다.

수 있다. 이에 못지 않게 중요한 것은 증명가능성의 상실이 임박한 것이다. 이런 식으로 재산은 상실되지 않고 그대로 남아 있다.

5. potior tempore, potior iure
시간에 우선하는 것이 권리(법)에 우선한다.

독일 속담으로 먼저 온 사람이 (곡식을) 먼저 빻는다. 이 속담은 우선변제권의 키워드이다. 저당, 토지채무와 동산 및 채권에 대한 질권의 순위는 그러한 담보권이 계약 또는 압류에 의해 설정된 순서에 따라 결정된다.

6. par condicio creditorum
채권자의 동등한 지위(채권자평등의 원칙)

채무자의 지급불능(이전에는 파산='concursus' creditorum, 즉 채권자들이 '함께 옴')의 경우 원칙적으로 채무자의 재산에 대한 채권자의 권리는 모두 동등한 힘을 가진다. 따라서 채권자들이 함께 오면 채무자의 책임재산은 채권액의 비율에 따라 분할된다(partes concursu fiunt).

7. communis opinio
지배적 견해, 통설

통설에 가담하는 사람은 통상 확고한 토대 위에 선다. 여러 사람이 한 목소리를 내는 것은 객관성을 암시한다.

8. error iuris nocet
법에 대한 착오는 해가 된다.

법에 대한 인식을 기본적으로 기대한다. 이 법문은 법이 더 분명하고 접근하기 쉬울수록 더욱 효력이 있다. 점유자를 소유자로 생각하는 선의는 법에 대한 착오가 아니라 실제 법 상태에 대한 착오, 따라서 사실에 대한 착오(error facti)이다.

9. ex officio
직권으로
신청을 요하지 않는, 행정 및 사법에서의 공법행위를 정당화한다.

10. doctor iuris
박사학위를 받은 법률가

professor(교수) 외에 profestrix(여교수)처럼, 이미 몇몇 대학에서 공식적으로 사용되는 여성형 doctrix는 신조어이며, 법률 라틴어의 생명력에 대한 증거이다. 이 용어는 ornator(사람과 건축물을 치장한다는 뜻의 ornare에서 나옴)에 대한 ornatrix, 마찬가지로 imperator(황제)에 대한, 드물게 전승된 형태인 imperatrix의 관계에 상응한다.

11. doctor iuris utriusque
양법(兩法)박사

양법은 '공통(gemeinen=일반적인)의' 로마 - '황제'법인 보통법(ius commune)과 교회 - '교황'법인 교회법(ius canonicum)이다. 이 양법이 여전히 일반적으로 효력이 있던 때, 사람들은, 교회법 없이 '로마법을 아는 자'(Legist)는 가치가 별로 없고, 보통법 없이 '교회법을 아는 자(Kanonist)'도 전혀 가치가 없다고 말한다.

12. iura novit curia
법은 법원이 안다.

당사자들은 주장한 사실을 제시해야 하며, 그들의 청구가 근거하는 법을 제시할 필요가 없다. 법원은 당사자에게 다음과 같이 말한다. "나에게 사실을 달라. 나는 법을 줄 것이다(da mihi factum, dabo tibi ius)."

13. nulla poena sine lege
법률 없이 형벌 없다.

형벌로 위하(威嚇)하는 법률은 범죄가 발생한 시점에 효력이 있어야 한다.

14. dura lex, sed lex
엄한 법률도 법률이다.
법률은 그것이 적용될 때 생기는 엄격함을 불가피하게 의도했을 수 있다.

15. cessante ratione legis non cessat lex ipsa
어떤 규범의 이유가 사라지더라도 규범 자체는 여전히 유효하다.
신호등이 빨간 불일 때 도로를 건너는 보행자는 좌우의 교통이 정지하더라도 규범을 위반하는 것이다.

16. in veterata consuetudo, opinio necessitatis, rationabilitas
지속된 관행, 관행의 필요성에 대한 확신, 합리성.
어떤 것이 관습법으로 인정되는가를 판단하는 세 가지 기준. 관습법은 법률과 동등한 효력을 가진다.

17. desuetudo
규범의 미사용.
소극적인 관점에서의 관습법. 이는 법률의 효력을 상실시킨다.

18. lex posterior derogat legi priori
나중의 법률이 기존의 법률을 폐지한다(신법우선의 원칙).
법률에 의한 통치라는 현대국가의 질서원칙.

19. ne bis in idem
동일한 사건에 대해 두 번은 안 됨.
누구도 같은 행위로 말미암아 다시 기소되어서는 안 된다.

20. dies interpellat pro homine
기한은 사람 대신 (채무이행을) 촉구한다.
채무에 대한 기한이 정해진 경우, 그것은 채권자를 위해 말한다. 채무자가 늦어도 그 기한까지 채권자에게 이행하지 않으면 지체에 빠진다.

21. ne ultra petita
청구한 것을 넘어서서는 안 된다.
법원은 청구 취지에 포함된 청구의 한도에 구속된다.

22. de minimis non curat praetor
법정관의 사법구제는 사소한 문제에는 미치지 않는다.
오늘날 검찰은 사소함을 이유로 절차를 종료할 수 있다. 유럽법에서는 공식적으로 'De-minimis'라 불리는 규율이 있다. 기업에 대한 국가 보조는 임계치까지(대체로 20만 유로까지)는 사소한 것으로 간주되며, 왜곡되지 않은 경쟁(unverfälschter Wettbewerb) 보장을 위한 노력에서 제외된다.

23. audiatur et altera pars
다른 쪽도 들어야 한다.
법적 청문에 대한 강제적인 요청.

24. status causae et controversiae
법적 분쟁과 쟁점들의 상태.
민사소송은 법정에 가져온 법률관계(causa)와, 주장을 지지하는 사실들의 증명을 둘러싼 논쟁(controversia)으로 구성된다.

25. probatio incumbat ei qui dicit non ei qui negat
증명은 주장하는 쪽에서 해야지, 부인하는 쪽에서 해야 하는 것은 아니다.
증명책임의 기본원칙. 자주 손해배상청구권을 관철할 수 있게 하는 증명책임 전환 사례들이 그만큼 더 중요하다.

26. non liquet
사안이 명확하지 않다.
　법원이 판단해야 하는 사실관계가 명확하지 않다. 그때는 증명책임의 원칙에 따라 판결이 이루어진다.

27. quaestio iuris
법률문제
　이를 결정하는 것은 법과 법률에 구속된, 법학교육을 받은 법관의 업무이다.

28. quaestio facti
사실문제
　어떤 사실의 증명이 필요한 순간에 발생한다.

29. cui bono
누구에게 유익했는가?
　불법한 행위에서 이득을 취하는 사람이 범인으로 의심된다.

30. corpus delicti
범죄의 '실체'
　범죄의 '실체적' 흔적, 특히 범행무기를 의미한다.

31. dolus
고의
　범행의 인식과 의욕. 그 형용사는 dolos로서 고의에 의한 행위를 서술하거나 수식하는 데 사용한다. 행위자가 행위를 인식하면서 의욕하였으나, (스스로) 도구로서 타인의 목적을 실현한 경우에는 목적 없는 고의 있는 범행이라 한다.

32. dolus eventualis
조건부(미필적) 고의

행위자가 범행의 결과를 직접적으로 원하지는 않았으나 범행의 결과를 용인한 경우(피해자에게 충돌하여 계단에서 떨어지게 함으로써 피해자의 사망을 초래했다)를 말한다. 이 경우에는 미필적 고의가 존재한다. 행위자가 괜찮을 것이라고 생각한 경우, 즉 상해에 그칠 것이라고 생각한 경우라면, 살인과 관련하여 '인식 있는 과실'이 인정된다.

33. aberratio ictus
타격의 착오

타격이 실패하여 행위자가 생각한 대상과 일치하지 않는 경우에도 그 타격은 고의 살인 또는 상해가 인정된다. '목표로 설정한 대상이 아닌 자'가 총알을 맞거나 독을 마신 경우에도 다르지 않다.

34. error in persona
사람에 대한 착오

행위자가 상해 또는 살인의 실제 피해자와 다른 자를 피해자로 생각하는 경우, 실제 피해자의 상해 또는 살해는 여전히 고의에 의한 행위이다.

35. actus reus
'유책(有責)한' 행위

범죄의 기수(旣遂)는 범죄 의도(유책한 인식)인 mens rea와 구분된다. 따라서 다음과 같이 말할 수 있다: 행위만으로 범죄가 될 수 없다. 의도가 있어야 한다(actus non facit reum nisi mens sit rea).

36. forum delicti commissi
범죄행위를 관할하는 재판권

범죄가 행해진 나라의 법이 적용된다.

37. locus regit actum
장소가 법률행위를 지배한다.
법률행위가 발생한 장소가 있는 나라의 법이 적용된다.

38. rei vindicatio
소유자의 점유반환 소송(권)
소유물반환소송은 점유할 권리가 없는 모든 점유자를 상대로 이길 수 있다. 따라서 다음 법문: 어디에서든 내가 나의 물건을 찾으면, 거기서 나는 소유물반환청구를 할 수 있다(Ubi rem meam invenio, ibi vindico).

39. beatus possidens
행복한 점유자
그의 행복은 자신의 점유를 향유하기 위해 행동할 필요가 없다는 점에 있다.

40. superficies solo cedit
지상물은 토지를 따른다.
토지 소유자는 그 위에 건축된 모든 것을 원칙적으로 취득한다.

41. casum sentit dominus
우연에 의한 손해는 소유자가 부담한다
손해배상청구권은 원칙적으로 유책적인 가해를 요구한다.

42. ex ante
사전에
예측의 관점.

43. ex post
사후에

역방향적 검토의 관점.

44. pacta sunt servanda
계약은 지켜져야 한다.
법적 거래의 신뢰성에 대한 마그나 카르타(Magna Charta).

45. clausula rebus sic stantibus
계약체결 시의 상황이 그대로 유지될 것이라는 묵시적 전제
이 조항은 '계약은 이행되어야 한다'(pacta sunt servanda)와 길항(拮抗)관계에 있으며, 오늘날 사법에서는 계약기초의 상실 형태로 적용된다.

46. falsa demonstratio non nocet
잘못된 표시는 해를 끼치지 않는다[오표시무해(誤表示無害)의 원칙]
(특정한 대상을) 보여주는 것(Zeigen)의 식별력은 매우 강력하여, (그 대상을) 잘못 표시하더라도 이는 해가 되지 않는다.

47. protestatio facto contraria
행위에 반하는 항의
어떤 행태가 외부에 표현하는 의미(Erklärungswert)가 명백함에도 이에 대한 항의는 효력 없음을 뜻한다. 예컨대 지불의무에 반발하면서 유상으로 제공되는 급부를 요청하는 것이다.

48. qui tacet, consentire videtur
침묵하는 자는 동의하는 것으로 간주된다.
답변이 기대되는 모든 관계에 적용된다.

49. caveat emptor
매수인이 주의해야 한다.
"지갑을 여는 자는 눈을 떠라"(독일 속담 Wer den Beutel auftut,

der tue die Augen auf). 매매목적물의 성질(Beschaffenheit)과 가치를 검토하라는 경고로서 소비자보호 시대에도 염두에 둘 만하다.

50. venire contra factum proprium
선행행위와 모순된다는 항변

권리자가 사전에 권리행사를 포기할 것이라는 신뢰를 형성한 경우, 권리를 주장하는 것은 권리남용에 해당한다. 이는 (권리)실효의 한 사례이다.

51. culpa in contrahendo
계약체결상의 과실

계약, 예컨대 매매로 발생하는 소구할 수 있는 급부의무들에는, 상대방의 보호영역에 맡겨진 모든 법익들에 대해 보호의무를 발생시키는 의무관계가 앞선다.

52. ex nunc
즉시효 또는 장래효 있음

해지 또는 해제는 (상대방에게) 그 표시가 도달한 즉시 효력이 있다.

53. ex tunc
소급효 있음

의사표시의 취소는 법률행위의 시점으로 소급하여 효력이 있다.

54. dolo agit, qui petit quod statim redditurus est
즉시 반환할 것을 청구하는 자는 악의적으로 소송하는 것이다.

이러한 경우에 법적 보호를 주장하는 것은 권리남용이다.

55. condictio indebiti
착오로 변제된 비채(非債)의 반환청구

비채변제는 변제라는 법률 원인(causa solvendi)을 근거로 유효하지만, 보유를 위한 원인을 발생시키지 않으며, 따라서 부당이득으로 반환청구될 수 있다.

56. condictio ob rem re non secuta
목적 부도달로 인한 부당이득반환청구
이것은 종종 아래와 같이 불린다.

57. condictio causa data causa non secuta
기대 좌절로 인한 부당이득반환청구
급부가 이루어지게 하는 기대는 근거가 있었으나(causa data), 실현되지 않았다(causa non secuta). 두 경우 모두 문법적으로 절대탈격(ablativus absolutus)이다.

58. condictio ex iniusta causa
취득원인의 비난 가능성을 이유로 하는 부당이득반환청구
급부한 자도 비난받을 만한 행위를 한 경우에는 인정되지 않는다. 양쪽 모두 부도덕한 경우에는 점유자의 지위가 우선한다(in pari turpitudine melior est causa possidentis).

59. cessio legis
법정(法定) 채권양도
이는 무엇보다도 보증인에게 도움이 된다. 보증인이 보증채무를 채권자에게 변제한 경우, 피담보 채무는 변제로 소멸하지 않고 보증인에게 이전된다. 이처럼 법률규정에 따라 이전된 채무는 (보증인이) 채무자에게 상환받거나 소위 '회복을 얻는' 도구가 된다.

60. iusta causa
점유이전에 의해 소유권이 이전되도록 하는 법적 원인
이것은 causa solvendi (채무 또는 비채의 변제), causa credendi (소비대차) 및 causa donandi (증여)로 나뉜다.

61. in praeteritum non vivitur
사람들은 과거를 향해 살지 않는다.
따라서 일반적으로 과거에 대한 부양청구권은 없다.

62. ambulatoria voluntas testatoris - 철회 가능한 유언자의 의사
유언을 한 사람은 언제든지 이를 변경하거나 철회할 수 있다.

63. nasciturus pro iam nato habetur
일단 태어난 아이는 포태 시에 소급하여 태어난 것으로 여겨진다.
따라서 태아는 상속을 경험하게 되고, 태어나서 상속인이 될 수 있다.

64. nondum conceptus
아직 '임신'에 의해 정해지지 않았지만, 정해질 수 있는 장래의 사람.
그는 유언을 통해 상속인으로 지정될 수 있으며 또한 후견인을 얻을 수 있다.

참고문헌

I. 유용한 인명 사전류

Kleinheyer, Gerd/ Schröder, Jan (Hgg.): Deutsche und europäische Juristen aus neun Jahrhunderten. [6]Heidelberg 2017.

Stolleis, Michael (Hg.):Juristen. Ein biographisches Lexikon. Von der Antike bis zum 20.Jahrhundert. [2]München 2001.

II. 법을 위한 노력

Jhering, Rudolf von: Geist des römischen Rechts auf den verschiedenen Stufen seiner Entwicklung, I; II,1; II,2; III,1 Leipzig 1852-1865; 4. Aufl. 1878-1888: die 5. teilweise postume Aufl. folgte 1891-1906.

Jhering, Rudolf von: Der Zweck im Recht, I. Leipzig 1887, [3]1893; II.1884, [3]1898.

Schelsky, Helmut: „Das Jhering Modell des sozialen Wandels durch Recht", in: ders. Die Soziologen und das Recht. Opladen 1980, S. 147-186.

Wesel, Uwe: Geschichte des Rechts. Von den Frühformen bis zur Gegenwart. [4]München 2014.

Behrends, Okko: „Die rechtsethischen Grundlagen des Privatrechts", in: Bydlinski,Franz / Mayer-Maly, Theo (Hgg.) Die ethischen Grundlagen des Privatrechts. Wien/ New York 1974, S. 1-33.

Behrends, Okko: „Die Person im Recht. Zu den philosophischen und religiösen Quellen eines antiken und modernen Fundamentalbegriffs", in: Seelmann, Kurt (Hg.), Menschenrechte: Begründung-Universalisierbarkeit -Genese. Berlin / Boston 2017.

III. 기본서

Krüger, Paul: Geschichte der Quellen und Litteratur des riimischen Rechts. ²München / Leipzig 1912.

Schulz, Fritz: Geschichte der römischen Rechtswissenschaft. Weimar 1961

Wieacket, Franz: Röimische Rechtsgeschichte: Quellenkunde, Rechtsbildung, Jurisprudenz und Rechtsliteratur I. München 1988.

Lenel, Otto: Palingenesia Iuris Civiits, 2 Bde. Leipzig 1889; Nachdruck Graz 1960.

Lenel, Otto: Das Edictum perpetuum. ³Leipzig 1927; Nachdruck Aalen 1956.

Lenel, Otto: Gesammelte Schriften, hg. und eingeleitet von Okko Behrends u. Federico d'Ippolito, 5 Bde. Napoli 1990-1994.

IV. 로마법과 그 역사에 대한 표준적인 개관

Koschaker, Paul: Europa und das römische Recht. München / Berlin 1947, ³1958.

Wieacker, Franz: Privatrechtsgeschichte der Neuzeit. ²Göttingen 1967.

Liebs, Detlef: Röimisches Recht. ⁶Göttingen 2004.

Manthe, Ulrich: Geschichte des röimischen Rechts. ⁶München 2019.

Waldstein, Wolfgang / Rainer, Michael: Röimische Rechtsgeschichte: Ein Studienbuch. ¹¹München 2014.

Meder, Stephan: Rechtsgeschichte. Eine Einführung. ⁷Stuttgart 2022.

V. 로마 사법(私法)

Sohm, Rudolf: Institutionen: Geschichte und System des römischen Privt

-rechts. [16]München / Leipzig 1920, [17]Berlin 1949 (besorgt von Ludwig Mitteis).

Kaser, Max: Römisches Privatrecht l Das altrömische, das vorklassische und klassische Recht. [2]München 1971.

Kaser, Max / Knütel, Rolf / Lohsse, Sebastian: Römisches Privatrecht. Ein Studienbuch. [22]München 2021.

VI. 사권(私權)의 소송상 구제

Kaser, Max / Hackl, Karl: Das römische Zivilprozeßrecht. [2]München 1996

Behrends, Okko: Der Zwölftafelprozeß. Zur Geschichte des römischen Obligationenrechts. Göttingen 1974.

Behrends, Okko: Die Geschworenenverfassung. Ein Rekonstruktionsversuch. Göttingen 1970.

VII. 본서의 기초가 된, 로마 사법(私法)을 '공화정'의 헌정사로 포용하는(einbettenden) 시각의 토대가 된 저작

Möller, Cosima / Avenarius, Martin/ Meyer-Pritzl, Rudolf (Hgg.): Das Römische Recht-eine sinnvolle, in Auguralreligion und hellenistischen Philosophien wurzelnde Rechtswissenschaft? Forschungen von Okko Behrends revisited. Abhandlungen der Akademie der Wissenschaften zu Göttingen, Neue Folge Bd. 53. Göttingen 2020 .

Behrends, Okko: „Das Privatrecht des deutschen Bürgerlichen Gesetzbuchs, seine Kodifikationsgeschichte, sein Verhältnis zu den Grundrechten und seine Grundlagen im klassisch-republikanischen Verfassungsdenken", in: Behrends, Okko / Seiler, Wolfgang (Hgg.): Der Kodifikationsgedanke und das Modell des Bürgerlichen Gesetzbuches

(BGB). 9. Symposion der Kommission „Die Funktion des Gesetzes in Geschichte und Gegenwart", Abhandlungen der Akademie der Wissenschaften zu Göttingen. Bd. 236. Göttingen 2000, S. 9-82. -Eine von Frau Xiang Xiang Wu, Beijing, besorgte chinesische Übersetzung, die 2011 als Zeitschriftenaufsatz Beachtung fand, erschien 2021 in Buchform.

Behrends, Okko: „Das Vindikationsmodell als ‚grundrechtliches' System der ältesten römischen Siedlungsorganisation", in: Behrends, Okko / Dießelhorst, Malte (Hgg.), Libertas. Symposion aus Anlass des 80. Geburtstags von Franz Wieacker. Ebelsbach 1991, S. 1-59.

Behrends, Okko: „Bodenhoheit und privates Bodeneigentum im Grenzwesen Roms", in: Behrends, Okko / Capogrossi Colognesi, Luigi (Hgg.), Die römische Feldmeßkunst. Göttingen 1992, S. 192-280.

Behrends, Okko: „Die Gärten in der römischen Feldordnung. Studien zu den Anfangen des römischen Bodeneigentums", in: Knobloch, Eberhard/ Möller, Cosima (Hgg.), In den Gefilden der römischen Feldmesser: juristische, wissenschaftsgeschichtliche, historische und sprachliche Aspekte. Berlin 2012, S. 5-48.

Behrends, Okko: „Das Kunstwerk in der Eigentumsordnung oder: Der Kunstbegriff der vorklassischen Jurisprudenz im Rahmen ihrer Weltdeutung", in: Hoyer, Andreas et alii (Hgg.), Gedächtnisschrift für Jörn Eckert. Baden-Baden 2008, S. 66-100.

Behrends, Okko: „Die ‚Große' und die ‚kleine' conventio, die ratio iuris der skeptischen Akademie und der klassische Geldkauf', in: Index. International Survey of Roman Law 45, Napoli 2017, S. 401-442.

주해 목록과 해설

로마법에 대한 이해를 심화시키기 위하여 저자는 아래 주석에 대해 자세한 설명을 추가하였다. QR코드를 스캔하면 한국어 번역을 볼 수 있다.

1. 왕정 시대
2. 왕(rex, regis, m. reges)
3. 씨족(gentes), 4번 참조.
4. 만민법(ius gentium)
5. 숲속의 빈터(lucus)
6. 신성한 풀들의 의식
7. 양력의 월(月) 이름
8. 외적 징표(특징)에 따른 가명(家名)
9. *벤(*ven)
10. 선주민들(Aborigines)
11. 개선(凱旋)
12. 헬레니즘의 첫 번째와 두 번째 법학의 만민법
13. 스토아 학파의 최상의 법률
14. 스토아 학파의 창립
15. 토지에 매장된 보물(매장물)
16. 법적 의사(Rechtswille)에 선재(先在)하는 객관적인 인간 조건(condicio humana)으로서 직접 권리를 부여하는 법
17. 시가(市價)를 넘어 이득을 취하는 것이 허용됨
18. 인간의 신의(fides humana)의 자격으로서 고전적인 신의성실(bona fides)
19. 고전 법에 의해 가공된, 기원전 153년 카르네아데스 연설의 지도이념
20. 고전전(前)의 고시(告示)
21. 고전적 고시(告示)법이 기원전 82년에 발효된 흔적

22. 술라의 수권(授權)법률
23. 법 없는 폭력 지배의 종식
24. 술라의 평화확립계획(Pacis Constituendae Ratio)
25. 우리는 폭력을 제거하고자 한다. 그 때문에 법이 효력을 가지는 것이 필요하다(Vim volumus exstingui, ius valeat necesse est).
26. 원수의 권위(auctoritas principis)
27. 아우구스투스라는 이름
28. 키케로에 의한 옥타비아누스의 격상
29. 아스칼론의 안티오코스
30. 현자인 왕
31. 혼합 헌법
32. 지방자치단체가 되었지만, 예전에는 독립적인 공화국을 형성하던 도시국가들(Civitates)
33. 로마 공화정의 보존할 만한 가치가 있는 유산
34. 시민사회적 존재로서의 인간
35. 원수정의 수권법률
36. 호민관의 원리(ratio tribunatus)
37. 황제입법으로서의 칙법(constitutio)
38. 칙법에 의한, 무자녀의 법률상 불이익의 면제
39. 비상심리절차로 보장된 신탁유증
40. 고전전 시대 후기의 신의성실에 입각한 소권들의 귀환
41. 원로원 의결의 법률로서의 효력
42. 세르비우스 술피키우스의 기념비
43. 영혼의 성숙기
44. 원상회복(in integrum restitutio)
45. 일곱 번째 해의 법칙과 '사랑니'
46. 도덕적 불능
47. 목적 부도달을 이유로 하는 부당이득반환청구
48. 최후의 논쟁

49. 법적 지위로서의 두격(頭格. Caput)
50. 인격(Person)에 관한 속성이론
51. 법제도상 인간(Person)인 노예
52. 고전적 법윤리의 다섯 가지 가치
53. 남성만에 의해서 매개되는 스토아적 '혈연관계'
54. 노예의 신념·태도(Gesinnung)를 요구하는, 고전전(前)의 재산 관련 합리성(Vermögensrationalität)에 있어서의 노예제
55. 노예제에 적용된 고전적 점유의 사실성
56. 실라누스 테러규범의 고전전의 유래
57. 공찬식 혼인
58. 처의 재산(res uxoria)에 대한 남편의 수탁자로서의 의무(Treuhandpflicht)
59. 고전전 시대의 부부 간 사용공동체
60. 혈족관계의 피로서의 남자의 씨앗
61. 처에 대한 절도(Furtum uxoris)
62. 보편적인 법(ius commune)과 각기 특별한 시민법(ius proprium civile)
63. 고전 법상 여성에 대한 후견 불인정
64. 제3자를 위한 형식적 계약의 불가능
65. 점유보조관계(ministerium possessionis)
66. 카토의 규칙(regula Catoniana)
67. 사회적 맥락에서의 고전전의 소유권
68. 자연법적 용익역권과 벌거벗은 소유권(완전한 소유권에서 자연법적 용익역권이 분리되어 벌거벗은 소유권이 되고, 용익역권이 다시 벌거벗은 소유권으로 되돌아가 완전한 소유권이 됨)
69. 물권법상 노예의 자녀
70. 소유물반환소송의 피고적격자로서의 점유자
71. 고전적 고시 체계에서의 고전 법상 물권법적 소유권
72. 물건을 인간의 관점에서 분류하는 고전적 고시 체계

73. 무키우스와 세르비우스 사이의 논쟁에 있어서 다수 소유자(공유자)
74. 고전 법상 하나의 물건에 대한 유체적으로 분할된 소유권
75. 점유취득된 토지에 있는 매장물(보물)
76. 상호연대적인 공유와 고전전의 전기 법학의 상호연대적인 점유
77. 고전전의 후기 법학의 시민법상 점유(civilis possessio)
78. 고전전의 후기 법학의 자연법적 사용점유
79. 소비대차금(물)의 양도
80. 벌목꾼 사례
81. 임신한 암말 사례

아카데미 회의주의의 신조

만일 우리가 어떤 대상(주제)의 어떤 점을 무분별하게 지나치거나 충분히 정확하게 추적하지 않았던 것으로 드러난다면, 다른 사람들로부터 가르침을 받아, 즉시 기꺼이 우리의 견해를 바꿀 것이다. 왜냐하면 어떤 것을 충분히 알지 못하는 것은 부끄럽지 않지만, 불충분한 인식 상태임에도 이를 바보처럼 그리고 계속 고집하는 것은 부끄러운 일이기 때문이다. 즉 전자는 인간의 일반적 약점에 해당하며, 후자는 개인적인 성격 결함이다. 따라서 우리는 개인적으로 교조적인 진리를 요구하는 주장을 내세우지 않을 것이며, 모든 주장을 탐구적인 태도로 그리고 하나하나 의심하면서 생각할 것이다.

우리가 어떤 작은 것에 도달함으로써, 즉 여기서 편안하게(특별한 정신적 노력 없이) 글을 쓴 사람으로서, 가장 큰 것, 즉 우리가 어떤 대상도 무분별하고 오만하게(즉 검토 없이 그리고 자신의 판단을 과대평가하면서) 참이라고 인정하지 않는다는 것을 지키기 위함이다. 오히려 우리는 이것(즉, 신중하게 검토된 것만을 개연성 있는 것으로 인정하고 아무 것도 지나치게 빨리 승인하지 않는 학문적 태도)을 이 기회에 (키케로는 그때 약 27세였다) 그리고 우리의 평생 동안 (기원전 106년~기원전 43) 우리의 능력이 허락하는 한, 성실하게 노력하여 얻기를 실천한다.

— 키케로,『발견·구상론』, 제2권 3. 9-10.

찾아보기

인명

가이우스: 19 32 64 70 130 146 147 230 300
가이우스 그라쿠스: 130
가이우스 아퀼리우스 갈루스: 115 116 117 311
그로티우스: 42 256
네라티우스: 18 145
네르바: 135 136
라리사의 필론: 109 110
라베오: 135 283 297
루틸리우스 루푸스: 173
리키니우스 크라수스: 99 102 103 108 109 110 111 113
마니우스 마닐리우스: 98
마르쿠스 아우렐리우스: 146 167 168 315
마르쿠스 안토니우스: 120 121 122 123 132
마르쿠스 유니우스 브루투스: 116
마르쿠스 포르키우스 카토: 94 97 210 340
마리우스: 106 116 120
바빌로니아의 디오게네스: 97 98
빈트샤이트: 44 47 48
사비누스: 18 131 134 135 136 137 138 139 140 142 143 144 146 147 148 149 167 195 230 288
사비니: 14 44 45 46 159 198 239
세네카: 93
세르비우스 술키피우스 루푸스: 111 115 116 117 131 132 135 136 146 156 166 226 227 228 297 339 341
세르비우스 왕: 74
섹스투스 아일리우스 파이투스 카투스: 94
셉티미우스 세베루스: 127 145
소크라테스: 90
솔론: 293
술라: 104 106 107 116 117 118 119 120 339
아리스토텔레스: 109
아스칼론의 안티오코스: 123 339
아우구스투스: 54 70 120 121 122 123 124 125 126 127 128 129 132 134 167 171 174 183 191 217 339
아퀼리우스 갈루스: 115 116 117 311
아피우스 클라우디우스: 83
안토니누스 피우스: 167
안티스테네스: 93
야볼레누스 프리스쿠스: 135
에라스무스: 41
예링: 10 14 45 47 48
오토 폰 기르케: 159
울피아누스: 17 18 32 146 147 218
유니우스 브루투스: 98
유스티니아누스: 147 149 150 161 227 298
율리아누스: 91 146 147 148 149 288
이르네리우스: 34 35 36 37 38
카라칼라: 127 145
카르네아데스: 97 102 109 114 338
카시우스: 135 167
카일리우스 사비누스: 135
케르비디우스 스카이볼라: 145
켈수스: 17 18 19 144 145 146 149 196 197
콘스탄티누스: 33
쿠마이의 블로시우스: 97
퀸투스 무키우스 스카이볼라: 96 100 102 103 204 226 291
퀸투스 코르넬리우스: 136
크리시포스: 163
키케로: 64 85 92 94 98 99 100 102 107 108 109 110 111 112 114 115 117 118 122 123 125 136 191 280 304 339 343
키티온의 제논: 93
타르소스의 안티파테르: 97 98 100 101
타르퀴니우스 수페르부스: 61 73 74 83
타르퀴니우스 프리스쿠스: 74
타키투스: 43
테르툴리아누스: 52
테오도르 몸젠: 232
테오도시우스 1세: 33
트레바티우스: 136
그라쿠스: 89 96 97 98 120 122 126 130
코룬카니우스: 92 290
티보: 45
파울루스: 146 147
파피니아누스: 145 146
푸블리우스 무키우스 스카이볼라: 95 96 97 98 99 100 101 102 103 106 108 109 116 134 178 204 226 227 228 229 230 278 291 341
푸블리우스 셈프로니우스: 92 93 289 290
푸펜도르프: 43
푸흐타: 44 46 161

프로쿨루스: 135 136
프리츠 슐츠: 100
플라우투스: 100 261 296
플라켄티누스: 41
하드리아누스: 146 244
호메로스: 163

용어

10인 심판관단: 79
10인 위원회: 82 83
12표법: 63 79 80 81 82 83 84 85 87 94 99 117 162 177 178 179 180. 187 188 189 192 201 202 203 204 206 207 209 213 213 214 215 219 229 232 233 234 235 245 246 263 277 288 290 292 293 295 296 297 300 303 304 305 306 311 316 317
가내상속인: 201 202 204 205 212 213 215
가모: 175 179 180 181
가부: 60 67 68 77 86 87 175 176 177 179 180 181 182 186 188 200 212 298 314
가부권: 60 162 178 181 186 215 217
가산: 176 203 204 205 207 209 219 220
가외상속인: 205
가외인: 183
가자: 162 188 189 197 201 216 224 295 298
가톨릭: 10 26 62 184
가왕: 68 77
간접점유: 197
감찰관: 94 97 168 210
강도: 162 293 294
강제집행: 255 263 282 314
개인주의: 53 54 197 198 212 223 225
결합: 213 269 271 272 343
경개: 302
경계: 61 62 76 84 228 232
계약법정주의: 38 137 261 263
계약자유: 262 266
계약체결상 과실: 271
계약해제: 149 271
고권: 126 129 132 133 240 308
고의: 270 271 285 290 291 327 328
공동상속인: 201 206 212
공매식 혼인: 235
공유관계: 212 279

공유지: 87 88 96 240 312
공찬식 혼인: 174 176 340
공화정의 재건: 124 129 131 132 133
과실: 91 162 221 222 223 242 243 248 251 252 269 270 271 276 291 302 305 328 331
과책: 268 290 291 299 300 301
관습법: 44 46 155 161 167 213 325
교환계약: 137 147 148
교회법: 38 39 44 184 324
구두계약: 256 257 260 261
국가이성: 40 145
군인: 69 120 146 147 217 240
군지휘관: 72 73
권리능력: 138 139 158
권위: 35 103 121 122 125 126 132 133 289 304 339
권장: 169 171 187 259
귀족: 34 69 70 75 77 78 79 80 81 85 86 87 88 89 124 134 174 177 204 232
금권정치: 80 293
금전소비대차: 262 265
기독교: 26 33 34 52 161
나소유권: 222 252 340
나포: 258 259 311
낙성계약: 264 268 279 281
남녀평등: 161
낭비자: 192
노무계약: 164 264 275 281
담보책임: 246 271 272
대금감액소권: 271
대륙 보통법: 41 48 50 188
대물소권: 310 311
대신관: 78 92 96 100 101 103 109 134 204 226 290 291
대인소권: 310 311
도시국가: 8 14 28 35 36 88 90 91 92 93 94 99 106 113 114 118 125 220 229 233 339
도품: 247
독일민법전: 29 46 47 48 49 50 51
독재관: 61 82 88 118
동물: 139 143 189 232 298 299
동형유언: 208 209 210 211 213 217 236
두호인: 173 174
라티움 연맹: 76
라티움 인: 57 70 240
로마법대전: 27 31 40

리키니우스 섹스티우스 법: 86
마르스: 60 69 73
마르스 신관: 72
막대기: 169 187 258 259 305
만민법: 43 84 90 92 94 224 259 260 261 284
매도소권: 265 310
매수소권: 265 308 309 310
매장물: 102 243 244 334 338
명예관법: 104
몰수: 107 240
무유언상속: 214
무이자: 261
무체물: 289 223 224 225 227 289
문답계약: 196 255 256 260 261 262 265 273 289 310
문언: 18 100 101 180 214 215 233 255 305
물권계약: 239
민사벌: 85 189 246 273 280 293 294 295 296 300 304 305
민회소집권: 82
방식서: 104 129 156 216 307 308 309
배륜유언: 213
배심: 118 119 282 303 304 306 308 314
백인대: 69 74 75
법률소송: 84 216 300 304 306
법윤리: 90 157 212 214 255 264 292 301 311 312 340
법의 이중구조: 284
법이성: 35 36 52 164
법인격: 19 28 29 139 159 171
법정관: 214
법정관법: 142 198
법정상속: 187 189 201 206 212 214 215
법정소환: 286 303 304
법정절차: 233
법정주의: 38 137 261 263 266
법철학: 23 105
법치국가: 29 131
법학제요: 17 19 27 28 29 31 32 41 146 147 155 310
베누스: 66 70 121
변개주의: 52
변제: 49 87 142 165 200 234 235 237 238 247 251 252 256 259 263 280 286 287 316 323 331 332
보관: 35 175 203 237 259 266 267 307

보좌인: 190 192 193 194 201
본질: 30 33 111 113 135 154 155 222 226 228 229 230 231 251 269 281 294
부권: 60 162 178 181 186 187 188 215 314
부권면제: 186 187 215 216
부당이득반환소권: 286 287
부동산점유방해금지 특시명령: 313
부부간 증여: 181 183
부분소유권: 226 227 244
부인소권: 250
부제소의 합의: 264
부합: 144 159 208 243 283
불법행위: 26 85 287 288
비상심리절차: 171 172 282 318 339
비악취물: 246
비채: 287 328 329 332
사단: 198
사무관리소권: 193 194 263
사무관리인: 195 282 283 284
사법정무관: 117
사비누스 학파: 131 134 135 136 137 138 139 140 142 143 144 146 147 148 149 167 195 230 288
사비니 인: 63 70
사실소권: 265
사용공동체: 181 183 278 336 341
사용이익: 222 231 251
사용임대차: 221 264 274 276 315
사용취득: 177 178 179 181 228 241 244 245 246 247 249 272 299
사자: 182 198
사적자치: 180 266
사형: 82 96 293
삼야권: 178 183
삼위일체: 33
상사조합: 264
상속: 139 202 205 206 210 211 212 213 215 329 160 170 171 183 184
상속법: 160 161 200 212 213 214 215 216
상속인공동체: 201 206 211 276
상환소권: 263
생사여탈권: 186
서약: 234 260 263 317
서약보증: 263
선량인: 309
선량한 풍속: 183 184 186 212 296

찾아보기 • 345

신성로마제국: 36 40 41
선소의 항변: 262
선의: 318 164 246 247 272
선의점유자: 242
선점: 240 241 242
선의의소송: 266
소비대차: 49 237 259 260 261 262 265 284 285 310 332
소송법: 38 39 128 263
소유권취득: 148 165 226 231 242 245 246
소유물반환소송: 222 245 305 307 309 313 329 340
소유물반환청구 모델: 57 66 67 82 156 169 310 312 313
속죄: 293 301
솔가권: 197 321
수권: 54 134 177 194 195 234 244 299 334
수권혼: 224 235 298
숲의 신관: 68
스토아: 53 91 93 97 99 112 123 124 163 180 190 334 336
승역지: 248
시민법: 15 25 26 90 92 94 95 98 99 100 101 104 146 164 179 185 209 214 216 220 230 300 311 340
시민법상 점유: 230 231 341
시민적 의무: 166
시민적 정의: 115
신관: 68 78 79 83 84 92 174 231 289
신관단: 84 92 289
신들의 평화: 84
신명보증: 262
신약보증: 262
신의 섭리: 53 93 220 221 222 223 229 230 231
신의성실: 26 39 100 101 105 136 164 226 235 246 247 270 272 308 310 318 335
신칙법: 31
신탁소권: 100
신탁유언: 207
신탁유증: 128 167 171 208 217 339
실라누스 원로원 의결: 167
심판인: 103 104 118 133 156 171 201 206 213 216 227 258 264 296 303 305 306 307 308 309 310 318
쓰여진 이성: 35 52
씨족: 59 64 65 67 68 70 72 77 86 87 122 174

189 200 204 205
아카데미: 9 53 109 111 113 115 123 321
아폴로: 71 121 132 134
악의소송: 278
악취물: 235 245 246 249 273
악취행위: 143 179 203 207 208 209 211 213 215 220 232 233 234 236 238 246 249 273
앵글로색슨: 26 36
엄격법: 103 234 236 266 277 284 310
에트루리아: 67 69 71 72 73 74 77 78 83 88 154
영혼: 38 91 138 153 339
오스트리아민법전: 44
왕권법: 80 126
왕법: 80 176 205
왕정 추구죄: 96
외교신관단: 59 84
요물계약: 261 280 284 285
용익역권: 221 222 223 229 231 243 251 252 340
용익임대차: 137 221 264 274 276 315
운송계약: 276
원로원: 33 67 77 86 87 88 96 106 107 122 129 130 131 132 167
원로원 의결: 130 131 167 339
원로원 최종 의결: 130
원물: 227 243
원상회복: 141 190 193 339
원수: 31 47 54 120 121 125 126 127 128 131 132 133 135 339
위법성: 290
위부: 189 298
위임소권: 194 263
유니우스 노르바누스 법: 172
유산점유자: 214
유아기: 139
유언관습: 201
유언상속: 214
유언처분: 170 203 209
유익: 6 97 104 137 267 274 279 280 281 283 323
유체물: 219 224 310
유피테르: 58 59 62 67 68 71 74
유피테르 신관: 68 78
윤리학: 90
응소강제: 311
의제설: 159

이성법: 8 9 42 45
이익법학: 49
이자: 7 38 49 85 87 88 255 256 257 261 262
이행지체: 270
인격권 침해: 295 296 297
인격주의: 33 147 198
인도: 149 178 189 233 236 237 255 262 268 276 284 285 315
인도의무: 268
인도주의: 167
인민 법률: 79 80
인법: 167 197
인질보증인: 263
일리아스: 70
일신전속: 222 302
임금: 137 163 274 318
임밋시온: 250
임약: 221
임치: 197 237 265 284 285 286
입법국가: 36 47
입법일: 63
잉글랜드 보통법: 39 41 214
자권자 입양: 60 69
자력구제: 47 65 66 230 232 293 313 314 315
자연법: 8 9 42 43 44 53 92 121 122 127 133 135 137 144 146 147 150 153 164 166 167 171 172 173 179 180 181 182 183 185 190 208 213 217 220 221 230 233 236 237 240 241 243 247 248 251 261 266 267 268 271 272 273 274 276 277 278 279 280 285 286 294 306 313 318 340 341
자연적 형평: 142 264 265 292
자연주의: 53 166 224 230
자유법 운동: 9 49 51 53
자유인: 169 173 195 196 197 224 268 295 301 306 319
자익: 95 97 98 99 102 103 167 208 211 220 221 229 266 283 284
자주점유: 166 196 197 228 229 229 230 313 315
자치시: 76 198
재정인: 309
재정절차: 311
재판권: 73 128 201 271 304 308 325
재판기일 지정: 306
재판일: 63

쟁기: 62 84
저울: 207 208 208 209 213 215 231 233 234 235
사자이론: 198
전아법학: 42
전재산조합: 278
전쟁법: 82 164 263
전형계약: 38
절대주의: 128 129
절도: 166 181 285 288 292 293 294 340
절도이득반환청구권: 288
점유 개정: 196
점유매개관계: 197
점유보조관계: 196 197 340
점유취득: 102 248 341
정결례: 168
정당 원인: 237 238
정무관: 28 73 78 80 81 83 84 86 95 104 117 124 127 130 141 168 169 171 176 190 194 198 282 300 303 304 305 306 307 317
정신이상자: 192 205 213
형상론: 147 287
조력: 246
조점: 58 61 64 68 69 70 74 75 76 77 78 79 80 82 84 86 89 306
조점관: 78 84 99 100 101 108 109 110 117 123 176
조합: 159 173 201 212 230 264 276 278 279 280
종교개혁: 42 43 185
종류물: 242 261
주권론: 128
주의주의: 33
중혼: 184
지방자치: 76 125 159 339
지분: 173 225 226 227 228 243 276 280 323
지역권: 249 250 251
직접대리: 195 197
질권: 197 233 237 252 253 265 284 285 286 323
질료: 229 242 243
착오: 18 269 287 317 323 328 331
채무노예: 258 311 316 317
채무면제계약: 289
채무불이행: 149 270
첨분권: 252

청구취지: 216
추방공고: 107 117 118 123
추인: 193 195 281 282
추탈: 246 273
칙법: 31 127 128 315 318 339
칙법휘찬: 31
친족: 59 64 160 181 191 215
침해부당이득: 288
카눌레이우스 법: 81
켄투리아 민회: 69 74 78 79
쿠리아 민회: 68 69 80 175 202 203 209
쿠리우스 사건: 102
퀴리날리스 연맹: 67 70 71 77 78 82 174 200 202 204
퀴리누스: 68
퀴리테스: 69 90 92 219 232 234 245 277 305
타권자 입양: 60
타르페이우스 절벽: 79
타익: 95 98 266 267 283
탈리오 법: 295
통혼권: 64
트리부스 민회: 74
트리엔트 공의회: 185
특시명령: 312 313
특유재산: 156 165 166 188 197
특정성의 원칙: 229 245
파산: 188 256 316 318 323
판관왕: 58 174 201 205 249
판례법: 26
팔키디우스 법: 211
평민회 의결: 79 81 82 88 288 290
폭력: 47 65 66 96 107 108 109 118 119 123 157 165 230 304 312 313 314 339
표준주석: 37
프랑스 민법전: 29 44
프로세르피나: 154
프로쿨루스 학파: 132 135 136 137 138 139 140 142 143 144 146 147 148 149
플라이토리우스 법: 141 193
피데스: 89 92 95
학설휘찬: 31 32 34 35 42 52 54 125 146 149 150
합수적: 225
항변: 142 184 216 263 264 265 331
해방된 노예: 167 170 171 172 173 174 183 191
해제소권: 271

행위능력: 80 138 139 140 141 159 180 190
허용점유: 313
헬레니즘: 89 90 179 219 220 233 247 252 260 263 277 289 290 294 295 300 308 311 313 317 338
혈족: 160 212 340
형상: 45 138 148 153 154 196 229 230
형식주의: 84 135
형제조합: 201 212 276 277
형평: 17 26 39 142 145 214 264 265 292
호구조사: 154 168 169 171
호르텐시우스 법: 81 290
호모 사케르: 176
호민관: 78 83 87 89 96 120 126 282 339
혼인법: 38 82 179 184
혼인지참재산: 177
혼합계약: 275
황제교황주의: 33
회답: 84 133 134 147
회의주의: 108 112 190 195
희생의식 왕: 69 78